西方传统 经典与解释
Classici et commentarii
HERMES

HERMES

在古希腊神话中,赫耳墨斯是宙斯和迈亚的儿子,奥林波斯神们的信使,道路与边界之神,睡眠与梦想之神,亡灵的引导者,演说者、商人、小偷、旅者和牧人的保护神……

西方传统 经典与解释
Classici et commentarii
HERMES
尼采注疏集
刘小枫 甘阳 ● 主编

色诺芬《斯巴达政制》译笺

[古希腊]色诺芬 ● 著
陈戎女 ● 译笺

华东师范大学出版社

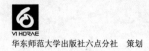
华东师范大学出版社六点分社　策划

古典教育基金·"传德"资助项目

出 版 说 明

古希腊伟大的著作家色诺芬(Xenophon,约公元前430—350)是苏格拉底的两位最善于通过写作从事文教的学生之一,传下的著作体裁多样、论题广泛:有史称西方自传体小说开山之作的《居鲁士上行记》、承续修昔底德笔法而修的史书《希腊志》、与柏拉图的《王制》争辩的长篇纪事作品《居鲁士的教育》、以苏格拉底为作品主角的"苏格拉底文学"四篇和若干主题广泛的短作(如《斯巴达政制》、《邦国资源》、《希耶罗王》、《阿格西劳斯》、《骑术》、《狩猎术》等等)。

自希腊化时期以来,色诺芬就已经无可争议地具有古希腊经典作家的地位,其著作因文笔质朴清新,从古罗马时代以来到近代,一直是西方古典文学的基础范本。锡德尼在说到历史上的纪事作家(希罗多德、李维)的笔法时,曾留给我们这样一句话:

色诺芬卓越地虚构了另一个这种计谋,它是由阿白拉达塔斯为居鲁士做的。我很愿意知道,如果你有机会用这样的正当欺蒙来为你的君王服务,你为什么不同样向色诺芬的虚构学习,偏偏要向别人的真实学习呢?事实上,向色诺芬学习还要好些,因为这样可以保住鼻子。(锡德尼,《为诗一辩》,钱

学熙译，人民文学版1964，页26）

自笛卡尔-康德-黑格尔以来，"形而上学"在西方文教制度中逐渐僭取了支配地位，色诺芬因不谈"形而上学"逐渐遭遇冷落，不再被看作地位很高的古希腊经典作家，取而代之的是苏格拉底之前的自然哲人。汉语文教界与西方文教制度接榫时，接手的是以现代形而上学为基础的自然科学和人文—社会科学，由此可以理解，为什么我们会跟着西方的形而上学后代对色诺芬视而不见。

在恢复古典的自由教育风气影响下，晚近二十年来，西方学界整理、注疏、读解色诺芬著作又蔚然成风，成就可观。"色诺芬注疏集"志在成就汉译色诺芬著作全编，广采西方学界晚近成果，不拘形式（或采译疏体专著、或编译笺注体译本、或汇集各类义疏），不急欲求成，务求踏实稳靠，以裨益于端正教育风气、重新认识西学传统和我国文教事业的全新发展。

古典文明研究工作坊
西方典籍编译部甲组
2004年11月

目　录

编译前言 /1

斯巴达政制（色诺芬） /1

《斯巴达政制》译笺 /19
关于篇名 /21
第一章　引言、女童的教育和婚姻制度 /24
第二章　男童的教育 /70
第三章　青春期男孩的教育 /103
第四章　刚刚成年的男青年的教育 /112
第五章　成年男性的生活方式规定：公餐制和身体锻炼 /124
第六章　私有财产的公有制 /138
第七章　财富 /145
第八章　服从礼法与监察院制 /154
第九章　荣耀地死胜于苟活 /165
第十章　年老者和长老会议 /176
第十一章　军事措施 /190
第十二章　宿营 /212

第十三章　出征打仗时国王的权力与荣誉 /224
第十四章　斯巴达的衰落 /249
第十五章　国王在城邦内的特权 /261

参考文献 /277

编 译 前 言

一

《斯巴达政制》到底是不是色诺芬的作品,从古代开始就有人提出质疑,并且把它和《雅典政制》归为托名色诺芬的伪作,最早见于第欧根尼·拉尔修。他在列举了归在色诺芬名下的作品后说:"麦格尼西亚的德米特里乌认为,这最后一部著作[指《雅典政制》和《斯巴达政制》两部合而为一]不是色诺芬写的。"18、19世纪的一些学者同样不认为《斯巴达政制》是色诺芬的真作(如 Valckenaer、Manso、Bernhardy,以及《斯巴达政制》研究史上比较重要的 Dindorf)。

然而 Richards 在1897年已经根据《斯巴达政制》的语词和结构证明其为真,故从19到20世纪,大部分学者认为《斯巴达政制》确系色诺芬所作(如 Weiske、Goette、Hasse、Fuchs、Cobet、Erler、Naumann 等)。怀疑《斯巴达政制》非色诺芬真作的主要理由是,它有若干与色诺芬其他作品相抵牾和不一致的地方,但是,这些不一致也可能是写作年代不同、写作目的不同所致。

《斯巴达政制》属于色诺芬早期的作品。关于大概的写作时间有很多猜测，Lipka 推断第十四章写于公元前 371 年斯巴达与忒拜的洛伊克特拉(Leuktra)战役之前，色诺芬可能是在斯巴达国王阿格西劳从小亚细亚返回希腊后写作了此作品。新近的笺注者 Gray 也是从第十四章入手，分析出《斯巴达政制》的写作时段应该是从公元前 395 年希腊人正式结盟反对斯巴达的科林斯战争(Corinthian War)，到公元前 371 年的洛伊克特拉战役这段时期之间，具体的写作时间可能是公元前 360 年左右。

总之，《斯巴达政制》约莫是在公元前 4 世纪六七十年代写作完成。可以对照一下色诺芬几部早期作品的写作时间：《雅典的收入》作于公元前 356 年以后；《希腊志》第二部分在前 357 年之后面世；《远征记》最晚不晚于前 357 年，因为《希腊志》3.1.2 提到了《远征记》；《阿格西劳传》是在国王死后完成的，不会早于前 360 年；《居鲁士的教育》的最后一章提到了发生在前 362/361 年的一场叛乱，所以这部作品不会比这个时间更早。那么，《斯巴达政制》即便不是最早写成的作品，也确定是早期作品。

色诺芬的《斯巴达政制》就我们所知是关于此题目的最古老的那一批著作，尽管这个题目不一定是色诺芬亲拟。Λακεδαιμονίων Πολιτεία 的标题为什么汉译为《斯巴达政制》，详见"关于篇名"和 1.1 节的笺注。简而言之，Λακεδαιμονίων 可译为"拉刻岱蒙人的"或"斯巴达的"，汉译从强调城邦而不是地域的意义上取"斯巴达"。Πολιτεία / Politeia 有"理想国"，"政制"，"王制"，"生活方式"等翻译和不同理解，因为色诺芬此书专论斯巴达城邦的 Politeia，多为吕库古设立的习俗、礼法——对城邦公共生活和私人生活的规定，以及斯巴达城邦的职官、军事征战和王权规定，所以应可译为"政制"。

《斯巴达政制》的名称听来像是专论政制制度的政论文，其实不然。这篇名为《斯巴达政制》的短作共十五章，说的是斯巴达人非常概况性的生活方式——日常生活（第一到第十章），以国王为统帅的军队生活(第十一至第十三章,第十五章)。

亚里士多德早就提到过,政体差不多就是民众的生活方式,虽然他也在更狭窄的意义上专门定义过作为"城邦一切政治组织的依据"的"政体"。莫尔特别提请注意,《斯巴达政制》其实谈的是斯巴达人的生活方式,Politeia 广义上可以理解成"如何安排整理城邦[生活]"。所以,该书的着眼点不是指狭义上的政治体制,也不是现代政治意义上的制度史,而是斯巴达城邦及其公民典型的生活方式包含的教育、律法、习俗和惯例。

色诺芬在其多部作品中表现出对斯巴达的兴趣,粗略算来,色诺芬关于政治事务的著作有三分之二来自他对于斯巴达作为政治现象的强烈兴趣。色诺芬是雅典人,他对异邦斯巴达的兴趣并非猎奇。历时 37 年的伯罗奔半岛战争打破了希腊两个强邦长达 75 年的平衡状态,战争末期,斯巴达挫败雅典确立了霸主地位,被公认为希腊世界的领袖。雅典人色诺芬在《斯巴达政制》中仿佛塑造了一个保守、严谨、遵守律法的异国城邦形象。斯巴达的法度和教育制度似乎处处与雅典的民主制度和教育形成对照。

《斯巴达政制》一开篇,色诺芬用带点儿夸张的口吻把斯巴达的繁荣强盛、礼法创制归功于吕库古——一个带有神话色彩的人物,对于吕库古的强调贯穿全篇,却使作品带有某种"斯巴达幻象"(le mirage spartiate)的色彩。在其他作品中,色诺芬用同样的手段把斯巴达王阿格西劳塑造成"一个尽善尽美的好人",在公元前 399 年与 394 年,色诺芬曾在小亚细亚追随过阿格西劳。从《阿格西劳传》和《希腊志》的描写文字看,他真像是王者的道德典范,集公正、智慧、虔敬、勇敢、慈爱、节制于一身。

这些斯巴达主题的作品大多对斯巴达城邦、立法者、君王大加褒扬,如果不加甄别,我们会和很多人一样,以为色诺芬是亲斯巴达分子,是当时雅典上层贵族中的那一小撮亲斯巴达(pro-Spartan)的保守派,不然色诺芬怎么会被人当成古典时期最伟大、最具影响力的斯巴达"倾慕者"呢。亲斯巴达派写的东西不实事求是，所以色诺芬笔下的斯巴达也是与事实不相称的。然而，色诺芬无意描绘历史的或真实的斯巴达，可能是别有用心。

《斯巴达政制》到底是在美化斯巴达，还是对斯巴达城邦隐秘的批评？列奥·施特劳斯以锐利的观察揭示出色诺芬对斯巴达精神的讽刺，但大部分《斯巴达政制》的西文笺注者并不认同，以为施特劳斯的阐释不切合实际。

《斯巴达政制》是颂扬还是讽刺，应凭作品来说话。《斯巴达政制》前十三章对古代的斯巴达歌功颂德一番后，在接近尾声的第十四章突然发起对当时斯巴达弊端的严厉斥责。这正如《居鲁士的教育》也是在最后一章笔锋陡转，波斯帝国摇摇欲坠，居鲁士死后，马上土崩瓦解。

一些研究者以为《斯巴达政制》如此自相矛盾的结构必然说明第十四章跟其他章节不是一体，乃后期的插入。可如果我们相信这样的谋篇布局是色诺芬煞费苦心刻意为之的话，就必须正视这样的可能：色诺芬以如此明显的自相矛盾提醒读者，去反思被理想化的、被谬赞的"异邦"斯巴达，是否如其所说、如其所是。色诺芬的斯巴达异邦形象大有深意，他的目标读者不是斯巴达人，而是雅典人：他关心异国民族的生活和文教制度，是借异国为雅典提供一面镜子，从而，他的历史文学写作本身带有隐微的政治意图——引导有心的雅典人思考应该有怎样的王来引导国家，或者说雅典应该有怎样的政制、社会和文教生活。

二

初看起来，《斯巴达政制》的风格表现出大量令人困惑的蹊跷和矛盾：一面是小心翼翼地保持有条不紊、自觉自知的风格特征，另一面却是十分醒目的疏忽随意，以及色诺芬对最基本撰文措辞风格的满不在乎。《斯巴达政制》似乎不像《远征记》是经过仔细订正的作品,字里行间出现很多风格和思绪的中断和裂隙。的确,色诺芬在《斯巴达政制》中不动声色地故意隐瞒,文意转折,相差甚远,这些让人困惑的"缺憾"使人以为,要么这部作品是在不同时期拼凑而成,要么就是色诺芬头脑愚钝,不善条理分明的写作。但这种风格还有一种可能,就是色诺芬运用了隐微的写作术,故意为之。

施特劳斯分析《远征记》时指出过色诺芬的两个写作手法,一是写作口吻温文平和,不明确指陈弊端,多用溢美之辞;二是"风闻言事"或"借嘴说话"(legetai)。这两种手法都是慎微写作术的具体体现——色诺芬不会直言其事,他的良苦用心,全赖有心的读者从字里行间去体味。两种手法居然在《斯巴达政制》中都出现了。由此我们才能理解,为什么色诺芬全文盛赞斯巴达,但行将结束之际插入对当时斯巴达的斥责。

按施特劳斯的理解,色诺芬以及那些精通慎微写作的大师们(柏拉图、希罗多德、修昔底德等古代作家),都擅长文学的修辞术,以便按慎微法教人真理:真理只向一小部分力所能及的人敞开,而向绝大多数人隐身。而且,《斯巴达政制》按羞敛原则(rule of bashfulness)教授真理,这恰恰就是色诺芬避人耳目的、谦卑的艺术。

从这个思路出发,我们就能认真对待色诺芬那些看似自相矛盾、前后不连贯的风格——按布鲁尔(C. Bruell)的说法,色诺芬根本就是老练娴熟的修辞术大师。而那些对色诺芬摆出一副高人一等、屈尊俯就架势的现代历史学家、古典学家,以为他是一介愚夫,不善文事,不过是被他的修辞术骗了。

《斯巴达政制》一开篇直言,斯巴达人口稀疏,却成为希腊驰名的、最强盛的城邦,这是色诺芬思考斯巴达政制的表面原因。色诺芬的一生,大部分时间处在斯巴达的统治下,侧身君王(阿格西劳)

之旁，斯巴达的统治既不智慧也不儒雅，色诺芬思考斯巴达，实际是他必须适应这样的政治状况从而必须思考人和政体的关系。《远征记》记载过他教导部下必须服从斯巴达人不合理的要求：

> 拉西第蒙人［即斯巴达人］在希腊人当中居领袖地位。他们能够、而且每一个拉西第蒙人都能够，在这些城市中为所欲为……我们必须听从拉西第蒙人所给的任何命令，因为我们所属的城市也听从他们。

诚如布鲁尔所见，政治的必然性有时相当严酷，而色诺芬是在逆境中生存的典范。或者说，色诺芬在人类最美好的生活方式这个至关重要的问题上确实有东西要教给我们。

色诺芬乃苏格拉底的弟子，他的《斯巴达政制》意在讽刺所谓的"斯巴达精神"，但色诺芬并不因此就要褒扬雅典：斯巴达和雅典并不是非此即彼的选择，至少对苏格拉底或色诺芬这两位雅典哲人来说，思考斯巴达和雅典的城邦政制并提出批评，才是正题。这就是施特劳斯所说的，色诺芬的雅典品味（或者说哲人品味）不允许他有赞扬雅典的意思。

色诺芬往往被人说成不谙哲学的才智平庸之辈，因为思想水平低不能深入观察事物的本质，所以只能写写日常的实际事务，文章单调乏味。他的历史散文给人的印象是，具有一点所谓希腊绅士的情趣和见解。和柏拉图的对话中那种严肃感人、半悲剧式的风格相比，色诺芬的历史散文让人看到的是简单、轻松、活泼、优雅，还不时带些幽默，布鲁尔甚至说色诺芬"似乎极力逃避严肃"，似乎色诺芬故意要和柏拉图的半悲剧式风格作对，营造出喜剧的氛围（第欧根尼·拉尔修专门提到过柏拉图和色诺芬关系不好，好像俩人专爱对着干）。

比起柏拉图对话的哲学玄思品味，色诺芬的历史散文往往直接诉诸行动(《远征记》)和实际事务(《斯巴达政制》),让人觉得少了哲学味,甚至有歌功颂德的"颂体风格"(encomiastic genre)的嫌疑。但色诺芬在施特劳斯的眼里却有着纯正的雅典(或曰哲学)品味(尤其是《斯巴达政制》),色诺芬表面的平庸跟苏格拉底表面的无知异曲同工,都是隐微术使然。

色诺芬的作品表现出历史撰述、哲学智慧和文学修辞综合一体的古典品味,而且显得与古希腊诸圣贤不同:他对异国的兴趣和描写在古典时期可谓别开生面,他的曲折笔法和隐微写作术的功夫和柏拉图不相上下。色诺芬其人以及其写作风格对晚期希腊和罗马都产生了很大影响。罗马帝国时期,色诺芬朴实无华的明澈风格受到青睐,成为无可非议的修辞-风格上的典范。然而,色诺芬的名声不仅得益于罗马帝国时期的文学品味,而且由于他被斯多葛派视为哲人(而非今天我们熟知的史家色诺芬),继而被西塞罗、昆体良等人发现。

三

关于《斯巴达政制》的古希腊文抄本,在多达 38 种抄本中,Marchant 和 Pierleoni 分别列出了五种重要的抄本:

A 本,公元 10 或 11 世纪梵蒂冈抄本(Vatican Gr. 1335)
B 本,公元 14 世纪梵蒂冈抄本(Vatican Gr. 1950)
C 本,公元 15 世纪摩德纳抄本(Modena Gr. 145)
M 本,公元 13 或 14 世纪威尼斯抄本(Venice, Marc. Gr. Z, 511[=590])
F 本,公元 14 世纪佛罗伦萨抄本(Florence, Laur. Lxxx13)

A本被公认为是色诺芬作品(包括《斯巴达政制》)最重要的抄本,也是其他所有抄本直接或间接源出的底本。两位现代编纂者Pierleoni和Marchant编辑的印本分别见于:

1. G. Pierleoni(ed.), *Xenophontis Respublica Lacedaemoniorum*, Berlin, 1905

2. G. Pierleoni(ed.), *Xenophontis opuscula*, Rome, 1933(此版的《斯巴达政制》加入了F本的训读)

3. E. C. Marchant(ed.), *Xenophontis opera omnia*, Vol. V, Oxford, 1920

本书汉译的古希腊文底本,参考的是笺注者Lipka书中经过校读A本、B本、C本、M本后的文本,同时参考了Gray书中的古希腊文以作对比。

四

本书大体分为两个部分:第一部分为《斯巴达政制》的正文汉译;第二部分是对正文的逐节笺注:既有五个西文笺注本的注释编译,分别以[Watson笺][Moore笺][Rebenich笺][Lipka笺][Gray笺]列出,也有译笺者本人的翻译意见,包括对几种译注的比较,以及从其他资料中获取的相关内容,以[陈笺]或[陈按]的方式列出。

正文的翻译除了以上交待过的古希腊底本,同时参考了各种现代西文的翻译。

正文的翻译到底是以流畅易懂为主,还是紧贴原文不惜牺牲流畅度、可读度,是个难题,翻译时一直在斟酌、调整。由于原文是古代希腊文本,个别地方还有部分字词的佚失(如5.5、11.4、11.6),直接按原文译出中文,读起来往往不是那么顺畅,可是如果按中文字序、语序进行调整,又可能遗漏或失去原文的一些关键字眼、句眼应有的涵义。

　　色诺芬的行文虽然有些口语体，某些部分口吻偶然还显得亲切，如话家常，但基本上，他的语词和行文并非文采斐然，一般不需要华丽辞藻。色诺芬行文的推进也没有太多华丽的修辞手法（反问和夸张算是用得较多的），只是一桩桩、一件件叙述开来，所以他的文体常常被人诟病为平淡乏味。汉译的原则是紧贴原文，实在文意不明的地方酌情添加了语词。

　　本书笺注的编译，参考了五个西文笺注本（四个英文本、一个德文本），按新旧出版时间顺序分别是：

1. Vivienne J. Gray, "RespublicaLacedaemoniorum", *Xenophon on Government*, edited and commentated by V. J. Gray, Cambridge/New York：Cambridge University Press, 2007.

2. Michael Lipka, *Xenophon's Spartan Constitution*, Berlin： W. de Gruyter, 2002.

3. Stefan Rebenich, *Xenophon：Die Verfassung der Spartaner*, Darmstadt：WissenschaftlicheBuchgesellschaft, 1998.

4. J. M. Moore, "The Politeia of the Spartans", *Aristotle and Xenophon on Democracy and Oligarchy*, Berkeley：University of California Press, 1975.

5. J. S. Watson, "On the Lacedaemonian Government", *Xenophon's Minor Works*, London：G. Bell and Sons, Ltd., 1914.

　　这几个本子各有特点。Moore 的英译较为流畅，译文一目了然，有时难免不是从原文逐字译出，Moore 很少做文字训诂，其笺注大多为若干段落的义理释意。Moore 对色诺芬的态度较多是批判性甚或蔑视的，如第二章笺注中他的大肆批判，读者需要留意其中的偏颇。

　　Lipka 的本子原为德文的博士论文，后经过英文翻译及大幅修订，其英文翻译常显得枯涩，原因之一可能是为了严格遵循原文之故，原因之二可能是英译从德文转译造成的。Lipka 的英译学习借鉴了 Moore 相当多处的译笔，某些英文句子的翻译几乎完全照搬 Moore 的译法。作为 2002 年出版，即新世纪出现的第一个英译本，Lipka 的英译有时又随意地使用一些口语化的当代英文。

Lipka 的笺注有大量文字训诂，兼有辞章和义理的解释，而且几乎将前人的研究一网打尽，这个本子的笺注是最全最详尽的，也是本书编译最多的西文笺注，哪怕可能有些地方的诠释我未必赞同，也尽量列出供有心的读者裁定对错。Watson 的译文抠得很细，英文用词过于文驯，译词明显带有 20 世纪初的痕迹，因而译文与 Moore、Lipka 有明显的距离和差异，反而有时也是给汉译带来新灵感和参考方向的译本。

Watson 的笺注量很少，只对明显有歧义、有争议的地方列出前人的识读。目前为止最新的是 Gray 于 2007 年出版的笺注本，此本没有全文详尽的英文翻译，只翻译和注解了个别短语和字词，对希腊文某些字词句的训诂和解读趋向于明确简洁，某些地方给了汉译者一些启发。Rebenich 的德译和注释都中规中矩，注释量较小，在一些关键字词上，汉译参考了德译作为补充。

对本书的格式，还需要做一些说明。

《斯巴达政制》正文的译文中，方括号显示的是为了中文的文意完整而补足的字词，非原文所有。

笺注中第一章到第十五章给出了章题，可以让读者对每章的内容提前有概括性的了解。色诺芬的原文并没有章题。汉译拟的章题结合了 Gray 所拟的题目和每章的内容。

笺注中，西文笺注者的注释一律使用宋体，[陈笺]为汉译者的注释，也使用宋体。当西文译者的笺注中有时需要汉译者插入说明性文字时标为［陈按］，使用仿宋体以示区别。笺注中凡是引用古典著作较长段落时，使用仿宋体的独立引文以示区别。

笺注中的希腊文原文词语的汉语对译放入方括号，以楷体表示，如 Σπάτη［*斯巴达*］。

笺注中涉及色诺芬的作品时，《斯巴达政制》省略作品名只列章、节缩写，如 1.1、15.7，色诺芬的其他作品是作品名加卷、章、节，如《远征记》2.1.10，《希腊志》2.3.35，《阿格西劳传》1.1，《雅典的收入》1.1，《论骑术》1.1，《回忆苏格拉底》1.1，《雅典的收入》3.10。引证汉译的色诺芬作品的具体内容时，根据版本，以作者加出版年份和页码的方式列出，如色诺芬 1986:119 为 1986 年出版的汉译本《回忆苏格拉底》第 119 页，色诺芬 2007:413 为 2007 年出版的《居鲁士的教育》第 413 页。这也是本书列出其他所有文献信息的方式。所有引证的文献均可在本书的"参考文献"中查到具体出版信息。

如果想对《斯巴达政制》有更深刻理解，建议应该对照阅读色诺芬有关"斯巴达"主题的另外几部作品：为斯巴达君王立传的《阿格西劳传》、《希腊志》（第二卷以后的叙述没有离开过斯巴达），以及《远征记》（多处涉及斯巴达）。另外，对照阅读普鲁塔克《希腊罗马名人传》的《吕库古传》、《阿格西劳传》也会有很大的收获。

五

我大概是从 2005 年开始着手《斯巴达政制》的翻译，没想到陆陆续续走过了十余年的时光，其间甘苦自知。记得只是译第一章和第二章，就花了两年的时间收罗译笺时涉及到的方方面面的文献材料，慢慢进入《斯巴达政制》文本语境。译完后看，《斯巴达政制》正文只有汉字一万多字，笺注的文字十倍于正文不止。

这十余年当然不是只做这项工作，可只能用寒暑假时间做，因为寒暑假有较为完整的时间可以全身心投入。我之前也做过一些翻译，通常来说，翻译工作可以利用平时的零碎时间逐渐累积，不需要像写作论文时要有一个连贯的思维状态。但《斯巴达政制》的译笺却无法零敲碎打地进行，一进入这项翻译，桌面上摊开的西文译本有四五本，还要时常翻阅考证笺注者们常提及的若干古代文献，更不必提古希腊文带来种种高难度的挑战。如果自我评估，这可能是十余年来历时最长、做得最辛苦的一项学术工作。

译事好比是赫西俄德所说的农夫伺弄田间农禾，没有高效快速的捷径，惟有面朝黄土背朝天，老老实实每天走向自己耕作的田亩。译事的凶险又好像一艘艘桀骜的舟船跃过不可触碰的海域，结果只能如贺拉斯诗中所祈祷的，只求"平安抵达阿提卡的海岸，归还你的债，不缺毫厘，求你好好看护我灵魂的另一半"。

本书的研究得到了北京语言大学科研项目"斯巴达政制译笺"资助（中央高校基本科研业务专项资金），项目编号15HQ01。感谢早已毕业的学生王明超、毛凤清曾帮助我翻译过Moore部分章节的初稿，感谢华东师范大学出版社和编辑彭文曼女士在出版上的大力支持。感谢家人多年的理解和支持，多少个寒暑假理应多陪伴你们，我却与古人作伴缠斗。最后感谢让我与色诺芬结缘的恩师刘小枫老师。

本人虽然孜孜矻矻多年耗时于此小书，但首度翻译古文，译笺难免有错讹脱漏等处，这些自然由本人负责，还请读者诸君不吝赐教。

陈戎女
2018年8月28日酷暑时节于北京

斯巴达政制

色诺芬

第一章

[1]我曾想到过,斯巴达虽是人口最为稀疏的城邦之一,却也曾成为希腊最强大、最驰名的城邦,我不禁惊诧这何以可能发生。然而,考察了斯巴达人的政制后,我就不再吃惊了。[2]我实在钦佩吕库古——他赐予斯巴达人礼法,斯巴达人服从这些礼法[后曾]极为幸福——我认为他在极端做法上十分明智。因为,他不仅不效仿其他城邦,而且采用与多数城邦截然相反的体制使得父邦繁荣昌盛。

[3]首先来看看孩童的育养。其他希腊[城邦的]人对那些将来要为人母、受良好举止教育的女童,给她们食用尽量少的面饼,以及极少量的佳肴;禁止她们饮酒,或者只许她们喝掺了水的酒。那些希腊人还希望他们的女儿们像大多数手工匠坐着干活一般,安安静静地坐着纺绩羊毛。怎么能指望这样养大的女子能生育出结实强壮的孩子?

[4]与之相反,吕库古认为女奴足以胜任纺纱织线的活儿,而女性自由民最重要的任务是生育子嗣。所以他立法规定,首先,女

子应该像男人一样锻炼身体。其次,他给女人设立了与男人相同的比拼速度与力量的竞技比赛,理由是身强体壮的父母其子女也必然体魄健壮。

[5][在婚姻方面]他观察到,其他希腊[城邦的]人新婚后与妻子消磨过多的时光,性欲毫无节制,于是他就规定了截然相反的做法,男子被人瞧见出入[妻子的寝室]应感到羞耻。夫妻[相会]受到限制,相遇时情欲必然大增;这样繁衍萌生的子嗣也必定比他们[情欲]厌腻时生的孩子更强壮。

[6]除了这些措施外,他禁止男女自由选择时间结婚,依照[婚俗]礼法,只允许男女的身体成熟时才可缔结婚约,理由是有助于育养健壮的子女。[7]他观察到,娶了年轻妻子的老男人容易满腹嫉妒,对少妻严加防范,吕库古就下令规定了截然相反的做法:上年纪的丈夫可找一个他欣赏其身体和灵魂的年轻男子与妻子[同房],为他自己生孩子。[8]另一方面,吕库古使如下的做法合法,某男人不愿意与某个女人同居,但又希望得到值得骄傲的后代,他可以跟一个既能生养好儿女又高贵的女子生育子嗣,只要征得她的丈夫的首肯。[9]并且,他还做了许多这样的让步。因为,妇女们希望掌控两个家庭,男人们则想给子女增添兄弟,即没有继承权,却是宗族一员从而可分有宗族的财产[的私生子]。

[10]吕库古关于生养子女的法令极不同于其他希腊人[的做法],任何人可自行判断,他这些措施是否使得斯巴达人在身材和体力上更优于他人。

第二章

[1]谈论完抚育子女的话题,我想说明清楚[斯巴达和其他城邦的]任何一边的教育体制。[其他城邦]那些声称最善于教养子女的希腊人,一等孩童到了可以听懂话的年龄就让家教照管他们;

[接着]他们送孩童去老师那儿学习识读、音乐,去体育馆学习体育。他们还让孩童穿便鞋使其双脚软弱,添换外衣惯坏了他们的躯体;他们拿孩子的胃口为标准计算[孩子的]食量。

[2]然而[在斯巴达],吕库古不允许私人聘请奴隶作老师,他遴选了一个有城邦最高职务选举资格的人来监管孩子;此人被称作督导。他有权集合男童,有权严惩每一个有疏漏犯错的人。吕库古还给督导配备了执鞭助手,必要时他们可以随时责罚;结果孩童们既恭恭敬敬,又服服帖帖。[3]吕库古不让孩童穿鞋让脚变软弱,他吩咐他们应该打赤脚走路让脚底板变硬实,他相信这样锻炼下来,孩童们更容易爬坡上山,下山也更安全;他还认为,光脚的比穿鞋的跳、跃、跑得更快,只要他们的脚适应了打赤脚。[4]他不让孩童换衣服惯坏身体,规定他们要习惯一年到头穿同一件外袍,他相信这样做孩童会更好地耐受寒暑。

[5]吕库古作出决定,每个埃壬应向公共食堂捐献一定量的食物,其量既不会让他有过于饱食之虞,也不至于没经历过忍饥挨饿。因为他认为,如此历练过的人若在无食可进时,更能扛饿坚持必要的劳作,若只能吃同量的食物[比他人]活得更长;他们会欲求更少的佳肴美食,不挑食吃各种各样的东西,过着更健康的生活。而且他相信,保持身材苗条的膳食,比营养催肥的饮食,更有助于身体长高。[6]另一方面吕库古并不希望孩童们太挨饿;所以,尽管他不许孩童轻而易举随便拿东西,但他同意他们偷吃的减轻饥饿。

[7]我想任何人都明白,他并非短缺粮食喂养孩子才允许他们想方设法骗取食物;因为很明显,想偷东西的人必须整晚醒着,白天要撒谎骗人,他想弄到吃的一定得搞秘密侦察。所以,显然他教会男孩子们设法偷窃获得必需品,[他们]因此脑筋变得更加灵活,也更适合打仗作战。

[8]有人会说,"如果他断定偷窃是好的,为什么要对被抓住的

孩童罚很多鞭子?"我的回答是,老师总是惩罚那些不好好听教导的孩童,所以,那些行窃时被抓的孩童因窃术低劣受到老师惩罚。[9]他规定,男孩们从阿尔特弥斯神殿的祭坛盗取尽可能多的奶酪是高贵之举,可他又派人鞭打那些盗抢奶酪的人,这就表明,一个人可以忍受一时之痛博得长久名声。[这样的责罚]也说明,需要动作麻利的时候,慢吞吞没一点好处,反招大祸。

[10]假如督导离开不在,为了防止男童们没人管,吕库古规定把孩子们交给任何一个恰好在场的公民,他是统领,可下令男童们做他认为恰当的事,若他们犯错[统领]亦可处罚。通过这样的措施,吕库古让男童们更加谦逊恭敬,男孩子或男人最尊敬的人莫过于其统领。[11]为了应付无任何成年人在场男童们没统领监管的情况,他下令每分队的埃壬当中最聪明能干者负责照看各组。所以孩童从来不乏管教。

[12]我也得谈谈男童恋,某种程度上这也关乎[男童的]教育。其他[城邦的]希腊人,有的像玻俄提亚人那样,爱慕少年的男人和少年像结了婚似的结为一对[同居],有的如厄里斯人一般,男子享受少年的爱慕,回报以恩惠。还有些希腊人禁止情人们接近,男人哪怕是与少年闲聊几句,也不允许。

[13]吕库古又颁布了与上述做法完全不一样的法令。假若一个值得敬重的男人恋慕某个少年的灵魂,想跟他成为纯洁的朋友,共度时光,吕库古赞赏这样的行为,认为这是对少年理想的教育形式。然而,若只是被少年的身体吸引,他视之为最寡廉鲜耻之事,其结果是,在拉刻岱蒙,禁止爱欲者跟被爱恋的少年搞肉体的欢爱,正如严禁父亲和儿子性交,严禁兄弟之间性交。

[14]然而,人们普遍不相信这些事实,对此我并不吃惊,因为许多城邦法律并不禁止男人与少年发生性关系。至此,我已经谈论了拉刻岱蒙和其他希腊[城邦]的教育体系。哪种教育会塑造出行为更顺从、更彬彬有礼、更自我克制的人,读者自会明辨。

第三章

[1]当男孩们不再是幼童,到达青春期,别的[城邦的]希腊人让青年人脱离家教[的管束],他们不再去学校;没人再看管他们,反而让他们随心所欲地生活。然而吕库古规定了截然不同的习俗。[2]他意识到青春期男儿热血方刚,最易傲慢狂妄,最强烈的身体欲望让他们躁动不安,所以,他让青少年终日费力干苦活,尽量让他们不闲着。

[3]他还规定,任何青少年偷懒逃避劳动义务,未来就不能享有公民权。他确保执政官和照管青少年的人都要严格监管青年人,这样他们不会因逃避干活而在城邦里彻底名声扫地。

[4]另外,他希望青年人的谦恭[品性]根深蒂固,所以要求他们在大街上行走要把双手放在袍子下面,走路不出声,眼睛不能东张西望,只能盯着脚下[的地面]。结果很明显,在自我控制方面,男性强于女性。[5]因为,哪怕你听见石像开口讲话,你也不可能听见他们[随便]说话,哪怕你看到铜像眨眼,你也很难看到他们[到处]乱瞄,你会以为他们比新房里的处女还要害羞。他们参加公餐时,只有别人问话时才答话,这就足以让你满意了。以上就是他[吕库古]对青春期青少年的教育。

第四章

[1]而他对[刚成年的]男青年给予了最大的关注,因为他断定,男青年若成长为应该成为的[栋梁之材],将对城邦的福祉有最大的影响。[2]他观察到,若有最激烈的竞争,[男青年]他们的合唱就最值得听赏,体育竞技就最值得观看,所以他认为,如果他引导男青年们为了美德一起竞赛,他们会培养出最高水准的男性优

秀品质。下面我将阐述他如何组织激励男青年之间的[美德]竞赛。

[3]监察官从已届壮年的人中遴选三位,称作三百长。每位三百长挑选一百个男青年,说明选某些人以及不选某些人的理由。[4]那些没有得到入选[三百团]荣誉的落选者,既与不选他们的人争斗,也与那些入选者争斗,他们互相严密审视对方是否有不合礼法的失察行为。

[5]这样的竞赛最为神明喜悦,对城邦亦最有利,从中[人们了解到]一个优秀的城邦公民应该做什么,[竞赛的]每一方努力成为最出色的,需要的话,他们各自会拼尽全力保卫城邦。[6]他们必须保持体魄健壮,因为竞赛[无时无刻不在]的结果,就是无论何时遇到竞赛对手,立刻动手打架;不过,任何路过的人都有权把打斗的双方分开。哪个人若不服从,督导就带去见监察官。监察官会重罚不服从的人,因为他们不希望愤怒敌对的情绪占上风,不希望[青年人]不服从法律。

[7]那些年岁已过年青阶段,如今有资格当选[城邦]高级官员的人,在其他希腊城邦,他们不再做体育锻炼,虽然仍要服兵役。吕库古却制定了相反的措施,规定狩猎是这个年龄段的男人常规和高贵的消遣,除非要履行公职不能参加。这样他们和年轻人一样能耐受军旅的艰苦。

第五章

[1]我已经描述了吕库古给每个年龄段的年轻人制定的教育举措。现在我该说一说他给所有[斯巴达]人建立的生活方式。[2]在吕库古时代之前,斯巴达人过去像其他希腊人一样在家里用餐。吕库古认识到,他们这样做极易疏忽责任,他就建立了公共用餐制,相信这样可以最有效地遏制违反[他制定的]法律。

[3]他定量供给用餐者面饼,不致过多或过少。此外,狩猎的猎获物带来许多额外的部分,富人偶尔也捐献小麦面包。所以,共餐时餐桌上不短少食物,但也不丰盛。[4]他禁止酗酒,酗酒伤身,又伤头脑,他允许人们饥渴时饮酒。他认为这样才最无害,最令人身心舒畅。他们[斯巴达人]就像我描述的这样共同进餐,怎么会有人[像别的希腊人那样]因为饕餮或酩酊大醉毁了自己,或毁了家庭呢?

[5]在其他城邦,通常是年龄相仿的人彼此交往,他们之间毫无谦逊可言。吕库古却混合了[斯巴达不同年龄的人]……,[使]年轻人从年长者那里学到了经验。[6]按照共餐习俗,他们共餐时的谈话内容是有关城邦里的高尚美好的行为。所以绝不会出现傲慢无礼,醉意醺醺的情况,没有寡廉鲜耻的行为和寡廉鲜耻的言论。

[7]不在家中用餐还有如下的优点:[用餐后]他们不得不走路回家,还要当心喝酒后走路不要绊跤,因为他们很清楚不能待在用餐的地方[过夜],而且在夜晚走路得像在白天走路一样;那些仍在服兵役的军人甚至不允许走夜路时拿着火把。

[8]此外,吕库古也认识到,摄取食物后,坚持锻炼的人容光焕发,肌肉结实,身体强壮,而懒惰的人却体态臃肿,形状丑陋,身体虚弱,他不会忽略掉这一点。但是,虽然他看到,自觉自愿刻苦锻炼的人保持了身体健康,他仍然命令体育场上最年长者监督[斯巴达人]锻炼,锻炼不得少于他们摄入的食量。[9]在我看来,他在这方面没错。所以,很难找到比斯巴达人更体格健康强壮的男人了。因为他们让双腿、双臂和脖颈得到了锻炼。

第六章

[1]以下的事务,吕库古颁布的法令也与大多数[希腊城邦]截

然不同。在别的希腊城邦,每个人有权看管自己的孩子、家奴和财产。然而吕库古却想让[斯巴达]公民互相受益,而非给彼此带来损害。他规定,每个公民既有权管教自己的孩子,也可以管教别人的孩子。

[2]那些被看管的孩子们的父亲是[城邦]同胞,每个公民必定会尽力管教[别人的]孩子,正如他希望自己的孩子在别人那里也受到同样的管教。要是男孩子被别的父亲揍了一顿告诉了自己父亲,他父亲不接着揍儿子一顿,会被认为很丢脸。[斯巴达人]他们相互完全信任,[相信]不会有人让孩子们做令人蒙羞的事情。

[3]此外,[吕库古]他允许他们必要时有权使唤[别人的]家奴。他还创造了一种共享猎犬的制度;需要一起狩猎时,那些缺少猎犬的人就邀请[有猎犬的]主人一起去打猎,若猎犬主人无闲暇去,会很乐意把猎犬出借。他们以同样的方式共用马匹。若某人生病,或需要马车,或需要快速抵达某地,他可以牵走任意一匹马,用完后归还到原处即可。

[4]此外,他还制定了下面这些在别的[城邦]闻所未闻的措施。人们外出狩猎被耽误,需要食物给养而没[来得及提前]准备食物,按照他的规定,那些[准备了食物]打完猎的人应该留下富余的食物备用,而那些需要给养的人可以打开别人贮藏的食物,取出所需,然后重新封藏留存原处。

[5]所以,他们以这样的方式与他人彼此共享,就连那些财产不多的人,无论何时需要,也可享用到田地的农产品。

第七章

[1]吕库古还在斯巴达创设了下面这些与其他希腊人相左的习俗。我想,其他希腊城邦的人都在各尽所能地赚钱,一人耕种务农,另一人是船主,再一人是商人,其他人靠手艺谋生。[2]然而在

斯巴达，吕库古严令禁止自由民去做追求财富的事；他颁令，他们只能完全献身于保障城邦自由的活动。

[3]再说，在这个地方，定量缴纳食物[给公共食堂]，生活方式统一，消除了为奢侈而谋求金钱，还有什么必要追逐财富呢？他们也不需要为衣饰花钱，因为他们不是用昂贵的衣服修饰自己，而是用身强体健修饰自己。[4]他们也不必要为公餐的同伴花钱，因为，通过身体力行去帮助同伴比花钱助人更为荣耀，这说明前者是用心做事，后者用钱做事。

[5]他还通过律法禁止以非法手段图谋钱财。首先，他发行硬币，即使是把十迈纳搬进屋子也不可能不惊动主人或奴仆，这些钱有很大一堆，要用车才运得进去。[6]其次，搜查金子和银子，若被查出，私自藏金匿银的人受罚。所以，当拥有钱财的痛苦超过了占有它的快乐，人们干吗还热切追逐财富？

第八章

[1]人尽皆知，斯巴达人最服从统治者，最遵纪守法。然而，我相信吕库古是在取得那些最有权有势的公民的一致同意后，才实施了这个好制度。[2]这是我从下面的事实做出的推断，其他城邦那些最有影响力的人不想给人惧怕统治者的印象，他们觉得怕官是屈从的表现。然而，斯巴达最有权势的人对执政官最恭敬从命，他们以谦卑为荣，听到[执政官]传召就跑步而不是走路前去[听命]。他们相信，如果他们带头无条件地服从命令，别人也肯定会效仿。事实的确如此。

[3]或许，就是这批人同吕库古一道确立了监察院的权力，因为他们确信，服从对城邦、对军队、对家庭最有益处。他们断定监察官的官职越有权力，就越能严厉威慑公民臣服。[4]事实上，监察官们权力[广泛]，想对谁罚款就对谁罚款，罚款不得延误[迟

交］；他们有权罢免现任执政官，将其入监，对他们提起可处以死刑的诉讼。他们权力大到不让被选出的执政官执政完一整年（其他［城邦］的执政官可执政完一年），他们像僭主或竞技比赛的裁判，发现谁违规随时随地即刻处罚。

［5］吕库古有诸多鼓励公民自愿服从礼法的创制措施，而下面这个我以为是最佳之一：［在颁行礼法之前］他与那些最有权有势者一起去参拜德尔菲神庙，求问神他制定的礼法是否最为神明喜悦，遵行它们是否对斯巴达更有益，不然，他不会向老百姓颁布他制定的礼法。当神谕回复说这极好，他才将这些礼法公之于众，所以，违反皮提亚认可的礼法不但违法，且不敬神。

第九章

［1］吕库古另一个令人称羡的制度，是他建立了这样的［道德］准则，荣耀地死胜于在城邦里含羞苟活。因为人们发现，那些［宁愿慷慨赴死的］人比临阵退缩的人，死得要少。［2］说实话，长远地看，是勇敢而不是懦弱能更长时间地救人性命；因为［作战］勇敢更容易，更心情畅快，更力气充沛，更意志坚强。很显然，唯有行为勇敢才得荣誉，人皆希望与勇气为伴。

［3］［吕库古］他是怎样设法使之发生的，不能略而不提，他使人明白，勇士得幸福，而懦夫只配悲惨的生活。［4］在别的城邦，证实是懦夫的人仅有一个［懦夫的］坏名声而已，他愿意的话照样与勇敢者同去公共场所，同坐一起，同参加体育锻炼。在拉刻岱蒙，任何人都耻于与胆小鬼一起公餐，或在摔跤比赛里拿他做对手。

［5］通常这样的胆小鬼没［资格］被选入参加球赛，在合唱队里他被降到最卑下的位置。走在街上，他要给别人让路，给比他年纪小的人让座。他必须抚养在家里的年少的女性亲属，她们也因他不勇敢而遭受非议，他不被允许娶妻回家同时还要为打单身缴罚

款;他不得涂了油四处闲逛,也不可像那些无可指责的人那样行为做事,否则就得同意让比他勇敢的人揍他。[6]既然斯巴达人让懦夫这样蒙羞,对我自己来说,我一点也不吃惊,如此含羞受辱地活还莫不如死掉更好了。

第十章

[1]我认为吕库古在年老者怎样践行美德这方面也做了很好的规定:他要求入选长老会议的人要年届花甲,这就使老年人也不忽视美好的德行。[2]他对年迈的美德之人的关心也令人钦慕。他规定元老们有权审判重大犯罪,所以,他给予年龄老迈的人比年富力强的人更高的荣誉。

[3]很自然地,人们最热衷于[入选长老会议的]竞赛。体育竞技很高贵美好,靠的是人的身体;而进入长老会议的竞赛靠的是灵魂的美好。因而,只要灵魂高于身体,灵魂的竞赛就比体力的竞技更值得努力。

[4]再者,吕库古下面这些规定怎么能不被极力赞赏呢?他认识到,当人们自愿私下里践行美德时,并不足以提升城邦的善,他强制性颁令所有斯巴达人公开地践行一切美德。在私人生活里追求美德的人胜于那些私人生活中忽视美德的人,所以,在美德方面,斯巴达自然雄踞于所有城邦之上,因为她是唯一一个要在公共生活里践行高贵的城邦。

[5]其他城邦惩罚那些对他人作恶的人,而[吕库古]他对那些在公共生活中疏于尽可能完善[自我]美德的人,施加的处罚不[比前者]轻,这难道不是也值得赞赏吗?[6]因为他相信,那些绑架、抢劫、偷窃的人伤害的只是直接受害人,但品德败坏的人和懦夫出卖的是整个城邦。故此,我相信,他对后者处以最重的惩罚是有道理的。

[7] 此外，他强制性颁令，[公民]必须践行所有城邦德性，毫无通融余地。他使那些履行了法律责任的人同等地享有城邦的公民权，不论他们是贫穷或是羸弱。如若某人疏于履行法律责任，他按礼法规定此人就不再被视为平等者。[8] 这些礼法显然是古制，因为吕库古据[斯巴达人]说生活在赫拉克勒斯[子孙后裔]的时代。[这些礼法]尽管很古老，然而如今[对其他城邦的希腊人而言]却很新鲜。最令人诧异的莫过于[他们]所有人都齐声赞美这些制度习俗，却没有哪个城邦诚心效仿。

第十一章

[1] [以上谈论的]这些制度举措对和平时期和战争时期均有裨益。不过若有人感兴趣，也可以了解他们优于别的城邦的军事措施。[2] 由监察官们下令征兵，首先是骑兵和重甲步兵的年龄组，然后是技工年龄组。出征的拉刻岱蒙人，各种给养丰富，跟城邦里的人一样。[监察官]下令供给军队需使用的各色工具什物，有的用车运来，有的用牲畜驮来。任何缺漏不可能不被察觉到。

[3] 在战斗装备方面，他有如下规定：[斯巴达士兵]他们要披一件深红色斗篷，因为他以为红色跟女性服饰最不沾边，却最有尚武之风；他们要拿一面铜制盾牌，[铜质]可最迅速地擦亮，最慢失去光泽。他还允许那些已过青春期的人蓄长发，认为这样他们显得更高大，更有男子气概，更能威慑敌人。

[4] 他把这样装备好的士兵分作六个军团的骑兵和重装步兵。每个公民军团有一名[陆军]团首长，四名百夫长，八名连长，十六名排长。命令下达后，军团的前锋并排排列[一个]排，有时排列三个排，有时六个。[5] 多数人以为，[武装好的]拉哥尼亚军队编队错综复杂，但事实与他们的想法恰恰相反。在拉哥尼亚军队里，由第一排的队长发令指挥，每个纵队独立[作战]。

[6]这种编队很容易搞清楚,但凡士兵能认清两个不同的人,就不会弄错,因为一些人负责指挥,一些人[仅需]服从[命令]。排长传口令,像传令官那样〈……〉部署方阵战斗线的纵深窄一些或厚一些。要搞清楚这些战线变化没什么困难的地方。[7]而不容易的反倒是当战斗线被打乱后,怎么跟[随处碰到的]敌人作战,只有那些由吕库古法律调教出的士兵才能胜任。

[8]拉刻岱蒙人轻而易举地完成那些连军事教练们都觉得困难重重的阵形变化。方阵列纵队行进时,一队紧接着一队。若纵队行军时前方遭遇敌军,每个小队得令向[持盾的]左[前方]行进部署成防御队形,[一队接一队,]直到整个方阵形成与敌军对峙的战斗线。若列纵队行进时敌军在后面出现,每个纵队就掉头[转一百八十度]向后行进,以保证总是最精锐的[重甲]士兵面对敌军。

[9][完成掉头向后的阵形变化后,][斯巴达]军队长官位于队伍左翼,在他们看来,军官[在左翼]的位置并非不利,有时反而更占优势。因为倘若敌人试图从侧翼包抄他们,敌军包围的不是无保护的侧翼,而是[持盾]受到保护的那侧。但如果长官出于某种理由认为据守在右翼是有利的,阵型变化则是前队掉头向后行进,直到长官在右翼,后卫部队在左翼。

[10]另外,如果军队列纵队行进时敌军出现在右翼,他们直接让每个营[右转]正面敌军,像三层桨战舰的船头[正面向前]一样,后面的营[再一次]转为右翼。敌军若是从左翼进攻,他们也不让敌人靠近,他们[快速]向前移动,或者让各营[左]转面对进攻的敌人,原方阵尾部的战团变成军队的左翼。

第十二章

[1]我解释一下,吕库古如何规定宿营。营地若是正方形,四个角没什么用,所以他规定,除非军队依山、依河或背靠着城

墙,否则就围成圆圈宿营。[2]白天他设哨,由一队哨兵看护着大军军营,哨兵朝里看,因为哨兵提防的不是敌军,而是盟军。骑兵观察敌军,若敌人逼近,从他们站岗的据点远远地就可以察看到。

[3]他下令规定,夜晚由斯喀里特人担任军营外围的前哨,如今[的做法]则是若有雇佣军就由雇佣军执勤。[4]他们无论走到哪里总是长枪不离手,看到这样的事实人们就该明白,他们是出于同样的理由不让奴隶碰兵器。大小便时他们不离兵器和军营太远,去不碍着他人的地方[解决],这并不是匪夷所思的事。他们这么做也是出于安全的考虑。

[5]他们频繁转移营地,迷惑敌人,协助友军。行军时所有拉刻岱蒙人听从律令操练,如此,他们自认比别人更显得有男子气概,面容更高贵。士兵不允许在军团范围可及之外做步行或跑步操练,就不会远离自己的武器。[6]操练结束后,第一个团首长让传令官传令[士兵们]坐下,目的是[点名]检查。然后,传令他们用早餐,立即换掉[斯喀里特人担任的]前哨。之后是娱乐消遣,直到晚操时间。

[7]晚操后下令士兵们吃晚餐,那时他们唱起颂神的歌,敬献给那些祭祀时显现吉兆的神明,之后他们靠着武器休息。请不必诧异我写得如此详尽。因为你们会发现,军事事务方面,拉刻岱蒙人在需要小心谨慎的地方事无巨细一概不遗漏。

第十三章

[1]我还要说明,吕库古赐予出征行军的国王的权力和荣誉。首先,城邦给出征作战的国王及随从提供给养。团首长们随国王驻扎共餐,他们近在咫尺,需要时更容易随时[为国王]参谋。另外三个平等者与[国王和团首长们]他们一起驻扎共餐,并照应[国王

等]人的一应所需,这样[国王]他们除了战事无需为杂事操心。

[2]我应该回溯一下国王带兵出征[时的仪式]。第一,当他尚在斯巴达城时,向众神的主宰宙斯以及和宙斯一起的神明献上祭礼。若得吉兆,取火者就从神坛上取下火,[携火种]领路走到斯巴达城边。[在城邦边界处]国王又向宙斯和雅典娜献祭。[3]倘若他向两位神明献祭得到的仍是吉兆,他就跨过城邦的边界[出征]。献祭时取下的火种在[他]前面领路,经久不熄灭,各种祭献的祭牲跟在后面。国王无论什么时候举行祭典,要在黎明天未破晓前开始,因为他想先于敌人最早获得神明庇佑。

[4]参加祭典的有团首长们、百人长、连长、雇佣军首领、辎重车长官以及希望出席祭典的其他城邦的军事长官。[5]此外,两位监察官也出席祭典,没有国王的请求,他们不会干预典礼的进程。监察官监察每个人的举止,确保参加祭典的人行为符合礼仪。祭典结束后国王传唤所有[参加典礼的]人,颁布[接下来的]指令。所以,目睹这些的话,你会认定其他希腊人在军事上不过是外行,只有拉刻岱蒙人才是地道的军事行家。

[6]行军无敌情出现时,国王在军队的最前列[坐车]领军行进,只有斯喀里特人和侦查骑兵位于国王前面。若遭遇敌军,国王带领第一团的[三百团骑兵]前队迅速转到右翼,直到他的位置处在两个团之间、两位团首长之间。

[7]国王公餐房的高级参谋安排那些驻扎在[国王公餐房]后面的人,这些人均具有完全公民权,他们是(与国王)共餐者、占卜师、医生、吹乐手、军队长官、[自愿前来的]客友(若有的话)。所以没有人对必须该做的事生疑,因为凡事都已未雨绸缪。

[8]吕库古还引入了以下与军事有关的做法,我以为十分有用处。当敌军已赫然可见时,献祭一头山羊,按照习俗,所有随军的吹乐手吹起阿夫洛斯管,所有拉刻岱蒙人一律戴上花冠。他们得令,将武器擦亮。[9]青少分队甚至被允许头发上抹油[梳理整齐

上战场,模样精神抖擞。他们把振奋士气的话大声传给排长,每个排长站在小队最外侧,不可能听到整队人的声音,团首长的职责则是负责全军井然有序。

[10]扎营的时候,由国王统领在何处安营扎寨。然而派遣使节不是国王之责,无论是向友军还是敌军派遣。但任何事务的处理,必须从[请教]国王开始。[11]若有人来国王这里寻求公正,国王让他去找军事法庭法官,找国王要军饷的让他去找财务主管,带战利品做买卖的交给商贩。各项事务的安排井井有条,[行军打仗时]国王的职责只需担当神的事务的祭司,人的事务的将军,再无其他[职责]。

第十四章

[1]设若有人问我,是否坚信吕库古的礼法至今仍旧兀自岿然未变,凭宙斯起誓,我再也不能信心满满地坚称这一点。[2]因为我了解,以前拉刻岱蒙人宁可居留[斯巴达]家中以适度的财产彼此一道生活,而不是殖民外邦被谄媚之辞腐蚀败坏。

[3]我也了解,以前他们怕被人瞧见有钱,而如今有些人以拥有金钱为傲。[4]据我所知,以前[斯巴达]有排外法令将异邦人驱逐出去,禁止[斯巴达人]在外邦旅行居留,所以公民不会被外邦人腐化而堕落。而如今,我知道,那些公众瞩目的[城邦]头面人物孜孜以求的却是继续在属邦稳坐总督的交椅,度过余生。[5]曾经,他们操心的是自己配得上领袖群伦,而现如今他们费更大的力气去当领袖,而不是证明自己配当领袖。

[6]故此,过去希腊人请拉刻岱蒙人统领[希腊]去反对看来是倒行逆施的人,但是,如今许多[希腊]人相互鼓劲,阻止拉刻岱蒙人再次统领[希腊]。[7]所以,他们指责斯巴达人公然悖神,违反吕库古的礼法,就丝毫不令人吃惊了。

第十五章

[1]我还想解释一下,吕库古制定的在国王和城邦之间的协约。因为这是唯一从制定之初沿用至今的统治体制;而人们会发现,其他[城邦]的法规体制已然改变了,甚至到如今仍在改变中。[2]吕库古规定,国王因其神圣的血统代表城邦,主管所有的公共祭典,无论城邦把军队派往何处,国王统帅军队。

[3]他赐予国王祭牲的上等部分,在毗邻的[皮里阿西人]城镇中划给国王精选的[最好的]土地,分量上让国王既不短缺适度的收入,又不至于财富过剩。[4]国王们不应该在宫中进餐,为此他给国王设立了一个公餐房,他给国王们进餐时双份餐食的荣誉,不是说他们吃得比别人多,而是让他们有权把富余的一份赏赐给随他们喜欢的人。

[5]此外,他允准每一个国王挑选两名额外的陪同进餐者,称作皮提奥伊。他还允许国王从每窝猪崽里抓一头小猪,以便他若有事求问神谕时不会缺少祭牲。

[6]毗邻王宫的一面湖提供了充足的水源,满足各种用度,[水源的]好处只有那些没有这样便利的人知道得最清楚。在国王面前人人须起身站立,惟有任职的监察官们无需离座。[7]国王和监察官们每个月对彼此立誓为盟:监察官代表城邦,国王代表他们自己。国王立誓遵守城邦业已制定的礼法,只要国王们恪守誓言,城邦也遵守誓言保证王权不会动摇。

[8][以上所说的]这些是国王生前在自己国家被赋予的特权,并没有极大地超过平民的权力,因为吕库古不希望国王们滋生专制心理,或激发公民嫉妒国王的权力。[9]国王死后,吕库古的礼法表明,他们身后获得的荣誉是,[人民]尊拉刻岱蒙人的国王们像英雄那样,而非普通人。

《斯巴达政制》译笺

关 于 篇 名

［Rebenich笺］拉尔修（Diogenes Laertius）和托名朗吉努斯（Pseudo-Longin）的作品曾引用《斯巴达政制》，流传下来的是 Λακεδαιμονίων πολιτεία 这个标题，而修辞学家 Pollux、词典编纂家和史学家 Harpokration、《苏达辞书》（Suda），以及马其顿的 Stobaeus 等则用 Λακώνων πολιτεία 这个标题。Λακεδαιμόνιος 与 Λάκων 两个词没有含义上的区别，Λάκων 是 Λακεδαιμόνιος 的口语缩写，最古老的证据是荷马的《阿波罗颂诗》410 出现过派生词 Λακωνίς（Rebenich 1998:87）。

［Lipka笺］从希腊语词的角度分析，Λακεδαιμονίων Πολιτεία 的标题措辞有文本的支持，纵观整部作品，色诺芬提到斯巴达人时一直用 Λακεδαιμόνιοι，从不用 Λάκωνες。Λακεδαιμόνιοι［拉刻岱蒙人］是希腊语"斯巴达人"的专用名（复数），古典时期的史家们好用该词指称"斯巴达人"，色诺芬也多用该词及其派生词。但从语义看，"斯巴达政制"的标题颇令人吃惊。就作品内容而言，πολιτεία 只是在非常松散的意义上指"公共事务"。如此说来，这也许并非色诺芬的标题，而是后来编者所拟（Lipka 2002:97）。

［Gray笺］Politeia（拉丁文 Respublica）可能并非原初的标题，整书只在提到其他城邦的政制时用过 Politeia 一次（15.1）。《居

鲁士的教育》1.2.15 总结波斯律法时，说律法就是他们的 politeia，如此说来，描述一个城邦律法的作品当然以 Politeia 为题（Gray 2007:146）。

［陈笺］《斯巴达政制》的标题最早见于拉尔修写的传记《名哲言行录（上）》（汉译本参见拉尔修 2003），并且是与另一部《雅典政制》并列（'Αθηναίων καὶ Λακεδαιμονίων πολιτείαν），这两部作品一同作为色诺芬未刊行的著作被保存下来，但一般流见认为《雅典政制》乃伪作。

以 πολιτεία/Politeia 为名的作品中，还有大名鼎鼎的柏拉图的 Politeia 和亚里士多德的《雅典人的 Politeia》。Politeia 一词及其涵义到底该理解为"理想国"，还是城邦政体意义上的"政制"、"王制"，抑或更为普泛意义上的"生活方式"，说法众多（刘小枫 2015:182 以下）。与本书相关的含义，较为恰切的说法是"politeia 即便意指城邦秩序本身或者城邦民赖以生活的共同体基础，也指的是对个体具有内在强制性的引导和规范力量"（刘小枫 2015：213）。

那么该如何汉译 Λακεδαιμονίων Πολιτεία 中的 Politeia 一词？就柏拉图的 Politeia 一书而言，讨论的既是最佳 politeia，又与苏格拉底自己称义的问题紧密交织，整部书通过苏格拉底的自我叙述，证明他教诲的是"治国齐家的最美好、最伟大的德性——王者的灵魂德性"，故可译为《王制》（刘小枫 2015:201,223）。但色诺芬的 Λακεδαιμονίων Πολιτεία 却无法循此译为《拉刻岱蒙人的王制》。

色诺芬在《居鲁士的教育》一开篇比较过几大类的 politeia 及其成败，写法略类似柏拉图和亚里士多德对几种 politeia 的比较，但 Λακεδαιμονίων Πολιτεία 一书却专门谈论拉刻岱蒙人的 politeia，尽管说，当涉及到斯巴达各种不同法律规定和生活方式时，处处仍有与其他城邦对比的意思。就 Λακεδαιμονίων Πολιτεία 一书内容而言，politeia 多为吕库古设立的习俗、礼法对城邦公共生活和私人生活的规定，以及斯巴达城邦的职官、军事征战和王权规定，所以应可译为"政制"。且该书的现代西文译本多把题目中的 politeia 译为 constitution、government、Verfassung，也是"政制"或"行政管理"之意。

该书题名中的 Λακεδαιμονίων，可译为"拉刻岱蒙（人）的"或"斯巴达（人）的"（关于 λακεδαιμόνιοι［拉刻岱蒙］和 Σπάτη［斯巴达］之别，参见本书 1.1 节的语词辨析），译为"拉刻岱蒙（人）的"较着重于地域，译为"斯巴达（人）的"则较为着重于城邦。由于该书内容多谈及城邦之事，偶尔涉及范围更广的"拉刻岱蒙"疆域概念中的皮里阿西人，且现代西译多取 Spartan 的译法，故汉译采纳"斯巴达（人）的"。

合并两词，汉译把此书题目 Λακεδαιμονίων Πολιτεία 译为《斯巴达政制》。

另外，色诺芬作品的标题与内容不符似乎已是公论。《远征记》名为 Ἀνάβασις（Anabasis），其意为"上行记"，指希腊雇佣军从地势低的海边地带向高的山地转移，但从第二卷始，实质上就是 Κατάβασις（Katabasis）［下行记］，记叙军队退回到地势低的希腊。"上去"和"下去"不只是记叙的历史史迹，或许还是色诺芬针对柏拉图所涉及的哲学基要主题（刘小枫 2005：281）。

《居鲁士的教育》（Cyropaedia）一书的内容，名为《居鲁士颂》更为恰当。在解经大师列奥·施特劳斯眼里，色诺芬的这些"文不对题"貌似有失稳妥，实则大有深意。用《居鲁士的教育》这样的标题，不如说是把读者的注意力从居鲁士的辉煌成就转移到他的谦逊教育上去，或更确切地说，吸引读者最大限度注意到他相当隐晦的教育。同理，选用《斯巴达政制》的标题，目的是使人觉察斯巴达略显隐晦不明的政体（施特劳斯 2006a：23）。

第一章　引言、女童的教育和婚姻制度

[1]我曾想到过,斯巴达虽是人口最为稀疏的城邦之一,却也曾成为希腊最强大、最驰名的城邦,我不禁惊诧这何以可能发生。然而,考察了斯巴达人的政制后,我就不再吃惊了。

"不过、然而、但是"(ἀλλά):[陈笺]色诺芬多部作品开首词即是转折连词,有时,ἀλλά出现在某段落的开头(《远征记》2.1.10;《苏格拉底的申辩》11;《希腊志》2.3.35)。以一个转折词开篇多少显得不合常规,即便在古典作家中也不多见——这表明ἀλλά已然是一个典型的色诺芬式开头。色诺芬的《会饮》以ἀλλ' ἐμοὶ δοκεῖ...开篇,可与此处的用法对勘,但这两处的含义都不甚明朗。

汉译本《色诺芬的〈会饮〉》开篇的译文为"毕竟,在我看来,秉性完美的人值得我们记述的似乎不仅是那些严肃的事情……"(参汉译者沈默对使用ἀλλά的笺注,转折副词"毕竟"作开始旨在说明这个问题有待解决的特征。[沈默2007:9-10])。然而,汉译词"毕竟"放在《斯巴达政制》的开头有些不妥。

《斯巴达政制》除了德译本以"Nun, als ich…"、Watson英译本以"But…"模拟色诺芬的ἀλλά开头外,多部英译本都把转折词however放在了第二句(Watson的英译虽以But开头,第二句仍加入 however 才凸显了转折的文意[Watson 1914:204])。因此此句的汉译不拘泥于原文,按汉语使用习惯在第二句转折"……然而……"。

如何理解《斯巴达政制》这个典型的色诺芬式起首,学界有一些大致的推想:色诺芬使用 ἀλλά 的目的是以含糊其辞、或赞同、或反对的口语语气进入一个新话题(Denniston 1996:20ff; Gray 2007:146);或者,ἀλλά 的口语特征使《斯巴达政制》一开篇读起来显得生动,可对照《回忆苏格拉底》1.1 与之语气类似的开篇:"我常常感到奇怪的是,那些控诉苏格拉底的检察官们究竟用了一些什么论证说服了雅典人,使他们认为,他应该由城邦判处死刑"(色诺芬 1986:1);又或者,《斯巴达政制》这部短篇作品是拟构中的某部较长作品的残篇或续作(Watson 1914:204),但此说无法确证,我们并不知道色诺芬想要在多大程度上统一猜想中的这两部作品(Rebenich 1998:88-89)。

对第一章开头更细致的阐释则有:

1. 色诺芬用 ἀλλά 是要反对某种流布甚广的看法,比如说,反对那种否认斯巴达虽人口少但却名声响亮、国力强大的看法(Gray 2007:146),或反对那种即使承认斯巴达强大,但却不把原因归于吕库古的创制的意见(Rebenich 1998:88);

2. 色诺芬欲图把《斯巴达政制》与自己的其他作品或与其他作家的作品前后联结呼应,若然,ἀλλά 必然是对之前某个真实或虚构的说法或作品的回应(可比较法庭辩论中使用 ἀλλά 回应之前的指控),但不清楚《斯巴达政制》与哪部作品前后呼应。显然,此作不像色诺芬的《希腊志》那样是早先某部作品的延续,《希腊志》为有史以来唯一一部以"之后……"开篇的作品,常被视为修昔底德《战争志》的续作(然施特劳斯反对此说)。

《斯巴达政制》却并非色诺芬某作之续作,较为坚实的理由是,它偶尔有欠周密细致的风格,以及它的主题,都与色诺芬的其他作品判然有别。而且,《斯巴达政制》也不太可能是因为跟其他作家著作相关而写,书中色诺芬压根就没明确提到或暗示哪个作家,而他的其他作品(《苏格拉底的申辩》1.1,《回忆苏格拉底》1.1.1)则明确提起其他作家或对手(Lipka 2002:97-98)。

3. 色诺芬是在表现"率真自然,不管是真心如此还是假意为之"(Denniston 1996:21)。但 Denniston 的这个说法遭到德译笺者 Rebenich 和英译笺者 Lipka 的齐声反对。Denniston 以为色诺芬选用 ἀλλά 作为引导语是随意之举,但色诺芬可能别有用意。

Lipka 推测,或许当色诺芬写下 ἀλλά 这个词,是因为《斯巴达政制》(或起码它的某部分)起初无意刊行,而是为了用于另一种公共场合(或许是演讲?)。这样的话,可以假设色诺芬在着手撰写正式书面文本之前,先即兴地使用了"尽管这样……"的引导语。《会饮》开篇的 ἀλλά 也可能如此(Lipka 2002:98)。在第3种意见中,Lipka 所谓的权宜之计并不比 Denniston 提出的随意之举的解释高明到哪里去。

4. 施特劳斯的阐释没有汇入以上任何一种推测,因为他斩钉截铁地认为,色诺芬此处用 ἀλλά 的措辞表明他异于众人流俗的态度:在色诺芬时代,称颂斯巴达是种时尚,但色诺芬以《斯巴达政制》回应这种时尚,"但是我……感到奇怪,[而且]我思考这些体制"(施特劳斯 2006a:26),色诺芬对斯巴达精神的质疑由此已隐约可辨。施特劳斯还提请读者注意色诺芬在人称上的微妙转换,大多数时候他使用第一人称单数"我",此处亦然,但8.1从"我们所有人"转换到"我"。

《斯巴达政制》的开篇与色诺芬别的作品的开头在语言上有诸多显著相似处:譬如以第一人称谈到"我自己"(Ἀλλ' ἐγώ...,也参《阿格西劳传》1.1,《雅典的收入》1.1,《论骑术》1.1,《回忆苏格拉底》1.1,《齐家》1.1,《会饮》1.1 和《苏格拉底的申辩》1.1)。色诺芬之后,在演说辞和段落开头使用 ἀλλά 的风气主要见于罗马帝国时期，通常是效仿色诺芬（如 Aristid 等，Lipka 2002:98）。还可以对勘色诺芬的《苏格拉底的申辩》、《齐家》及所谓托名之作《雅典政制》的开篇用的小品词 δέ（Denniston 1996:172），以及某些色诺芬演讲辞使用的 τοίνυν（Denniston 1996:573）。

"我曾想到过（ἐννοήσας）"：[Lipka 笺]第一句中 ἐννοήσας [考虑、虑及]和 κατενόησα [考察]两个动词是对照性的使用，前者是不经意的注意，后者指深思熟虑后的洞悉（参《居鲁士的教育》7.1.16，Lipka 2002:100）。

"斯巴达"（ἡ Σπάτη）：[Lipka 笺]《斯巴达政制》中色诺芬严格区分 Σπάτη [斯巴达]和 Λακεδαίμων [拉刻岱蒙]。Σπάτη 指城邦和城邦的公民，Λακεδαίμων 则指斯巴达的疆域及其自由的居住民，如斯巴达人和皮里阿西人（Perioikoi），由此可厘清这两个词在作品中的分布格局：Σπάτη 只出现于第一到第十章，如 1.1、1.10、5.5、7.1、8.1、8.5、10.4，而 Λακεδαίμων 和复数 λακεδαιμόνιοι 从头至尾都有，如 2.13、9.4、11.2、11.8、12.5、12.7、13.5、13.8、14.2、14.6、15.9，形容词 λακωνιός 出现在 2.14、11.5。原因在于，《斯巴达政制》第一部分（第一到十章）主要围绕教育展开，是斯巴达城邦的内部事务，第二部分（第十一到十三章）谈军队，广涉整个拉刻岱蒙疆域，且斯巴达人仅占军队的一部分。

考古学材料显示，战士盾牌上铭刻有 Λακεδαίμων，斯巴达与外邦缔结的条约中也出现过它，证明"拉刻岱蒙人"实际上是斯巴达人在对外关系中指称他们自己。不过，亦不必过分强调这两个词的差异并将其普遍化，因为在不少文献中，两个词的语义部分地重合（Lipka 2002:99）。

[陈笺]Proietti 提到，《斯巴达政制》第十章以后色诺芬再也没有提到过斯巴达城邦和斯巴达公民，第十一到十三章的军事事务

适用于广义的"拉刻岱蒙人",这片土地上的自由民称作"拉刻岱蒙人"(Proietti 1987:46)。因而,拉刻岱蒙人是比斯巴达人在地域上更广泛的概念,这是两个词语的区分所在。比《斯巴达政制》更早的《伊利亚特》分别提到斯巴达和拉刻岱蒙,诗云:"那些占有多峡谷的洼地拉克得蒙、/法里斯、斯巴达、养鸽的墨塞……"(《伊利亚特》2.581-582)。

皮里阿西人被视为拉刻岱蒙人,根据色诺芬的说法,他们是毗邻斯巴达城邦、居住在自己城镇土地上的自由人,皮里阿西人的城镇拥有一定的财政和法律上的自主权,与斯巴达公民土地之间有明确界线。其政治地位低于斯巴达公民(监察官可以不经审判逮捕皮里阿西人),但高于黑劳士。他们和斯巴达公民一样必须服兵役,骑兵、步兵和技工均有参与。经济上他们主要从事手工业和商业。

柏拉图笔下的苏格拉底曾经谈到过拉刻岱蒙人"式"教育,或拉刻岱蒙风格的生活方式,明显不是地域性的,而是(政治)哲学性的。苏格拉底以戏言方式,调侃"拉刻岱蒙人对于热爱智慧和言辞受过最好的教育","追仿拉刻岱蒙生活方式其实指的是热爱智慧,而非热爱练身"(《普罗塔戈拉》342 b-d;柏拉图 2015:116-117),这一系列有关拉刻岱蒙这个地区或城邦似乎存在哲人族的说法,不过是苏格拉底的戏言修辞,一方面纠正智术师普罗塔戈拉自以为是聪明人的理解,另一方面保护听众中希珀克拉底等人的灵魂(刘小枫 2015:154-155)。

与色诺芬《斯巴达政制》类似的是,《普罗塔戈拉》中的苏格拉底也采用了极力颂赞拉刻岱蒙及其生活方式(政制)的修辞,甚至在史实上不惜自相矛盾(如古希腊七贤)。

"虽是人口最为稀疏的城邦":[Watson笺]稀疏的人口是指公民数量,而非城邦中的人的数量。斯巴达公民不管是指斯巴达人,还是拉刻岱蒙人,抑或所有拥有公民权的人,他们的人数的确不多(Watson 1914:204)。

[Moore 笺;Rebenich 笺]关于斯巴达确切的人口数量,希罗多德《原史》8.234 说是 8000 成年男性,据说公元前 480—479 年有 5000 人与波斯人作战(希罗多德 1978:558),到公元前 418 年左右伯罗奔半岛战争时期,人口减少为 4000 余人(《战争志》5.68.3,修昔底德 2004:304)。至公元前 371 年,斯巴达的战斗力锐减到 700 人(《希腊志》6.4.15)。

对比一下,公元前 432 年左右雅典的军事力量,修昔底德《战争志》2.13.6 列出的是 13000 重甲步兵(修昔底德 2004:88),远胜过斯巴达的军队人数。不管斯巴达人口的确切数字到底是多少,当时关于斯巴达人口过于稀疏的老生常谈,是就它在希腊事务上的重要地位而言,它的人口相对过于稀少了,一些人口比斯巴达多的城邦反倒被它辖制。斯巴达人口下降有多种原因,如来自土地保有体系的经济压力、过于僵化和排外的寡头政制、战争、地震等因素(Moore 1975:93,Rebenich 1998:88)。

[Lipka 笺]色诺芬说斯巴达"人口稀疏",很可能是要与"人口繁庶"的雅典作对照(《希腊志》2.3.24)。他从不认为斯巴达稀少的人口威胁到其国力的强盛。按《希腊志》5.2.16 和《雅典的收入》4.49 所说,人口的多寡主要取决于好的经济条件,而不是法律的状态。

> 如果我们的城市[雅典]得到这些[收入的]好处,它的人口就会特别兴旺。(《雅典的收入》4.4,色诺芬 1961:77)

亚里士多德《政治学》II 1270a 33 第一次提出,斯巴达衰落的主要原因之一是其人口稀疏:

拉根尼全境原来可以维持一千五百骑兵和三万重装步兵,直到近世,它所有担任战事的公民数已不足一千人了。历史证明了斯巴达财产制度的失当,这个城邦竟然一度战败,不克重振;其衰废的原因就在缺少男子。(亚里士多德1965:86-87)

人口稀少的斯巴达成为"希腊最强大、最驰名的城邦之一",这也表明斯巴达的人口数量和国力不成正比。柏拉图说过,一个城邦的伟大与否不靠人口数量予以评判(《王制》423 A):"最强大不是指名义上的强大,而是指实际上的强大,即使它只有一千名战士也罢。"亚里士多德甚至提出,人口过于庞大使城邦不可能有繁荣(εὐδαιμονία)和良好的法制(εὐνομία),大小有度的城邦必然才是最优美的城邦(《政治学》VII 1326a 8-27;亚里士多德 1965:352-353,Lipka 2002:99-100)。

[Gray笺]此处的人口指的是完全公民的数量,不包括奴隶和皮里阿西人。亚里士多德在《政治学》1270a 33-4 提出,斯巴达不再强大繁盛,部分是拜寡头制所赐。而色诺芬可能夸大其词,目的是让吕库古的礼法建制显得更令人称羡。Gray 推测有这样几个可能性:1. 色诺芬采用了他所在的古典时期斯巴达稀疏的人口数量,作为更早时代的参照,如《希腊志》6.4.15 记载斯巴达的战斗力在洛伊克特拉战役锐减到 700 人,是七个年龄组全部战斗力的三分之二;2. 他经常拿其他城邦做对比,拿更早时期人口数量也很大的雅典与斯巴达做对比。

通常人口数量大是城邦兴盛的必要条件,但人的素质同样非常重要,这是色诺芬《斯巴达政制》的聚焦点。希耶罗曾抱怨他的公民数量减少后,留给他统治的人数更少、人员更糟糕(《希耶罗》2.17-18,5.1-2,6.14-16,Gray 2007:146)。

[陈按]前 371 年,忒拜(Thebes,又译作底比斯)军队在伊巴

密浓达(Epaminondas)统帅下,在洛伊克特拉(Leuktra,位于玻俄提亚地区)击败斯巴达军队。伊巴密浓达在这场著名的战役中有一个战术突破,他冒着风险将最佳兵力放在左翼,达五十列盾牌深度,与斯巴达最精英的右翼搏斗,大败斯巴达(汉森 2013:161)。此后,忒拜主导希腊半岛的政局,斯巴达趋向衰落。(关于这场战争,参《希腊志》6.4.1 以下,色诺芬 2013:323 页注 3。)

[陈笺]色诺芬好用一串最高级,而且凡是如此措辞时似乎语含讥讽,如《居鲁士的教育》1.2.1:

> [居鲁士]他长得十分标致,内心拥有着三重的爱,对人、对知识、对荣誉的热爱(φιλανϑρωπότατος καὶ φιλομαϑέστατος καὶ φιλοτιμότατος)。(色诺芬 2007:7)

《斯巴达政制》1.1 节连用三个最高级形容词形容斯巴达:ὀλιγανϑρωποτάτων[人口最为稀疏]、δυνατωτάτη[最强大有力]、ὀνομαστοτάτη[最驰名],让人推测作者实有讥刺之意。色诺芬著作中其他连用最高级的地方有:《斯巴达政制》1.3、4.2、4.5;《阿格西劳传》1.3、6.7;《希腊志》2.4.22;《回忆苏格拉底》3.7.5、3.10.3;《雅典的收入》3.10(Lipka 2002:55)。

"曾成为"(ἐφάνη):[陈笺]ἐφάνη[成为、变成]用的是不定过去时,它表达的意思是"当时成为现在已不再是",还是"那时成为现在依旧是",有点不太清楚。不过,希腊文不定过去时强调的是过去时间中的行为,不注重与现在的关系,以此推断,前者的可能性较大,汉译为"曾成为"。

[Gray笺]色诺芬将斯巴达的荣盛追溯到赫拉克勒斯后裔的时代(10.8),是一种修辞性说法。现代史家认为这个曾经繁荣的时期是公元前 7 世纪中叶,斯巴达对阿卡迪亚和阿尔戈斯作战胜

利后，如希罗多德《原史》1.65-8所叙(Gray 2007:147)。

"希腊最强大（δυνατωτάτη）、最驰名的（ὀνομαστοτάτη）城邦"：[陈笺]色诺芬写作的年代，斯巴达的确是希腊最强盛的城邦之一，此处色诺芬"指的事件十有八九是斯巴达在伯罗奔半岛战争中的胜利"(施特劳斯 2006a:20)。

[Watson笺]尤其是第93届奥林匹亚竞技会后，斯巴达盛极一时，堪称希腊之主宰，其鼎盛一直延续到第102届奥林匹亚竞技会，适逢洛伊克特拉之战，战后斯巴达一蹶不振(Watson 1914:204)。

"我不禁惊诧（ἐθαύμασα）这何以可能发生"：[Lipka笺]动词θαυμάζειν[惊诧,诧异]在色诺芬作品里十分常见，尤其是《回忆苏格拉底》1.1.1、1.1.20、1.2.1、1.4.2、2.3.2、3.5.19，《居鲁士的教育》1.3等。柏拉图（《法义》962d）的话题也以"惊诧"开头的，同时假定主角是苏格拉底——这在柏拉图和色诺芬的作品中又是相同的情形。使用θαυμάζειν也是一种修辞手法。

有别于《希腊志》、《远征记》，《回忆苏格拉底》之类以苏格拉底为主的教育伦理学作品在措辞和风格上的相近可总结为：色诺芬思索（ἔννοια）这个论题在他自己和别人那里引起的"惊诧"，以证明他的论题(Lipka 2002:98)。

[Gray笺]θαυμάζειν[惊诧、诧异]是哲性思考的推动力。作者最初惊诧于斯巴达城邦小声望大，而后产生更强烈的惊诧取代了最初的惊诧，即吕库古的所作所为(Gray 2007:147)。

"然而，考察了斯巴达人的政制后，我就不再吃惊了"：[Lipka笺]ἐπιτηδεύματα[政制]指一般意义上的国家体制，不同于含义更明确的νόμοι[礼法]，即由习俗规定的生活方式。该词单数形式指的是"好的行为"(εὐταξία,《回忆苏格拉底》3.9.14、8.1);"好的秩序"(εὐθημοσύνη,《居鲁士的教育》8.5.7),特殊情况下指"畜养赛马"(参《希耶罗》和《论狩猎》)。

ἐπιτηδεύματα[政制]的复数接近于亚里士多德的"政体的习俗"(τὸ ἦθος τῆς πολιτείας),参《政治学》VIII 1337a 14:"一个城邦应常常教导公民们使能适应本邦的政治体系[及其生活方式]"(亚里士多德 1965:406)。要准确理解色诺芬的ἐπιτήδευμα,关键段落见《回忆苏格拉底》3.9.14,应当努力追求把事情做好(εὐπραξία),"通过勤学和苦练来做好一桩事情,这才是我所谓的把事情做好……"(色诺芬 1986:119)。所以,ἐπιτήδευμα指的是之前习得的某种东西的实际运用。它可能是一种技能,如养马、狩猎,也可能是由吕库古创制的律法(Lipka 2002:98)。

[Moore笺]Moore恰恰把ἐπιτηδεύματα译作"生活方式"。

[陈笺]Proietti认为,此处的"斯巴达的政制(实践)"会让人以为指的是以下第一章到第十章"更政治性"的内容,第十一章到第十三章像偏离了主题,全部涉及的是战争(Proietti 1987:46)。

[2]我实在钦佩吕库古——他赐予斯巴达人礼法,斯巴达人服从这些礼法[后曾]极为幸福——我认为他在极端做法上十分明智。因为,他不仅不效仿其他城邦,而且采用与多数城邦截然相反的体制使得父邦繁荣昌盛。

吕库古(Λυκοῦργον):[Lipka笺]除了《斯巴达政制》,吕库古在色诺芬其他著作中仅一见,《回忆苏格拉底》4.4.15中苏格拉底说:

> 拉刻岱蒙人吕库古如果不是在斯巴达最牢固地建立了守法精神,他就不可能使斯巴达和别的城邦有什么不同吗?(色

诺芬 1986:165[为保持统一,译名有改动])

此处苏格拉底赞扬了吕库古为城邦奠立的守法精神。这两处提到吕库古的地方,无论《回忆苏格拉底》还是《斯巴达政制》,都毫无保留地将他视作最杰出的斯巴达立法者,他安排了斯巴达城邦的生活方式,从一而终(Lipka 2002:35)。

将斯巴达政制归功于吕库古,色诺芬并非第一人,然而,色诺芬的确是第一个以如此强调的口吻突出吕库古是斯巴达政制的唯一创制者。希罗多德《原史》1.65.4 提到过斯巴达法律来源的两个版本:第一,德尔菲神庙的祭司皮提亚给吕库古的神谕;第二,吕库古从克里特学法(希罗多德 1978:31)。希罗多德叙述的两个版本中吕库古只是中间角色,他并没有积极参与斯巴达的律法创建,遑论独创斯巴达律法。

Lipka 相信:色诺芬这么写,很可能是对当时某种潮流的回应,即不是吕库古而是法律制定者(law-giver)制定了部分抑或全部斯巴达法律的潮流,譬如说将制定律法归于国王色奥庞波(Theopompus,尤其是监察官制,见柏拉图《法义》692a;亚里士多德《政治学》V 1313a25 - 28),归于 Aegimius,以及国王 Eurysthenesh 和 Procles。([陈按]Aegimius 乃多利亚人神话中的一位祖先和国王。)《斯巴达政制》开篇导入性的词 ἀλλά [然而、但是]或许就是以某种方式回应这样的观点(Lipka 2002:35)。

《斯巴达政制》除了强调吕库古是斯巴达礼法之制定者,还突出了其声名。据《原史》1.65.2,在吕库古之前,斯巴达拥有的是坏法,后来才由吕库古采自神谕或克里特建立良善礼法(Lipka 2002:35)。律法制定者这类文学传统中,一个惯常的主题就是律法的神圣起源或律法来自外邦。斯巴达人自己相信他们的律法源自克里特,后来亚里士多德和埃孚鲁斯(Ephorus)采纳了这种观点(亚里士多德 1965:92)。([陈按]埃孚鲁斯,公元前 405 - 330

的希腊历史学家,人称 Ephorus of Cyme,以其三十卷的《原史》闻名,其著作从神话时代末期的角度来审视希腊世界,已散佚,仅存片断。)色诺芬给出的则完全是另一幅画面。

首先,色诺芬的斯巴达编年中没有吕库古之前(治理得很糟糕)的斯巴达,吕库古的时代就是斯巴达城邦建邦开创期,即赫拉克勒斯后裔的时代(10.8)。

其次,色诺芬说斯巴达礼法完全是吕库古的创制,没有效仿任何城邦(1.2),迄今也没有任何城邦迫慕仿效(10.8),这个说法尤其与斯巴达人对于礼法的普遍信仰相左。分歧的原因,大概是色诺芬想让吕库古成为斯巴达双王制的创制者。《原史》1.65.5 的记叙显见是斯巴达人相信的版本,希罗多德把斯巴达的军事组织、公共食堂制、监察官制等归于吕库古,这与《斯巴达政制》的说法一样。然而在《原史》中,双王制在吕库古时代已然建立,吕库古甚至是王室一员。

但在《斯巴达政制》里,色诺芬却说吕库古规定了国王的权力和地位(15.1,及《阿格西劳传》1.4,这些权力从斯巴达王制建立伊始未曾改变过)。因此色诺芬不得不假设,吕库古生活在斯巴达王系尽可能最早之际,即赫拉克勒斯后裔的时代。由于时间上溯得太早,斯巴达就不可能在吕库古引入律法之前还可能出现统治得很差劲的时期(赫拉克勒斯后裔之前还没有斯巴达城邦),但这并不必然意味着斯巴达体制是独一无二的。色诺芬却说是吕库古首创了双王制,这才是希腊其他城邦罕有的,克里特没有,雅典也付诸阙如。

色诺芬为什么要把双王制与吕库古联系起来?公元前 5、6 世纪较为通行的做法,是将各种不同故事版本浓缩凝聚到一个彻底变制的立法人物身上,色诺芬的说法无论多么不同寻常,与此潮流若合符节(Lipka 2002:36)

[陈笺]吕库古被希罗多德称为"贤人",被柏拉图称作"智者",

这些都是律法制定者的典型称号。普鲁塔克《吕库古传》31.3 说吕库古"声名理所当然地超越了所有那些曾经在希腊人当中创建政体的人物"（普鲁塔克 1990:125），但奇怪的是他却没有位列"七贤人"。位列"七贤人"的据说有监察官基隆（Chilon），他大约生活在公元前 6 世纪初，拉尔修说约在第 56 届奥林匹亚竞技会时，即大概公元前 556/5 年，基隆被选为斯巴达监察官。

礼法（νόμος）：[陈笺]νόμος 是古希腊文明中的关键词。很多古典文献的核心议题围绕这个词展开（如柏拉图的大作《礼法》[Νόμοι]）。但此词在现代语言里的理解和翻译均需要有所甄别。

νόμος 的词源本意为"牧场、划分、牧养"，转义为"习惯、习俗、惯例"（参《古希腊语汉语词典》），或某群人的"生活规矩"、"生活方式"。习传的习俗是正义神给人们规定的，这也就表明了 νόμος 指的是习传的伦理－宗教性规矩。在斯巴达，情况尤其是如此。只有民主制建立兴盛之后，νόμος 才开始用来指由人民审查和订立的成文法律，如色诺芬在《回忆苏格拉底》中借伯里克利（Pericles）的话所说：

  凡是人民集会通过而制定的章程都是律法，它们指导我们什么是应该做的和什么是不应该做的。（色诺芬 1986:15）

于是乎 νόμος 兼具习俗和法律之意涵，可汉译为"礼法"（刘小枫 2003:30）。《居鲁士的教育》中也广泛讨论了 νόμος，汉译者沈默笺注为：

  νόμος 这个词有两个基本含义，在梭伦法典（即 Νόμοι）之前，这个词主要表示习俗，而后才带有法律含义。……在阿里斯托芬笔下，νόμος 也表示一种习惯。……即便是在柏拉图笔下，*nómos* 也是这两种含义兼而有之；《礼法》(*Nómoi*)至少在语言明喻层面上用了相当的篇幅来区分 *nómos* 的两层含义。……当然在很多时候，特别是谈到议事会议议事日程的时候，这个词同样也的确表示律法。(沈默 2007:8-9)

故此，沈默在《居鲁士的教育》里把 *nómos* 译作两个中文词：习俗和律法。

据本人的统计，多数情况下，《斯巴达政制》的英译和德译者把 *nómos* 一词译为 law/Gesetz[法律]，如 1.2、4.6、8.1、8.5(此节密集出现 4 个 *nómos*)、10.7、10.8、11.7、12.5、14.1、14.7、15.7、15.9，偶尔译为 custom/ Bestimmung[习俗](如 3.1、7.1、13.8)，译为"法律"的情况远远多于"习俗"。也就是说，西文译者们多从"法律"理解色诺芬笔下的 *nómos*。与 *nómos* 相应的动词译法，如 *nomísas* 译为 ordered、decreed、enacted、verordnete(1.4)，*nomízōn* 译为 decreed、appointed、anordneted(1.6,2.3)。

考虑到《斯巴达政制》的成书时间较早，应该是"习俗"意义上的规定多于"法律"意义上的颁布法令。就名词而言，此书中 *nómos* 的用法与柏拉图笔下的 *nómos* 的用法不太一样。综上，本书中 *nómos* 的汉译策略为：不特指时译为"礼法"，个别特指的地方视情况译为"习俗"或"法律"，相应动词译为"按礼法规定……、下律令……"。

[Lipka 笺]据 Ehrenberg 说，斯巴达表示法律的语词是"瑞特拉"(rhetra)，Nomos 代表的是习俗的力量，习俗的力量在斯巴达尤其强大。色诺芬的遣词说明他主要关心的不是吕库古创制了优良的律法，而是服从律法成为斯巴达人的第二天性。所以，对色诺芬而言，吕库古不仅像索伦一样是立法者，而且是一种新的生活方式的创制者。(Lipka 2002:100)

"斯巴达人服从(*peithómenoi*)这些礼法[后曾]极为幸福

(ηὐδαιμόνησαν)"：[陈笺]此处各译本对 πειϑόμενοι [服从]的译法略有歧义，Rebenich 本译作"斯巴达人重视这些律法而变得幸福"(Rebenich 1998:51)，Moore 译作"斯巴达人在这样的律法[体制]下繁荣兴盛"(Moore 1975:75)。考虑到 πειϑόμενοι 本意为"服从、顺从"，以及后文对斯巴达人服从律法的诸多描述，汉译为"服从"。

εὐδαιμονία 本义为"幸福、幸运、繁荣"，但色诺芬非常灵活地使用这个词的名词和动词形式（εὐδαιμονίζω），不同语境下语义也不尽相同。《斯巴达政制》1.2 一句两次出现了这个词，第一次出现时说的是"斯巴达人服从这些礼法后曾极为幸福/繁荣（ηὐδαιμόνησαν）"，第二次则是"(吕库古)采用与多数城邦截然相反的体制使得父邦繁荣昌盛（εὐδαιμονία）"。

Proietti 提出了诸多疑问，这个词指斯巴达城邦的"繁荣"，还是别有所指？斯巴达"父邦的繁荣昌盛"与斯巴达人的"幸福"是一回事吗？为什么此处色诺芬使用的是过去时 ηὐδαιμόνησαν [曾经荣盛]，是否暗示斯巴达的"繁荣"不复如是？斯巴达的"繁荣"是先于斯巴达的强大和驰名，还是与其同时发生？（Proietti 1987:44-45）汉译者以为，对于这些问题的思考，也许可以揭示色诺芬遣词用句的表层涵义与言下之意的微妙张力。

[Lipka 笺]任何讨论理想城邦的文献，其重要任务就是勾勒出民众可以达致 εὐδαιμονία [幸福]的政制架构。εὐδαιμονία 似乎是苏格拉底的思想特别关注的术语，而在《斯巴达政制》中它发挥了至关重要的作用：即斯巴达独特的 εὐδαιμονία，它是色诺芬这部作品的出发点。

色诺芬从来没有对 εὐδαιμονία 有清晰的界定；它大约指对事物的"良好"品位，但色诺芬并没有一以贯之地确定这种品位的状态。色诺芬的"苏格拉底文学"之一《回忆苏格拉底》有几处涉及该词，在 1.6.10，苏格拉底把他的 εὐδαιμονία [幸福]概念与诡辩家安提丰

做对照:

> 安提丰,你好像认为,幸福就在于奢华宴乐;而我则以为,能够一无所求才是像神仙一样,所需求的愈少也就愈接近于神仙;神性就是完善,愈接近于神性也就是愈接近于完善。(色诺芬 1986:36)

这里苏格拉底突出了他对于幸福的理解并非安逸享乐,而是节制(Lipka 2002:18)。

《斯巴达政制》中,斯巴达人的生活似乎对应了苏格拉底对 εὐδαιμονία 的理解:他们在性事上节制有加(1.5、2.14),男童的生活方式也非常俭约,他们光脚行走(2.3),一年四季只穿一件外袍(2.4),饮食有度(2.5),年纪大的人也同样如此(5.3-4)。甚至连《斯巴达政制》中的王权也呼应了《回忆苏格拉底》2.1.17 中的"统治术"(βασιλικὴ τέχνη)的理想:

> 苏格拉底,你好像认为是幸福的那些受了统治术的训练的人……也得甘愿忍受同样的饥饿、寒冷、不眠和其他许多苦楚。(色诺芬 1986:46)

也许正因为如此,色诺芬才在《斯巴达政制》结尾强调斯巴达国王的财富(15.3)和荣誉(15.8)并没有超过普通人(Lipka 2002:18)。

色诺芬把斯巴达人的秉性定为节欲和自制,这幅图画和他在《回忆苏格拉底》1.2.1 中致力描画的苏格拉底的品性无分轩轾。

> 苏格拉底不仅是一个最能严格控制他的激情和嗜欲的人,而且也是一个最能经得起冷、热和各种艰苦劳动的人;此

外,他还是一个非常惯于勤俭生活的人,尽管他所有的很微薄,但他却很容易的使它应付裕如。(色诺芬 1986:6-7)。

这些描写在很多细节方面和《斯巴达政制》中所描写的斯巴达年轻人一致:苏格拉底光脚板,只穿一件褴褛不堪的外袍,饮食粗陋(1.6.2-8)。斯巴达人的节欲和自制并不限于内心生活,他们物质上匮乏(2.3、4.5),身体遭受痛楚(3.2、7.4),这样的情形在苏格拉底身上亦可见到:苏格拉底对自己要求严格,他比任何人更能忍受磨难,经得起辛劳(《回忆苏格拉底》1.2.1、1.6.6f)。《斯巴达政制》中 σωφρονεῖν [节制](3.4)的使用标志着这部作品是典型的苏格拉底文学(Lipka 2002:18-19)。

不过,πόνοι [幸福]这个词最清楚不过地说明,《斯巴达政制》模糊了理想主义的评价和历史史实的程度。斯巴达人的体格训练比其他希腊城邦的邦民艰苦得多,这确是事实。但在《斯巴达政制》中这些 πόνοι [幸福]被理想化了,虽说其他作家不见得赞成这种体训(见修昔底德《战争志》2.39.1,亚里士多德《政治学》VIII 1338b 12-14)。

年长者(具体说是督导 2.2,或者是通常的长者)几乎独断专行的鞭笞惩罚权,特别是监察官(4.6、8.4)在神庙前的鞭打,孩童间的模拟打斗,这些"习俗"曾引起柏拉图的嘲笑(见《普罗塔戈拉》Prt. 342b,《高尔吉亚》515e),但色诺芬却当成典范极力赞赏(Lipka 2002:19)。

"我认为他在极端做法上十分明智(εἰς τὰ ἔσχατα σοφόν)":[陈笺]按施特劳斯的阐释,色诺芬的这句话表述含混:它可能是说吕库古"极为睿智"(extremely wise,Moore、Rebenich、Lipka 译本均采此译法),但这话显得多余;或许是说,他"在极端做法方面非常明智"(very wise with regard to the extremes),那这就不仅不多余,反倒十分妥帖:吕库古显得明智的这些极端方面是好是坏,色诺芬论而不断(施特劳斯2006a:12注1)。

Lipka 反驳施特劳斯的这个识读仅在语法上说得通,色诺芬《齐家》(20.5)也有类似的语词表达。Likpka 不同意以"反讽之意"理解这个段落,认为这不太可能(Lipka 2002:101)。Gray 也不同意施特劳斯的解读,认为 εἰς τὰ ἔσχατα[极为]在色诺芬的词汇中是标准用法,《希腊志》5.4.33 也出现过(Gray 2007:147)。

总体上,Lipka 和 Gray 都不认可施特劳斯对《斯巴达政制》的基本解读:色诺芬运用了特殊的写作术隐瞒了他的真实想法,《斯巴达政制》故意和斯巴达的现实脱节,处处意在讽刺。Lipka 断定这样的看法是站不住脚的,他指出《斯巴达政制》只有三个段落可能暗含讽刺之意,即 1.2[4]、10.8[2]、12.2[4](Lipka 2002:55)。Gray 扩展开来,不同意施特劳斯对《希耶罗》、《斯巴达政制》以及柏拉图的解读,称施特劳斯派(Straussians)为"反讽式阐释者"(ironist),她认为色诺芬的作品承认了统治者的善好,并非讥讽(Gray 2007:14 n.20)

汉译者认可并采用了施特劳斯对此句的解读,但列出 Lipka、Gray 的反驳供列位读者参详明辨。

[3]首先来看看孩童的育养。其他希腊[城邦的]人对那些将来要为人母、受良好举止教育的女童,给她们食用尽量少的面饼,以及极少量的佳肴;禁止她们饮酒,或者只许她们喝掺了水的酒。那些希腊人还希望他们的女儿们像大多数手工匠坐着干活一般,安安静静地坐着纺绩羊毛。怎么能指望这样养大的女子能生育出结实强壮的孩子?

[陈笺]为何《斯巴达政制》第一个议题(第一章第三节)首先讨论女童及其教育? 各家的说法不一。Moore 的看法是,色诺芬以

斯巴达妇女开篇,因为在色诺芬看来,妇女唯一重要的角色是斯巴达未来公民的母亲。在这点上,色诺芬似乎与雅典寡头统治者克里提阿斯(Critias)取得共识。克里提阿斯曾于公元前 5 世纪末写作诗文评论斯巴达政制,其作品残篇写道:"我将从男人开始讨论。一个人如何发育出最好最强壮的体格? 前提是父亲积极锻炼、饮食优良、不断提高耐力,而未来孩子的母亲身体健壮并参与锻炼"(Moore 1975:94)。

然而,色诺芬一上来就讨论女童/妇女问题,可能并非如 Moore 所说,是要赞同曾写同名《斯巴达政制》的克里提阿斯,而恰恰是希望与他形成对照。二人风格的具体对比参 Lipka 2002:19-20。

Lipka 还指出一种可能,以这样的开篇展开讨论,说明此作不像色诺芬的《雅典的收入》、《论骑术》、《论狩猎》、《阿格西劳传》是按主题结构全篇,而是依据时间顺序,可资比较的是《阿格西劳传》1.6-2.31。所以,《斯巴达政制》近似于传记文学风格。它的第一部分(第一至第十章)的确描写的是一个普通斯巴达人的生活方式。这影射的确乎就是阿格西劳的青年时代生活(哪怕色诺芬对国王的溢美也不能掩盖这一点)(Lipka 2002:102)。

第一章的女童育养、培养未来母亲、婚姻风俗、继承权制度之间有一定的主题相关性。而第一章的女童育养与第二章的孩童(主要是男童)教育结构上对举。所以,究竟色诺芬是由于女童育养的主题重要性,还是从作品结构考虑而将之置于第一个议题,还不能完全确定。

"孩童的育养"(τεκνοποιίας):[Lipka 笺]希罗多德用过"生儿女的父亲"(τεκνοποιός)一词(《原史》1.59.2、5.40.2),但色诺芬是第一个采用"孩童的育养"(τεκνοποιίας)这一复合词的人,见《斯巴达政制》1.3、1.7、1.9,《回忆苏格拉底》1.4.7、2.2.5(Lipka 2002:47)。

按亚里士多德的看法，立法者应该考虑孩童的育养，特别是适龄男女结合的问题(《政治学》7 1334b 29 - 38；亚里士多德 1965：395 - 396)。阿那克萨哥拉(Anaxagoras)提出，在生育儿女方面，男子是积极活跃的一方，女子是被动的一方，其观点影响了一些人，亚里士多德和普鲁塔克也采纳了女子被动的观点。([陈按]阿那克萨哥拉是克拉左美尼人，前苏格拉底时代的哲学家，自然科学家，因不敬神被逐出生活了 30 年的雅典。)

柏拉图认为，"我们大家并不是生下来都一样的"(《王制》370a - b；柏拉图 1986：95)，有的人有好天赋($\varphi\acute{\upsilon}\sigma\iota\varsigma$)，有的人没有好天赋(《王制》455b；柏拉图 1986：186)。女人是被动的一方(《蒂迈欧》91d)，而她的身体健康与男性的健康一样重要，"最好的男人必须与最好的女人尽多结合在一起"(《王制》459a - 460b；柏拉图 1986：192 - 194)。

另外，在色诺芬之前，有些人提出，在育养孩子上，女人的贡献与男人平分秋色，色诺芬偶尔也附和此说(《会饮》2. 9，Lipka 2002：102)。

[陈笺]色诺芬笔下的苏格拉底较为公正地谈到过妻子在孩子育养上做出的贡献和牺牲，以此教育对母亲的严厉甚为不满的儿子朗普洛克莱：

> 妻子受孕，忍受怀胎的苦痛，不顾生命的危险，把自己的营养分给胎儿，最后在怀胎足月分娩之后，尽管自己并没有事先得到任何好处，还是哺育他，看顾他……[妻子]长时间地抚养他[孩子]，忍受日日夜夜的疲劳，一点也不知道自己会得到什么酬劳。(《回忆苏格拉底》2. 2. 5，色诺芬 1986：52 - 53)

"其他希腊[城邦的]人对那些将来要为人母、受良好举止教育的女童"：[Moore笺]文中提到的斯巴达与"其他城邦"的区别无疑适用于许多希腊城邦(尽管不是所有城邦都如此),但是,这一区别主要是针对雅典女童的抚育问题而言(Moore 1975:94)。

[陈笺]关于雅典妇女在古典时期的地位问题,参陈戎女,《荷马的世界:现代阐释与比较》第四章第一节"荷马之后:'东方式隔绝'与'女性入侵者'"的论述(陈戎女 2009:162-171)。

[Watson 笺]"受良好举止教育的女童",Watson 译为"属于受良好教育的阶层"(Watson 1914:205)。

"给她们食用尽量少的面饼,以及极少量的佳肴(σίτῳ ᾗ ἀνυστὸν μετριοτάτῳ καὶ ὄψῳ ᾗ)":[陈笺]ὄψον 的西译不尽相同,Lipka 译为"其他食品"(other food)虽然突出了与普通的"面包"(bread)对照之意,但没有点出是不常食用的肉食类,Rebenich 译为"配菜、附加菜"(Zukost),也属于此类。相比较而言,Moore 译为"佳肴"(luxury foods)、Watson 译为"肉食"(meat),较为恰切。

[Lipka 笺]此句色诺芬改变了比较级用法的程式(ᾗ ἀνυστόν/ ᾗ δυνατόν),改变了形容词(μετριοτάτῳ/μικροτάτῳ)。ὡς ἀνυστόν形容词最高级的用法亦见于公元前 5 世纪的其他作家。色诺芬《远征记》1.8.11 有类似用法"尽可能地沉默"(σιγῇ ὡς ἀνυστόν)。古典时期未见到有ᾗ ἀ/ἀνυστόν+形容词最高级结构的类似用法,此用法显然是类比ᾗ δυνατόν+形容词最高级的结构而来。ᾗ δυνατόν+形容词最高级的结构还见于《希腊志》6.3.6、《回忆苏格拉底》1.4.6、《远征记》1.3.15,亦见于柏拉图《蒂迈欧》65c。此外《回忆苏格拉底》4.5.5 用过ὡς δυνατόν+形容词最高级的结构(Lipka 2002:103)。

《奥德赛》曾出现过"面饼"(σῖτος)与"佳肴"(ὄψον)对照的用法:"一个女仆把许多面饼和酒酿装进车,/还有神明养育的国王们享用的肴馔"(《奥》3.479-480;荷马 1997:52)。色诺芬《回忆苏格拉底》3.14.2 说有一个人"放着面包不吃而单吃肉食"

(ἐσθίουσι μὲν γὰρ δὴ πάντες ἐπὶ τῷ σίτῳ ὄψον, ὅταν παρῇ)，而被斥责为老饕(色诺芬 1986：135－136)。同样的，柏拉图《王制》559b 讨论过要保持身体健康，只准吃面包(柏拉图 1986：334，Lipka 2002：103)。

我们对古典时期希腊妇女的营养状况所知不详，但据个别文献，女子饮食俭朴属正常范围：色诺芬《齐家》教导说，无论在斯巴达还是别处，控制食欲对男人和女人都是好的，尤其是对年轻女孩子(《齐家》7.6，色诺芬 2010：33)。亚里士多德指出，一般来讲，女人比男人需要的食物少一些(《动物志》卷九，608b 14 以下)。虽然烹饪是女人干的家务活，她们取用食物却可能受到限制。在营养上，让女性自我控制的理念主要是伦理－哲学层面的，尽管古代人也知道身材苗条的美感。

仅仅有极少古代文献强调了营养充足对女性的重要性：据希波克拉底文集，进食充足是女性来月经的前提(参 Dean-Jones《古典希腊科学中的女性身体》一书，Dean-Jones1994：47f.)。([陈按]希波克拉底，约前 460 年至约前 370 年，为古希腊伯里克利时代之医师，为古希腊"医学之父"。)亚里士多德反对让孕妇饿肚子，她们应"摄受富于滋养的饮食"(《政治学》VII 1335b 12－14；亚里士多德 1965：399)。柏拉图《王制》甚至建议男人女人食物一致，虽然他说的是品质而非数量(Lipka 2002：103)。

[Moore 笺]以现代的标准来看，古典时期大部分希腊人的饮食非常粗陋，且相对营养匮乏。即使鱼肉更易获取，一年中人们也只有在一次城邦大祭后偶有数次食肉的机会。就此而言，斯巴达女童的日常饮食不太可能优越到哪里去，不过，她们可能至少有较合理的饮食量。色诺芬很可能夸大了斯巴达与别的城邦间的差异(Moore 1975：95)。

"禁止她们饮酒，或者只许她们喝掺了水的酒"：[Lipka 笺]通常男人喝掺水的酒,所以,此处的寓意不单纯是"掺水",而是"掺入比男童或男人喝的酒更多的水"(Lipka 2002：103)。也有古代文献建议给孕妇喝不掺水的饮品(不清楚是否指酒)。

不同地方、不同时期对喝酒的限制有所不同。据说在意大利的 Locri 喝不掺水的酒要处以死刑(这条法律的历史参 K.-J. Hölkesmamp《希腊古风时期的法官、立法机构和立法》一书,Hölkesmamp 1999：190f),在 Massilia 和米利都(Miletos),妇人只许喝水,而罗马的奴隶、自由民妇女和 30 岁以下男子(一说 35 岁以下)禁止喝酒。亚里士多德著作残片 611.28[R]记载,来自 Keos 的儿童和未婚女性只允许喝水,柏拉图的理想国里,18 岁以下的儿童同样不准喝酒,18 到 30 岁之间的青年喝酒有限制(《法义》666a)。克里特出土的一块古风时期的铭文禁止(或起码是限制)在宗教集会之外的场合饮酒。

然而也有反例,古典时期的雅典,女奴以喝酒的方式作证。妓女当然是饮酒的,按喜剧家们的说法,女邦民也饮酒(Lipka 2002：104)。

[陈笺]女人禁酒或喝薄酒,背后的理由并非出于身体健康的考虑,而是因为女性的灵魂思虑机能"不充分",控制力没有男性强,所以受到更多限制,这在亚里士多德《政治学》1260a 10 - 15 中是不言自明的观点前设：

> 道德品质虽为上述各人所同备,每一德行,例如节制(克己),男女所持有的程度却并不相同。(亚里士多德 1965：39 - 40)。

故而亚里士多德对男女、儿童和奴隶分别提出道德要求,女子的品德要求是服从和娴静。后世大概形成了这样的观念：希腊人中惟有斯巴达人允许其妇女饮酒。对斯巴达女人行为放荡的指责,常常出现的对照是赞美斯巴达男子宴饮时喝酒适度,从而暗示女人饮酒无节制,可能会酩酊大醉。一个有趣的细节是,酒神狄奥尼索斯在斯巴达是妇女祭拜的神。(Pomeroy 2002:133-134)

到底斯巴达女童/女人的饮食如何？1.3 句色诺芬没有明说,只能靠读者诸君自己推断。显然,既然斯巴达的做法与"其他希腊人"不一样,斯巴达女性就可能在饮食上没那么多限制。如果有充足的供给,她们在食物品种的选择上,也许佳肴美食多于俭朴的面饼,而且数量可以不必"尽量少"。最有微妙涵义的是关于饮酒,斯巴达女性或许压根不禁酒,她们喝酒掺水的比例也许很低,可以喝浓酒。

斯巴达女性营养丰富的饮食自有合乎逻辑的目的,一是为了生育健康的后代,二是为了"像男人一样锻炼身体"。然而,设若当时的雅典读者从色诺芬 1.3 极为精简和克制的话语推断出斯巴达女性不加节制的饮食,就会被形塑出这样的观念:斯巴达妇女道德松懈乃至淫荡。

晚于色诺芬的亚里士多德已然做出了如此判断:"她们一直放荡不羁(akolasia/ intemperance),过着奢侈的生活。"亚里士多德明确指出,这是由于吕库古完全疏忽了妇女,没有给她们施以严刑峻法。(《政治学》II 1270a,亚里士多德 1965:83-84。对此句中的 akolasia 一词的训读有不同意见,参 Cartledge 的论文《斯巴达妻子:解放还是放荡》[Spartan Wives: Liberation or Licence?], Cartledge 1981:87。)

1.3 句字面上在谴责其他希腊人限制女童饮食的做法给生养孩子带来的弊端,实际上让读者反思斯巴达女性饮食不加节制带来的后果。这背后的逻辑是一种典型的希腊古典时期的哲学精神:靠饮食给身体提供丰富的营养,远不及靠节制的生活方式(政制)砥砺人的德性更重要。就此而言,斯巴达城邦及其代表的斯巴达精神完全与之背道而驰。

"那些希腊人还希望他们的女儿们像大多数手工匠坐着干活（ἑδραῖοι）一般,安安静静地坐着纺绩羊毛":［Moore笺］大多数希腊妇女的日常活计就是纺纱、织布和制衣。条件较好的家庭里,奴隶承担了比较繁重的工作,而对于最穷困的家庭,日常的家务活占去女人大量的时间。色诺芬自己曾建议,一名妻子应当做一些基本的家庭管理工作,可以和一和面粉、揉一揉面团,达到锻炼身体的目的(《齐家》10.2,Moore 1975:95)。

［Lipka笺］色诺芬使用ἑδραῖοι[坐着干活]惟此处一见。它不仅指坐着干活,还泛指总待在一个地方干活,如做鞋和打铁。在《齐家》6.6中,色诺芬提到这是典型的手工匠人的生活风格,但他的措辞是καϑῆσϑαι[制匠的手艺](色诺芬2010:30,[陈按]应是《齐家》6.5)。男人的理想是,女人应待在家里,普鲁塔克甚至说女人应该像个"立方体"(κύβον)一样一动不动地坐于家中(Lipka 2002:104)。

柏拉图《法义》、《王制》805d-e中,一个雅典人说女人在色雷斯和其他地方像奴隶一样在田间地头劳作,雅典的女人则管理家务,纺织羊毛。和埃及人正相反,希腊女性典型的劳作即是纺绩羊毛。《齐家》7.6中,地主伊斯霍玛霍斯说他迎娶15岁的妻子时,她只懂"纺毛料、做衣服"和准备食物(色诺芬 2010:33,也参《齐家》7.41、10.10)。自荷马以来,纺织是典型的女性活动(《奥德赛》6.305-307),后赫西俄德、柏拉图、色诺芬都有过描述,希腊陶瓶画上也有女子纺纱图(Lipka 2002:105)。

此处色诺芬特指其他希腊城邦由奴隶照管家务,这样女性自由民就可以把时间全部用于羊毛纺绩。当然,无论在雅典或是别处,只有富裕人家才有这样的条件(Lipka 2002:105;另参E. Millender,"雅典的思想意识和有权有势的斯巴达女性"一文["Athenian Ideology and the Empowered Spartan Woman", Millender 1999:355-391]。)

［Gray笺］《齐家》7.6证实了色诺芬所说的其他城邦的女孩饮食差劲、缺乏锻炼，伊斯霍玛霍斯迎娶了来自雅典城邦的不到15岁的妻子，她嫁过来时只懂得坐着纺羊毛料、控制饮食。伊斯霍玛霍斯懂得斯巴达对女人的教育安排，他鼓励妻子不要像奴隶那样坐在纺织机旁边，要站起来走动，像个总管分派指挥奴隶们劳作，总是坐着劳作损害健康，在屋里走动可以锻炼身体（Gray 2007：148）。

纺织是古希腊女性的传统活动，Gray特别指出坐着干的活儿是纺线（spinning），织布需要动来动去（weaving，《奥德赛》5.62，10.222-226）。雅典是由奴隶纺线（《齐家》7.6）。有证据显示，斯巴达城邦在公元前580年后出现了织布活动的衰落，这可能是吕库古的改革带来的结果（Gray 2007：149）。

［陈笺］由以上材料可知，雅典等城邦中的女性自由民最重要的劳作是纺织，有时兼管家务，无论具体做什么，女人大量的时间是参与家庭劳作，或者说一边劳作一边锻炼了身体，而不是撇下家务只锻炼身体。赫西俄德在《神谱》592-599中严厉批判过自己不劳动，却用别人的劳动成果塞饱肚皮的"祸水"女人（赫西俄德 2010：131-132）。不劳作的女人，其实与饮食无度的人一样，缺乏约束自己行为的德性操练。

［4］与之相反，吕库古认为女奴足以胜任纺纱织线的活儿，而女性自由民最重要的任务是生育子嗣。所以他立法规定，首先，女子应该像男人一样锻炼身体。其次，他给女人设立了与男人相同的比拼速度与力量的竞技比赛，理由是身强体壮的父母其子女也必然体魄健壮。

"女奴（δούλας）足以胜任纺纱织线的活儿，而女性自由民（ἐλευθέραις）最重要的任务是生育子嗣"：［Lipka笺］色诺芬用

δοῦλαι指[女奴]，她们通常干粗重的活，如纺纱和照料病弱，可以推测有部分"女奴"是黑劳士(Lipka 2002：105，另参 S. Hodkinson论文"古典时期斯巴达'家庭'中的仆役和被赡养的自由民"[Servile and Free Dependants of the Classical Spartan"oikos"], Hodkinson1997：47)。

δοῦλαι[女奴]和ἐλευθέραις[女自由民]这对互补的术语，色诺芬可能取自雅典法律诉讼用语，用于斯巴达也许不太精确。斯巴达自由民被径直称作"邦民"（πολίτης）或"斯巴达人"（Σπαρτιάτης/Σπαρτιᾶτις，Lipka 2002：105）。雅典人可能采用δοῦλοι[女奴]一词用以指整体意义上的女奴（12.4）。《斯巴达政制》处处避免使用"黑劳士"一词，我们却不能推断说是色诺芬不知情：比起社会状态的历史细节，色诺芬更关注的是自由民的地位相对于非自由民所引发的哲学问题(6.3,Lipka 2002：106)。

《回忆苏格拉底》2.2.4 强调过选择妻子的一个关键是她能否生育最好的子女。不过斯巴达妇女的任务仅限于把孩子生下来。新生儿被交给闻名遐迩的斯巴达保姆看养（普鲁塔克《吕库古传》16.5,[陈按]应为 16.3），这与柏拉图设计的理想国很类似(《王制》460d,Lipka 2002：106)。

[陈笺]斯巴达的女自由民被称作（Σπαρτιᾶτις /Spartiatis）。女自由民的人数并不多，她们并非完全不事纺织，偶尔也织制宗教仪式所用的织品。(Pomeroy 2002：vii，30)

"女子应该像男人一样锻炼身体（σωμασκεῖν）"：[Lipka 笺]σωμασκεῖν[锻炼身体]也见于色诺芬的其他作品(《回忆苏格拉底》3.9.11)，但是没有出现在同时代人或更早的作品中，这很可能是偶然情况，因为与σωμασκεῖν相同词根的其他词语σωμασκία常出现在同时代人或更早的作品中（柏拉图《法义》646d）。同理，μηχανικός[技巧的]见于《斯巴达政制》2.8,《回忆苏格拉底》3.1.6、

4.3.1,而另一形式 μηχανή 则出现于赫西俄德《神谱》146,希罗多德《原史》2.125.2-4(Lipka 2002:47)。

[Moore 笺]普鲁塔克对斯巴达女孩参与的身体锻炼给出过详细描述:吕库古"让少女们锻炼身体:跑步、摔跤、扔铁饼、掷标枪"(《吕库古传》14.2;普鲁塔克 1990.102-103),另外有材料显示,斯巴达女孩们要学会骑马、驾马车。训练女童的动机是让她们具备生孩子的强健体格(Moore 1975:94)。

斯巴达女性所享有的生活自由无疑对她们自己是有益处的,也肯定具有实际意义,因为斯巴达男性离家为城邦服役的次数多过其他城邦的男人。此时,斯巴达女性就要承担起一切家庭事务。但是,斯巴达女性抛头露面出去锻炼曾遭到其他希腊城邦的尖锐抨击:公元前6世纪的伊比库斯(Ibycus)称斯巴达女人为"露大腿的人",欧里庇德斯的《安德洛玛刻》(行589以下)中的珀琉斯说得更细:

> 斯巴达的闺女,即使想要贞节,也不可能,她们离开家里,裸露着大腿,穿着敞开的衣服,同青年男子一起赛跑摔跤,这是我所不能容忍的。(欧里庇德斯 2003:352)

普鲁塔克虽然指出了"后来影响她们的道德松懈"(《伦语》,Moralia 228b),《吕库古传》15.9 和 14.2、14.4 却极力否认众所周知的对斯巴达女人淫荡的指责(Moore 1975:96):

> 那时在婚姻关系上普遍存在的自由,目的在于得到健壮的体魄和建立良好的政治,远不同于后日人们归咎于妇女的那种放荡与淫乱……(普鲁塔克 1990:106)

他(吕库古)使得她们摆脱了娇柔脆弱和种种女性的娇气,让她们同青年男子一样习惯于运动时只穿着短袖束腰外衣……少女们衣着虽少，却丝毫不失体面，因为轻浮放荡已一扫而尽，伴随着她们的是庄重贞节；不仅如此，这样还使她们养成了朴质的习惯和对身体健美的热烈追求。（普鲁塔克 1990：103）

［陈笺］斯巴达妇女参加的体育竞赛有时是常规锻炼，有时是仪式性的，乃宗教节日的一部分。比如赛跑就是宗教节日里唯一为女性举行的竞技比赛，斯巴达少女的赛跑竞技致敬的对象有海伦、狄奥尼索斯、赫拉以及被称作 Driodones 的本邦诸神。（Pomeroy 2002：24）

斯巴达女人可以同男人一样参加体育锻炼（锻炼时半裸或全裸），可谓是获得了极大的生活上的自由，也带来一系列经久讨论的道德问题。普鲁塔克《吕库古传》中为斯巴达妇女辩护的文字尤其值得注意，因为其中某些部分几乎就是对色诺芬《斯巴达政制》的详尽展开。他对斯巴达少女体育锻炼的描写自觉地加入了对其"庄重贞节"的妇德的辩解，恰恰从另一个角度说明，《斯巴达政制》1.4 始终萦绕着对斯巴达女人道德品性的思考和隐秘的判断，所以晚出的普鲁塔克竭力要做出辩解。

斯巴达研究的专家卡特利奇指出，有关斯巴达女性的情况，为斯巴达做道德辩护（moralizing apologists）的色诺芬和普鲁塔克很难说是无懈可击的目击证人，然而，他们的所知所言起码在某些方面可以修正和补充更为真实可信的亚里士多德的描述（Cartledge 1981：89-90）。

卡特利奇的二分法将色诺芬、普鲁塔克划为替斯巴达女性辩护的一边，把亚里士多德划为批评斯巴达妇女的另一边。他显然将色诺芬归入了亲斯巴达派，而这恰恰是成问题的。

［5］［在婚姻方面］他观察到，其他希腊［城邦的］人新婚后与妻

子消磨过多的时光,性欲毫无节制,于是他就规定了截然相反的做法,男子被人瞧见出入[妻子的寝室]应感到羞耻。夫妻[相会]受到限制,相遇时情欲必然大增;这样繁衍萌生的子嗣也必定比他们[情欲]厌腻时生的孩子更强壮。

"男子被人瞧见出入[妻子的寝室]应感到羞耻(αἰδεῖσθαιμενεἰσιόνταὀφθῆναι,αἰδεῖσθαιδ' ἐξιόντα)":[Lipka 笺]动词 εἰσιέναι, ἐξιέναι 专指斯巴达男人[进/出妻子的寝室]。除斯巴达以外,在希腊其他城邦,男女在公开场合一起露面也很丢脸(《奥德赛》中,费埃克斯公主瑙西卡娅担心她和奥德修斯众目睽睽下一起返回宫廷会引人非议,参《奥德赛》6:273-285)。在公共场合发生性行为尤其被视为 αἰσχρόν [无耻的行径],如《远征记》5.4.33 所叙:

> 这些麦叙诺基亚人也要跟随希[腊]军的妇人公开性交,因为那是他们的习俗……长征全过程中服役的希人认为他们是所经之地最不开化的、跟希腊风俗相差最远的人。他们经常公开做其他人只在私下做的事情。(色诺芬 1985:125)

只有野蛮人才认为公开性交合乎习俗。《原史》3.101.1 谈到印度人,"以上我所谈到的这些印度人都是像牲畜一样地在光天化日之下交媾的"(希罗多德 1978:240),《原史》4.180.5 还记载欧赛埃司人"并不是夫妻同居,而是像牲畜那样地交媾"(希罗多德 1978:336,Lipka 2002:107)。

普鲁塔克《吕库古传》15.8-11 描述了斯巴达人特别的 αἰδώς [羞耻感]的主题:

> 首先,吕库古没有将儿子看作是父亲的特殊财产,而是当作国家的公共财富。因此,他不愿本邦的公民由随意结合的

父母所生,希望他们是最优秀的人们的后代……那时在婚姻关系上普遍存在自由,目的在于得到健壮的体魄和建立良好的政治,远不同于后日人们归咎于妇女的那种放荡与淫乱。因此,斯巴达人全然不知通奸是怎么回事。(普鲁塔克1990:105-106)

在色诺芬和其他人的作品中,αἰδώς[羞耻感]与"被看见"的概念是紧密结合的,如《居鲁士的教育》8.1.31:

有所节制的人是那种在光天化日之下不会做可耻之事的人,自我约束的人即便在私底下也不会做那种事情。(色诺芬2007:413;也参《阿格西劳传》9.1,柏拉图《法义》841b)

根据《斯巴达政制》5.7的说法,斯巴达人吃完晚饭后经常很晚才回家,而且走路不点火把(看起来偷偷摸摸),这可能会被色诺芬错误地理解为有羞耻之心。其他学者也谈过αἰδώς[羞耻感]与性行为之间的关系。关于αἰδώς[羞耻感]也参《斯巴达政制》2.2(Lipka 2002:107)。

"繁衍萌生(βλάστοι)":[Lipka笺]动词βλαστάνειν在色诺芬的作品中只出现在《齐家》19.2-10以及《雅典的收入》1.3,均指[植物的繁衍]。此处寓意人的生育非常具有诗意(Lipka 2002:108)。([陈按]故汉译为"繁衍萌生"。)

"[情欲]厌腻(διάκοροι)":[Lipka笺]διάκοροι[饱足、厌腻]一词在色诺芬作品中唯此处一见。《原史》3.117.6出现过该词相似的意思,"充满"了水(Lipka 2002:108)。

"这样繁衍萌生的子嗣也必定比他们[情欲]厌腻时生的孩子更强壮":[Lipka笺]色诺芬时代,人们认为父母的身体状态对后代健康有影响,可能受此影响,有的人说哪怕强壮的父母偶尔状态不佳也会生下孱弱的儿女。

色诺芬此处谈到的父母同房前短暂分开有助于母亲怀孕生出身体健壮的孩子,这种观念也曾见于普鲁塔克《忒修斯传》3.5所叙之事:埃勾斯(Aegeus)无子嗣但求子心切,德尔斐神谕告诫他"在返回雅典之前勿近女色"(普鲁塔克1990:7)。或许这就是为什么现代希腊至今的习俗仍强调夫妻结婚典礼前要分开一晚上(或一个白天)。按毕达哥拉斯学派的说法,控制性行为可以增强父母(而非孩子的)体格健康。柏拉图《法义》839e-840b也说竞技运动员在训练期间禁止性行为,以保证身体状态(Lipka 2002: 107-108)。

[Gray笺]色诺芬对一些耳熟能详的斯巴达婚姻生育习俗和措施避而不谈,可能是因为他关心的是优生优育,也可能是这些习俗措施在色诺芬时代并不通行,再可能它们是比色诺芬更晚出的文献材料。

这些习俗措施计有四种:第一,抢新娘习俗(普鲁塔克《吕库古传》15.5有记载),与优生优育无关,还与《斯巴达政制》对婚姻的正式描述相抵触;第二,丢弃有缺陷的新生儿(《吕库古传》16.1-2),吕库古采取有益于生育强壮孩子的措施后,这就不需要了;第三,惩罚打单身不生养孩子的人(《吕库古传》15.1-3),随便什么人生养孩子可能会造成不怎么样的父母生养出身体品性不好的孩子;第四,鼓励生育的法律让多子的父亲免服兵役或免去城邦一切负担(亚里士多德《政治学》1270a 40),这也与优生优育没关系(Gray 2007:150)。

[6]除了这些措施外,他禁止男女自由选择时间结婚,依照[婚

俗]礼法,只允许男女的身体成熟时才可缔结婚约,理由是有助于育养健壮的子女。

"[婚俗]礼法(νομίζων)":[Lipka笺]斯巴达有"抢婚"习俗。新郎抢新娘,通常是获得了新娘父亲的准许。斯巴达还允许某人同自己的侄女结婚。据《原史》5.39.1 所叙:斯巴达国王列昂的儿子"阿那克桑德里斯娶了自己的亲姊妹的女儿"(希罗多德1978:361)。雅典的婚俗也相似。

在斯巴达,同母异父的兄弟姐妹可以结婚,雅典则只有异母的兄弟姐妹才可结婚,如普鲁塔克《地米斯托克利传》32.2 记载:雅典人地米斯托克利"有几个女儿,其中莫西普托勒马是第二个妻子所生,后来成为他异母哥哥阿克普托利斯的妻子"(普鲁塔克1990:268,Lipka 2002:108)。

"只允许男女的身体成熟(ἐν ἀκμαῖς τῶν σωμάτων)时才可缔结婚约,理由是有助于育养健壮的子女":[Lipka笺]据《回忆苏格拉底》4.4.23,对优生而言,父母的性格,尤其是父母处于"成熟时期"十分重要。毕达哥拉斯学派也推荐人应在"熟龄"时期生育。

男子到达ἀκμή[成熟时期、盛年]的年龄说法不一,索伦认为是28岁,《王制》460e说是30岁(女子20岁),亚里士多德《修辞学》卷二1390b9-11说男子体力上的ἀκμή[成熟时期]是30至35岁之间,智力约在49岁发育完成(亚理斯多德2007:247,Lipka 2002:108)。

有些人认为应该晚婚,这样就不会受通奸的诱惑。在斯巴达以外的地区,晚婚并不罕见。古人关于晚婚的年龄介于30到37岁之间。男子在18岁结婚是特例。色诺芬说斯巴达男子在"盛年"(约莫30岁)结婚,这点得到普鲁塔克《吕库古传》25.1印证,因为30岁是担任公职和军职的年龄底线。

按照赫西俄德、柏拉图和亚里士多德所说,女子应该在 16 到 20 岁之间成婚。实际上希腊的女子从 12 岁开始就可结婚(参 West 笺注的赫西俄德《劳作与时日》)。女子结婚年龄小,男子就可以随心所欲地调教妻子,如《劳作与时日》699 所言:"要娶一位少女,以便你可以教会她谨慎为人"(赫西俄德 1991:21,也参色诺芬《齐家》7.7)。与希腊一样,罗马女子也早婚,通常是 12 岁之后,但普鲁塔克《努马传》26.2 记载,为了保证女子婚前贞洁无瑕,"罗马人却在他们的少女 12 岁或者更小的时候,就让她们结婚"(普鲁塔克 1990:163)。

除了《斯巴达政制》,普鲁塔克《吕库古传》15.4、《努马传》26.1 证实斯巴达人在盛年结婚,但是普鲁塔克或许是受到色诺芬影响。斯巴达女子的最小结婚年龄无法证实,普鲁塔克《努马传》26.1 说是 20 岁上下。男子与年龄大的女子结婚被认为有害无益(Lipka 2002:108)。

[Moore 笺]斯巴达之外的希腊城邦,结婚时男性 30 岁出头,而新娘常常只有 14 岁左右。色诺芬在《齐家》中说(极可能是针对雅典人),男人很可能与妻子没什么可交流的共同话语(《齐家》3.12),其中一个原因必然是双方年龄差距较大,而女孩又相对缺少教育。

斯巴达男女必须在青壮年时结婚,这与别的希腊城邦有显著不同。一些证据表明,斯巴达公民正常的婚龄为 25 岁;女孩子则很不确切,但色诺芬和普鲁塔克都认为要等到她们完全成年时才结婚——这是出于优生的目的。只有当那些年纪太小的母亲可能生下过小的婴儿,且分娩时遇到很大困难,这种优生角度的推论才具有生物学上的合理性。

另一方面,男女不常见面也许会让受孕的可能性略大一些,但没有证据说明这样会对孩子的体质有什么影响。同样,斯巴达母亲们更好的饮食、更健康的体质很可能会让分娩更轻松、危险更小,但是除了在怀孕期间,其他时间很难说对孩子产生什么影响(Moore 1975:96)。

[7]他观察到,娶了年轻妻子的老男人容易满腹嫉妒,对少妻严加防范,他就下令规定了截然相反的做法:上年纪的丈夫可找一个他欣赏其身体和灵魂的年轻男子与妻子[同房],为他自己生孩子。

"身体和灵魂(σῶμά τε καὶ ψυχήν)":[Lipka笺]"身体和灵魂"是色诺芬哲学语言中标准的一对互补概念,亦见《斯巴达政制》10.3、《回忆苏格拉底》1.3.5、1.4.14(Lipka 2002:110)。

"上年纪的丈夫可找一个他欣赏其身体和灵魂的年轻男子与妻子[同房],为他自己生孩子":[Lipka笺]色诺芬此处描述的情形,除斯巴达外,雅典亦可见到(Isoc. 2.7-9)。伊索克拉底(Isocrates)的说法可能从梭伦立法而来,他和普鲁塔克都假设了这样的前提:男子无法生育,男子与其妻子都同意换伴侣。此外,梭伦法律规定,新的结婚伴侣应该是丈夫的近亲,"出生的子嗣仍属于他的家族和血裔"(普鲁塔克《梭伦传》20.2;普鲁塔克 1990:188,Lipka 2002:110)。

斯巴达城邦不强制年龄小的人结婚,年龄大了才结婚的原因则很多:性欲,或第一任妻子因分娩难产而死,或女继承人与丈夫未婚的近亲结婚。丈夫甚至会乐意收养妻子与年轻男子私通生下的孩子(《吕库古传》15.12)。仅当事涉两个王室家族,子嗣的血缘是否出于王室,才事关重大(15.9,《原史》6.68.3、6.69.5)。然而色诺芬没有在《斯巴达政制》的任何地方说,两个父亲可以同时做一个女人生的孩子的父亲(Lipka 2002:110)。

[Gray笺]让少妻与其他男子同房生子,有时不是年龄大的丈夫

的性能力不足的问题,也可能他对少妻缺乏吸引力,或不能让少妻生养孩子。希罗多德《原史》6.69-69记载一位斯巴达国王,床上功夫十分了得,却不能播撒"繁衍子嗣的种子",人们传流言说王后不得不跟奴隶私通才能怀孕生子。共妻的婚姻措施或许是剥削了妇女,不过下文说她们控制了两个家庭(1.9),妻子也许会更加青睐某个身体条件和道德都优于丈夫的年轻男性(Gray 2007:150-151)。

[8]另一方面,吕库古使如下的做法合法,某男人不愿意与某个女人同居,但又希望得到值得骄傲的后代,他可以跟一个既能生养好儿女又高贵的女子生育子嗣,只要征得她的丈夫的首肯。

"某个女人(γυναικί)":[陈笺]此处的γυναικί一词西文出现了不同译法,Lipka译为a woman,Moore译为a wife,Rebenich译为(mit) einer Frau,Gray译为whatever woman,他们都译成不定的某个女人或妻子,惟有Watson译为his wife,即那个想得子嗣的男人的妻子。Lipka笺注里特别提到此处的γυναικί一定要理解成"任何女人",而非特指想与其他女人私通得子的男人之妻,若是特指哪个女人,γυναικί前会有定冠词。色诺芬的确有一些措辞上的色诺芬式特癖(Lipka 2002:110)。综合原文措辞和各家译法,汉译为"某个女人"。

"既能生养好儿女又高贵的(εὔτεκνον καὶ γενναίαν)":[Lipka笺]这两个词表现了色诺芬眼中理想母亲的两个本质方面:她必须在身体和心灵上无可挑剔(γενναίαν),还能把这些特质传递给下一代,在子女身上表现出来(εὔτεκνον)。形容词εὔτεκνος和以εὔτεκν-开头的派生词在古典时期事实上仅见于悲剧,色诺芬像是在散文文学中第一个使用该词的人(Lipka 2002:111)。

"他可以跟一个既能生养好儿女又高贵的女子生育子嗣,只要征得她的丈夫的首肯"：[Lipka笺]这段可与普鲁塔克《吕库古传》15.13对勘,普鲁塔克采用了色诺芬的说法(Lipka 2002：110),但普鲁塔克省略了前提:那个男人与有夫之妇有染不是要与她生活在一起,而是为了生养子嗣。这反映的或许是普鲁塔克的观念:男子年龄大了还打光棍应该受到惩罚,也就是说,没有人愿意年龄一大把了还打单身,所以,色诺芬的说法是错的。

无子嗣的父亲年老但尚能生育时,可能会丧妻成为鳏夫,他虽然不愿意再婚但希望有继承人,普鲁塔克认为这是不可能存在的事情。此外,普鲁塔克很确信斯巴达的婚姻是强制性的,而色诺芬却说可以自由选择结不结婚。色诺芬予人的印象是:完全公民权取决于子女的数量——不管与母亲是何种血亲关系——而非婚姻。婚姻就成了获得子嗣的一种方式(Lipka 2002：111)。

还可参照珀律比俄斯(Polybius)在《罗马兴志》12.6b.8描写的斯巴达七个兄弟共妻的事,就史学而言,珀律比俄斯的这段描写说明色诺芬提到的共妻现象很可能仅存在于兄弟之间(或起码是亲戚之间共妻),主要是保证继承权不旁落他人。很可能珀律比俄斯是对色诺芬的阐释,同时他加入了其时广为人知的斯巴达人性放纵的传言。

最有可能的则是,斯巴达妇女依法只能与一个男人结婚,为了生育子女,其丈夫让她与兄弟同房,正如色诺芬所写的这样。偶尔斯巴达也承认多配偶制(《原史》5.40),甚至连罗马人也不认为一个年轻男人让年龄大一点的男人与妻子共度一晚孕育子嗣是不道德的(Lipka 2002：111)。

([陈按]Polybius是希腊化时代的历史学家,其传世之作《罗马兴志》以丰富的细节记录了公元前264-146年间罗马兴起到罗马帝国掌控地中海地区的历史,其中不少是其亲历。全书共40卷,现仅余约五分之一的内容。参马勇,《帝国、政制与德性——珀律比俄斯的〈罗马兴志〉研究》，中国人民大学博士论文，2017年，第260页。）

[Rebenich笺]在不完全继承的体制内，共妻的风俗是为了减少财产被过度分割的一种方式(Rebenich 1998:90)。

[9]并且，他还做了许多这样的让步。因为，妇女们希望掌控两个家庭，男人们则想给子女增添兄弟，即没有继承权，却是宗族一员从而可分有宗族的财产[的私生子]。

"让步(συνεχώρει)"：[陈笺]Lipka和Rebenich均把συνεχώρει译为"让步、特许"(concessions; Zugeständnisse)，Moore、Watson、Gray则译为普通的"措施"(arrangements, permissions, agreement)。汉译采纳"让步"的译法。

[Lipka笺]"让步"(συνεχώρει)到底暗示的是什么并不清楚。或许色诺芬想表达的是几个兄弟与一个女人同居，或者丈夫与外人共有一个女人。无论如何，"让步"与前面所说的情况形成了对照，也就是说，有些措施由法律规定，其他的则被"容许"(Lipka 2002:111)。

"妇女们希望掌控两个家庭(διττοὺς οἴκους βούλονται κατέχειν)"：[Lipka笺]色诺芬跟之前的作家一样，会使用διττός[两个]的复数作为δύο的对等词(《原史》2.44.5,《阿格西劳传》2.30)。οἶκος指的是广义的"家庭"，不限于居住地(οἰκία)。Lipka把"想要占有"(βούλονται κατέχειν)理解为女人想对两个家庭施加影响。

男人甲与男人乙的妻子生养的孩子留养在男人甲的家中，如果男人甲不认这个孩子，男人乙也可收养他。不管怎么样，甲乙共妻生育的孩子是同一宗族中(例如其母亲的宗族)男人甲或乙已有的孩子的同母异父的兄弟。无论孩子由谁认养，母亲都部分地进入了两个家庭,其丈夫的家庭和经过丈夫同意与之生育孩子的男人乙的家庭。

除此外,女人对两个家庭的影响到底有多大,很难确凿地回答,应视具体情况而定。从法律上讲,对生育了婚外子女的那个家庭,女人只能通过她与那个男人共有的子女参与财富分配,不能凭她自己的名义。这是斯巴达妇女的家庭管理权(代表那个婚外生育的子女),参亚里士多德《政治学》II 1269b 31f。关于总体上已婚斯巴达妇女对家庭影响力的讨论参见 S. Hodkinson 的著作《古典时期斯巴达的财产与财富》(Hodkinson 2000:439,Lipka 2002:112)。

和希腊其他城邦一样,斯巴达人的婚姻不实行多配偶制,只偶尔有条件地承认(《原史》5.40.2,6.63.1),这与蛮族部落形成鲜明对照,起码希罗多德提供了这种说法(参《原史》对蛮族混乱的婚姻风俗的记载:1.216.1 玛撒该塔伊人[Massagetae],4.104 阿伽杜尔索伊人[Agathyrsi],4.172.2 纳撒摩涅司人[Nasamones],希罗多德 1978:107、306、333,Lipka 2002:112)。

"宗族($τοῦ\ γένους$)":[Lipka 笺]色诺芬用"宗族"($γένος$)一词明显指称的是有血亲关系的斯巴达公民群体。宗族的影响力在后荷马时代的斯巴达社会有所下降,古典时期宗族在宗教领域的影响力仍有迹可循,或许在伯罗奔半岛战争末期,宗族又重获权力。阿格西劳曾赐予其亲族以财富(《阿格西劳传》11.13,Lipka 2002:114)。

"分有宗族的财产($χρήματα$)[的私生子]":[Lipka 笺]这句话的措辞暗示,"合法"的儿子们在父亲死后可能会为得到父亲的"财产"($χρήματα$)争斗(Lipka 2002:113-114)。色诺芬的话简练得让人着急。如果 $χρήματα$[财产]也可能指地块等不动产,这种用法十分罕见,通常 χρήματα 指动产,地产用词是 κτήματα,更常用的是 κλῆρος(参 Liddell/Scott 编《希英辞典》,Lipka 2002:114)。

[陈笺]此处提到无继承权的私生子。Proietti 认为,这种增加私生子的做法,与其说是用来影响斯巴达的子孙后裔的规模和力量的制度,不如说是吕库古作为立法者对寡头执政者的让步,寡头执政者们不希望财产被分割成若干小份,同时又生育孩子增加了宗族的人数(Proietti 1987:48)。

"男人们则想给子女增添兄弟,即没有继承权,却是宗族一员从而可分有宗族的财产[的私生子]":[Watson 笺]的确有些人对斯巴达的这种法律许可表示羡慕,因为它取消了婚姻与婚外恋、婚生子女与非婚生子女的区别,也就无所谓通奸。这种状态不是纵容通奸,而是风俗使然(Watson 1914:206)

[Lipka 笺]男人与妻子以外的女人生育子嗣,希望这样增加养子(foster-brothers of their sons)的数量。这种养子制的细节尚不清楚。由此处可知,养子没有继承权(但也可能暗示仅有部分继承权),他们的地位类似被主人善意赡养的受保护人,另一方面,他们似乎也的确拥有某些权利,或者至少有那些合乎习俗的权益,他们"是宗族一员从而可分有宗族的财产"这句话模糊地暗示了某种权益。

一般来讲,这说明私生子受到宗族的保护(Lipka 2002:112-113)。养子或许也有某些权利,比如可享有一份食品供给,或受教育权。这些养子很可能被称作(或至少包括)"自由人与农奴妇女所生的孩子;粗鲁的人"(μόθακες/μόθωνες)。参 D. Ogden 的著作《希腊古典时期和希腊化时期的私生子》(Ogden1996:218-224,Lipka 2002:113)。

一个宗族成员想要无继承权的私生子,主要理由有二:第一,自我表征。色诺芬的时代某些宗族比其他宗族更有影响力的途径无外乎两个:血统家世或财富(10.8、5.3),正常来说两者皆有。然而自我表征的方式有限,收养无继承权的私生子——如同公餐制中的分发食品权(5.3)——是显耀高级社会地位和自我骄傲的一种方式。同样道理,为了斯巴达的城邦威望,外邦人(xenoi)的子弟,或许还有皮里阿西人(perioikoi)的子弟,均受斯巴达教育资助(参 S. Hodkinson 的著作《古典时期斯巴达的财产与财富》,Hodkinson 2000:342、353)。

第二,政治支持。卡特利奇的著作《阿格西劳与斯巴达的危机》在分析色诺芬的《阿格西劳传》11.13 时,把阿格西劳赡养的某类"侍从"归为"自由人与女农奴生育的孩子"(μόθακες, Cartledge1987:364),他们为了报答阿格西劳,定然会在政治上支持他,比如,在公民大会上搞选票,在政治审判中支持阿格西劳等。色诺芬笔下的斯巴达制度很像埃孚鲁斯描写的克里特制度(Lipka 2002:113)。

特别值得注意的是,色诺芬此处专指某个已有儿子的父亲再收养私生子的情况。他忽略了无子嗣的老父亲以养子为继承人的情况(作为反例,可参普鲁塔克《吕库古传》15.12)。这种忽略也许是疏忽所致,而同样可能的是在色诺芬(或者说斯巴达人?)看来,老父若要收养儿子,新出生的孩子有继承权的前提是,老父要与怀孕的女人结婚(Lipka 2002:113)。

[Moore 笺]Moore 坦言,这一部分对他这样的现代读者最没有吸引力。普鲁塔克对斯巴达增加私生子的相关描述同样是信心不足的辩护(《吕库古传》15.6–10;普鲁塔克 1990:105–106)。生育孩子仍然是优生的考虑,尤其是出于城邦利益的考虑。顶重要的一点就是:必须保障香火延续,且孩子要出生自健康的双亲。一些原始部落中,为了部落未来的利益,伟大勇士的"高贵种子"必须尽可能广泛利用。而在斯巴达有控制的放纵行为背后,仍能找到这种观点的残留。个人的感受完全服从于族群的需要。

Moore 认为,对如此怪现象,色诺芬给出的理由十分幼稚:如果斯巴达人的感受真的如他所说,那一定是他们长期以来已经习惯了这种风俗,各方的张力已经合理化。色诺芬说这些习俗"使婚姻摆脱了虚伪的、娘娘腔的嫉妒,并使婚姻免遭错误之害",Moore 却笃定色诺芬跟普鲁塔克一样十足地幼稚。Moore 提请读者注意,大多数古希腊作家谈婚姻时几乎不会考虑妇女的感受。

Moore 观察了婚俗中的一些细节:尽管会面临处罚,很明显仍有一些斯巴达人到了适婚年龄不结婚,另一些人则会再婚,由此就会出现"老夫少妻"的现象。可以假定,那些"不愿与妻子同居"的人要么必定是鳏夫(因为不结婚很不光彩,且不结婚就很难成为他人妻子的合适伴侣),要么必然是那些其妻子行为不端的丈夫(妻子不检点在丈夫眼中就失去了价值,虽然说丈夫不愿离婚并再婚)。无论是哪种情形,通常男人只会在无子嗣的情况下才采用与别人妻子生孩子的极端做法(Moore 1975:98)。

[陈笺]普鲁塔克《吕库古传》15.6–10 几乎是对《斯巴达政制》1.7–8 更详尽的展开,色诺芬和普鲁塔克均描述了斯巴达人增加私生子的两种途径,普鲁塔克还解释了这种背离常情之举背后的动机和目的。若放眼整个《吕库古传》(凡 31 章),几乎多处可以与《斯巴达政制》对勘。两相比较,色诺芬行文简约,叙述无任何铺张,而晚于色诺芬四五百年的普鲁塔克则叙述丰满得多,并有意识地加入了许多伦理道德的主观说明。

对于斯巴达的婚俗和私生子继承权制度,汉译者以为不宜戴着 Moore 那样的现代眼光居高临下揣度之。无论是古代历史史实还是某种历史叙述,应尽量以古观古。

[10]吕库古关于生养子女的法令极不同于其他希腊人[的做法],任何人可自行判断,他这些措施是否使得斯巴达人在身材和

体力上更优于他人。

"使得(ἀπετέλεσεν)"：[Lipka笺]ἀπετέλεσεν 作[使得]讲的用法亦见柏拉图《法义》718b(Lipka 2002:114)。

"在身材和体力上更优于他人(διαφέροντας καὶ κατὰ μέγεθος καὶ κατ' ἰσχὺν)"：[Lipka笺]διαφέρειν+κατά+宾格[优于；超过]的这个组合用法不见于色诺芬的其他著作，《希耶罗》1.2和《齐家》20.19有διαφέρειν+εἰς+宾格的组合用法(Lipka 2002:114)。

"任何人可自行判断，他这些措施是否使得斯巴达人在身材和体力上更优于他人"：[陈笺]据多数笺注者判断，第一章的结语显得像是一种修辞诘问的形式，带有反讽的味道。Moore说色诺芬的诘问得出的答案是："斯巴达人过去曾经十分出色。"Proietti特别提请注意，第一章的结语令人直接想到本章1.1-1.2引言的结语。若第一章结语被当成反讽式的修辞诘问，或许表明色诺芬对此问题不感兴趣，这就不由得让人思考，吕库古关于子女生养的举措在何种意义上有利于斯巴达父邦的繁荣和名声(Moore 1975:98,Proietti 1987:48)。

第一章释义

[Gray笺]1.1-2的引言使用了环形写作(ring composition)，1.1斯巴达"曾成为希腊最强大、最驰名的城邦"，1.2再次陈述"斯巴达人服从这些礼法[后曾]极为幸福"。对于其设计建造者的惊诧代替了最初对于斯巴达城邦之强大的惊诧，解释了其成功强大的原因。整部作品的结尾第十五章，描写了死去的国王们的荣誉，看起来不仅是艺术性的，而且几乎就是一首完整的六音步

格诗歌(Gray 2007:25-26)。

[Lipka笺]值得指出的是,色诺芬并未明说,优生措施的原因是因为斯巴达短缺自由公民(即完全公民权者),实际上这大有干系。色诺芬特别关注的是孕育体格强健的公民(1.10),增加私生子的权力(1.9),他间接地承认了,像斯巴达这样,在不完全继承的体制内共妻的好处(Lipka 2002:109)。

《斯巴达政制》1.7及以下所提到的婚姻措施经常被人理解为斯巴达妇女臭名昭著的性放纵,如柏拉图《法义》637c,亚里士多德《政治学》II 1269b 12-23,普鲁塔克《吕库古传》15.16(参 Millender 1999:356-363)。亚里士多德强调,当初制定斯巴达法律的立法者"完全疏忽了妇女这一部分,于是她们一直放荡不羁,过着奢侈的生活"(亚里士多德 1965:83-84。对于斯巴达妇女偏见的雅典的文献来源,可参见 Millender 1999:373-378)。

与这些观点相左的是,色诺芬在《斯巴达政制》中对斯巴达妇女的判断很正面,仅有一点隐蔽的批评:"男性比女性有更强的自控力"(3.4[6])。很难说是巧合的是,《斯巴达政制》第十四章批评了当时的斯巴达,可根本没有提到所谓的斯巴达妇女的淫乱。或许,《斯巴达政制》1.7的婚姻措施针对的是古典时期斯巴达女性人数的普遍短缺。其原因可能是遗弃新生女婴和其他的婴儿死亡,特别是女婴得病夭折(Lipka 2002:109)。

[Moore笺]无论现代人对古希腊妇女的日常生活或者是对斯巴达偏离希腊常规的反应如何,色诺芬解释得很明确:斯巴达政制不是以人道主义作为施行的理由,而纯粹是从优生的角度考虑的,其施行政制的手段是极权主义的,就像在讨论丈夫没有能力或者不适合成为孩子的父亲那一部分所言(Moore 1975:95)。

Moore还认为,将斯巴达的婚俗归于吕库古是传统文献(如色诺芬的)描述斯巴达时一个鲜明的年代错误。斯巴达人的公共生活被描述得像是一种极端原始的部族生活的残留。

普鲁塔克《吕库古传》15.3－5 对斯巴达婚俗有更详尽的描述：

> 新娘是用强力抢走的，当然不是在她们幼小、不宜结婚的年岁，而是正当她们大好年华、丰满成熟的时候。新娘如此这般地被抢走以后，所谓的伴娘照应她，将她的头发贴近头皮剪短，给她披上男子的大氅、穿上男式便鞋，再将她安置在铺在地上的一张简简单单的小床上，让她独自躺在黑暗之中。然后，新郎既没有仗着酒力而疾步如飞，也没有饮食过度而软弱无力，而是既镇静又从容，像往常一样在公共食堂吃罢晚饭后，就悄悄地溜进新娘躺着的那间卧室，解开她的处女带，把她抱到结婚的床榻上。同新娘在一起度过短短一段时间之后，他便泰然自若地走开，回到他平时的住处，同其他青年男子睡在一起。打从这个时候起，他白天与同伴们一道度过，夜晚和他们住在一起，只能偷偷地、小心翼翼地去会见他的新娘；胆战心惊，生怕她娘家的人发觉他的造访。新娘也同他一道密谋策划，暗中订约，盼望一有机会就能偷偷地幽会。他们不是短期内这么来往，对某些人来说，简直是太长了，一直要等到做了父亲，才能在白天看望自己的妻子。这样的相会，不仅仅锻炼了自我克制和节制，而且夫妻结合的时候，双方身体内部都充满了创造的能力，彼此的情爱高涨而又新鲜，没有毫无节制的房事造成的腻烦和迟钝，而且在他们内心总留存着一束相互渴念、相互爱慕的、没有燃尽的火花。（普鲁塔克 1990:104－105）

这些婚俗是抢婚社会的遗风遗俗，尽管在普鲁塔克的描述中只具有象征意义。很多支配早期婚姻生活方式的规矩都源于一种情况：男子的军事责任高于一切。斯巴达公民被允许年届 30 岁时同其妻子一起盖一所生活必需的房子,且必须在他全职服役十年以后。普鲁塔克描述的这种夫妻会面的方式表现出某些试婚的因素,只有孩子出生后这桩婚姻才能生效。(Moore 对斯巴达婚姻的讨论大部分来源于 Lacey 的《希腊古典时期的家庭》一书[*The Family in Classical Greece*], Lacey 1968:196ff;Moore 1975:96)。

第二章　男童的教育

[1]谈论完抚育子女的话题,我想说明清楚[斯巴达和其他城邦的]任何一边的教育体制。[其他城邦]那些声称最善于教养子女的希腊人,一等孩童到了可以听懂话的年龄就让家教照管他们;[接着]他们送孩童去老师那儿学习识读、音乐,去体育馆学习体育。他们还让孩童穿便鞋使其双脚软弱,添换外衣惯坏了他们的躯体;他们拿孩子的胃口为标准计算[孩子的]食量。

[陈笺]Proietti 的译文在第二章开始加入了"然而"一词(Proietti 1987:49),其他译本无。

"谈论完抚育子女的话题":[Moore笺]色诺芬略去了斯巴达或许是最令其他希腊人憎恶的一条措施,即检查新生儿的体格,若婴儿疑似体质羸弱就弃婴。希腊人接受弃婴,然而是出于经济利益的考虑,很有可能一般希腊民众对斯巴达政制背后的优生原理十分怀疑(普鲁塔克《吕库古传》16,Moore 1975:99)。

"[斯巴达和其他城邦]任何一边的(ἑκατέρων）教育体制（παιδείαν)":[陈笺]ἑκατέρων[(两边中的)任何一边]一词在文脉中的意涵有两种识读:一、表示男女两种性别中"任何一种(性别)"的教育,拉丁文译者和早期笺注者多持此说(Watson 1914:206);二、表示斯巴达和非斯巴达城邦"任何一边"的教育,Moore、Rebenich、Lipka 和 Gray 的翻译均是如此(Moore 1975:76,Rebenich 1998:53,Lipka 2002:67,Gray 2007:153)。考虑到第二章并没有专门讨论过女童的教育,却明确提到"其他希腊城邦"的教育与斯巴达的对比,故而汉译采第二种译法。

[Lipka 笺]第二章聚焦于 παιδεία [教育]。此词从公元前 7 世纪始作为"教育"之称谓(普鲁塔克《吕库古传》16.7),而在此之前表示"教育"的词是 τροφή(Lipka 2002:114),至少雅典人是这么拼写的(《回忆苏格拉底》3.5.10,柏拉图的多篇对话《阿尔喀比亚德前篇》122b,《法义》783b,《克里同篇》50b,Lipka 2002:115)。

在斯巴达的 παιδεία [教育]意义上使用的术语 ἀγωγή (agoge) 首次出现于公元前 3 世纪。用 παιδεία 指代斯巴达的"教育",色诺芬用过两次(2.1、2.12),使用 παιδεία [教育]的还有普鲁塔克(《吕库古传》16.10、24.1)和柏拉图(《普罗塔戈拉》343a)。关于斯巴达教育,后来的文献,尤其是《吕库古传》16 节、17 节主要反映的是后古典时期的情况(Lipka 2002:115)。

斯巴达教育与其他希腊城邦的教育制度并非真的有实质差异,虽然说斯巴达特别强调某些方面:最突出的是艰苦朴素,这鲜明地表现在"辛苦劳作、战斗"(πόνος)上。对此西摩尼得斯(Simonides)称斯巴达人是"驯人者"(δαμασίμβροτος,, tamer of mortals,见普鲁塔克《阿格西劳传》1.3,Lipka 2002:115)。

[陈笺]ἀγωγή / agoge 一词本有"带领、领导、培养、教育"之意涵,在斯巴达意指全面的公共教育,即一种严格的教育训练制度,面向所有斯巴达公民,只有双王家族的王位继承人例外,可不参与。

"家教"(παιδαγωγοί):[陈笺]παιδαγωγοί [家教、家庭教师]的

身份实际上是奴隶,但地位较高,有监管孩童之责。现代西文里没有对应的译词,汉语语境里亦无,权且译为"家教"。Moore、Watson、Rebenich 的译文都明确其身份是 serverts、slaves、Dienern,但行使教师之责(Moore 1975:76,Watson 1914:207,Rebenich 1998:53)。

在《原史》8.75.1 παιδαγωγός[家教]第一次出现,看似οἰκέτης[自由人],一般可赢得学生对其终生的信任。所以,当柏拉图批评说,παιδαγωγός[家教]是驾驭了主子的奴才,这并非空穴来风(柏拉图《吕西斯篇》208c)。亚里士多德将παιδαγωγός[家教]与奴隶区别开,并建议孩童要尽可能远离奴隶(《政治学》VII 1336a 39-41,亚里士多德 1965:403)。通常以ϑεράποντες[(自由人身份的)家仆]指代παιδαγωγοί[家教]一词(Lipka 2002:116)。吴寿彭先生在《政治学》中将之译为"教育监导"。

"[其他城邦]那些声称最善于教养子女的希腊人,一等孩童到了可以听懂话的年龄就让家教照管他们":[Lipka 笺]柏拉图《普罗塔戈拉》325c-d 有类似的表述。色诺芬的《苏格拉底的申辩》16 亦有相似的谴责之词。有论者(如 Ollier)认为,此处色诺芬是在回应柏拉图(Lipka 2002:115)。

富裕的雅典人生孩子后将其交由保姆照管(柏拉图《阿尔喀比亚德前篇》121d)。孩童满 5 岁后上学,7 岁入小学。亚里士多德和柏拉图均认为,从 7 岁起男童和女童分开接受教育(亚里士多德《政治学》VII 1336b 35-40,柏拉图《法义》794c)。富人家的孩子上学更早,结束学业更晚(柏拉图《普罗塔戈拉》326c),色诺芬也持此说(《居鲁士的教育》1.2.15)。

亚里士多德《政治学》VII 1336b 37-1337a 3 将教育分为两个阶段,第一阶段从 7 岁到青春期(ἥβη),第二阶段从青春期到 21 岁(Lipka 2002:115)。这个分期与《斯巴达政制》将斯巴达年轻人

分为 παῖδες[孩童]-παιδίσκοι[青少年]-ἡβῶντες[青年、成年小伙儿](3.1)几乎是叠合的。然而,亚里士多德反对不根据孩童的体质发展硬性划分教育时段的做法(Lipka 2002:116)。

"[接着]他们送孩童去老师那儿学习识读、音乐,去体育馆学习体育(καὶ γράμματα καὶ μουσικὴν καὶ τὰ ἐν παλαίστρᾳ)":[Lipka笺]柏拉图《普罗塔戈拉》325c 亦有相似表述。色诺芬使用 διδασκαλεῖον[学校]这个术语(technical term),说明在公元前5世纪学习并不固定在一个地方或一所房子。在希腊化时代(或更早?)拉刻岱蒙对应 διδασκαλεῖον[学校]的词本来应该是 φωλεός。

仅仅在公元前4世纪早期,音乐和体育才作为教育内容与识读(γράμματα)并列,后来雅典教育中识读写字成为主要的教育内容(参柏拉图《阿尔喀比亚德前篇》106e,《克里同篇》50d-e等)。柏拉图笔下的苏格拉底认为这样的教育不充分(《克立托丰篇》407c),色诺芬笔下的苏格拉底好像更欣然接受了这样的教育(《回忆苏格拉底》2.2.6)。

施特劳斯正确地指出,色诺芬没有再提到斯巴达人教授什么文章和音乐的问题(施特劳斯 2006a:7),他的结论是色诺芬在暗示,斯巴达人根本不学任何文学。

Lipka 以为,施特劳斯得出这样的结论就走偏了。音乐在斯巴达教育中的确扮演了重要角色(4.2),多数斯巴达人起码有一些文学素养(参普鲁塔克《吕库古传》16.10)。色诺芬旨在将斯巴达与雅典相互做对比,而非意在批评斯巴达。在色诺芬看来,雅典教育过分注重思考,甚至在最危急的时刻,雅典人都舍不得放弃教育,比如波斯入侵时,雅典人将妻小安顿在特罗曾,特罗曾人还为雅典人聘请了教师(普鲁塔克《地米斯托克利传》10.5,普鲁塔克 1990:246),与之相比,斯巴达教育颇有优势(Lipka 2002:116)。

"他们还让孩童穿便鞋使其双脚软弱,添换外衣惯坏了他们的躯体":[Lipka笺]这里色诺芬批评的是雅典,根据某种意见,是雅典人向希腊地区大量引入了奢华之风。色诺芬对雅典的描述是贬斥性的,尽可能与斯巴达[的质朴]形成鲜明对照。同样偏袒性的文字见于色诺芬《回忆苏格拉底》1.6.5-8,他按斯巴达人的生活模式铸造了苏格拉底的生活习惯,好与智术师安提丰(Antiphon)相对照(Lipka 2002:117)。

可以推测,只有富人家的小孩从小穿鞋袜护脚并御寒(《回忆苏格拉底》1.6.6,波斯的情况参《居鲁士的教育》8.8.17)。冬天穿鞋袜,夏天则赤足走路(柏拉图《会饮》220b,《王制》372a)。具体来讲,色诺芬说的鞋袜可能是 κρηπῖδες [高统男靴]——雅典男青年的标准鞋袜穿着。

《回忆苏格拉底》1.6.6 批评过依寒暑节气频繁换衣服,衣着华丽也遭到其他作者的指责,这些着装习惯是富人的习惯。工匠和普通人劳动时"大多数不穿衣服",起码在柏拉图的理想国是这样(《王制》372a)。在希腊艺术品中,他们最常见的衣着是 ἐξωμίς [无袖或单袖贴身衣](Lipka 2002:117)。

[Gray笺]斯巴达人没有对穿着的需求,这解释了 1.4 节纺织活动较低的社会地位(Gray 2007:153)

"他们拿孩子的胃口为标准($\mu\acute{\varepsilon}\tau\rho o\nu\,\nu o\mu\acute{\iota}\zeta o\upsilon\sigma\iota\nu$)计算[孩子的]食量":[陈笺]此处的 νομίζουσιν 与"礼法"无关, μέτρον νομίζουσιν 意思似乎是"使得……成为标准"。

[Lipka笺]μέτρον[标准]亦见《居鲁士的教育》1.3.18。在色诺芬《会饮》2.19 中,苏格拉底问那些嘲笑他的听众:"令你们笑声不断的,是因为我想要我稍显发胖的肚腹消瘦下来,是吗?"(色诺芬 2006:32)色诺芬经常批评暴饮暴食(《回忆苏格拉底》1.6.5、1.6.8、3.14.2,《居鲁士的教育》8.8.9),称赞节制饮食(5.3,《希腊

志》5.3.21，Lipka 2002：117)。

[2]然而[在斯巴达]，吕库古不允许私人聘请奴隶作老师，他遴选了一个有城邦最高职务选举资格的人来监管孩子；此人被称作督导。他有权集合男童，有权严惩每一个有疏漏犯错的人。吕库古还给督导配备了执鞭助手，必要时他们可以随时责罚；结果孩童们既恭恭敬敬，又服服帖帖。

"吕库古不允许私人聘请奴隶作老师"：[Lipka 笺]对于为什么城邦应采用集体教育而非个别教育的理论陈述，见亚里士多德《政治学》VIII 1337 a 21-32：

既然一城邦就全体而言，共同趋向于一个目的，那么，全体公民显然也应该遵循同一教育体系，而规划这种体系当然是公民的职责。按照当今的情况，教育作为各家的私事，父亲各自照顾其子女，各授以自己认为有益的教诲，这样在实际上是不适宜的。教育所要达到的目的既然为全邦所共有，则大家就该采取一致的教育方案。又，我们不应假想任何公民可私有其本身，我们毋宁认为任何公民都应为城邦所公有。每一公民各成为城邦的一个部分；因此，任何对于个别部分的照顾必须符合于全体所受的照顾。这里，有如其他某些事情，拉刻岱蒙人是应该受到表扬的；他们对于儿童的训练特别具有深心，把教育作为公共的要务，安排了集体的措施。(亚里士多德 1965：406-407[为保持统一，译名有改动])

与斯巴达教育体制相似，《居鲁士的教育》所描写的理想的波斯帝国中，孩童每个年龄段的班级均有一名指定的督导(《居鲁士的教育》1.2.5–7,Lipka 2002:117–118)。

"督导(παιδονόμος / Paidonomos)":[陈笺]试比较几个译家的译法:1. Moore:"从可以担任邦国主要职务的阶层中遴选"(a man who was drawn from the same class as those who hold the major offices of state);2. Lipka:"他们是有资格入选城邦的最高职务官员的人"(those eligible for election to the highest offices of state);3. Watson:"从可以选举主要的执政官员的人中遴选"(one of those from whom the chief magistrates are chosen);4. Rebenich:"从担任最高职务的阶层的人中遴选"(der aus derselben Schicht wie diejenigen kommt, die die höchsten Ämter bekleiden);5. Gray:"社会地位很高的斯巴达成年自由公民,以对待自由民的方式教导孩童"(a free Spartan adult of high status, who taught them the ways of free people)(Moore 1975:76,Lipka 2002:67,Watson 1914:207,Rebenich 1998:55,Gray 2007:153)。

由此可见,斯巴达教育体制中,"督导"所属社会层级很高,绝非雅典的παιδαγωγός[家教]之奴隶身份可比拟,因此 Moore 所说的斯巴达"督导"对应雅典"家教"一说不确凿。而且,παιδονόμος 词义语带双关,拆开来亦可识读为"男童的法律"(参 Proietti 1987:49)。

[Lipka 笺]色诺芬此处说的有资格选为"督导"(παιδονόμος)的人需年过30(关于其年龄参 4.7)。παιδονόμος[督导]一词在《斯巴达政制》中首见于此处,再见于 2.10、4.6。此处和普鲁塔克《吕库古传》中平行类似的段落都暗示了斯巴达只有一名"督导"。他由 μαστιγοφόροι[执鞭助手]协助。督导负责少年的教育,除了"埃壬"(eirens),埃壬由监察官(ephors)督察(4.6,《吕库古传》18.6)。

除了上述这些资料外,我们对斯巴达的督导制知之甚少,MacDowell 在《斯巴达法律》一书中说督导每年选举一次,可姑且一听(MacDowell1986:55,Lipka 2002:118)。παιδονόμος 不能与 ἄμπαιδες 混淆,后者是指负责教育事务的城邦官员整体,并非 παιδονόμος 的助手；παιδονόμος 也不是 βίδυοι, βίδυοι 每年选举五名,负责组织男童的比赛。更不可靠的是 διαβέτης,他可能只是球类比赛组织的赞助人,或主持感恩礼拜仪式的人(Lipka 2002:118 n.9)。

除了斯巴达,铭文等史料证实,其他地方也出现过 Paidonomoi 一词(Paidomonos 的复数)。在克里特,Paidonomoi 是公共便餐(andreion)的头目,在小亚细亚,该词出现于希腊化时代铭文中。雅典与斯巴达督导制可资一比的人物是 κοσμητής [监导],他是监管男青年(ephebes)的人,最小年龄 40,从雅典公民中选举产生,任期一年或两年(Lipka 2002:118-119)。

[Moore笺]吕库古时代的"督导"是上层公民,需特别优秀杰出。Moore 认为,色诺芬意在把斯巴达的"督导"与雅典担当孩童教师之职的"家教"(Paidagogos)对应。普鲁塔克《吕库古传》17 说:

> 从城邦最高贵、最优秀的人当中任命一人为 Paidonomos,即少年督察员。在他的指导下,各连队的少年都由最精明能干、最尚武好斗的 Eiren 率领。(普鲁塔克 1990:108)

督导只对少年连队起到总监管的作用,而不是具体负责教育,因为孩童数量众多。督导的工作类似于一所综合中学的校长,校长无法深入了解每位学生,负责学生课程的总体大纲。督导也负责监管执行最严厉的惩罚措施,这里暗示的是鞭笞,幸运的是,如今我们不会容忍教育中的鞭笞行为,可在古典时期的希腊,斯巴达的鞭惩尤为严苛。

W. G. Forrest 的著作《公元前 950 至 192 年的斯巴达历史》将这种斯巴达体制描述成"格外残忍,训练课程日益残酷化,斯巴达人误以为此乃教育"(Forrest1968:52)。这种体制的结果是,少年们"俯首听命"。这并不令人吃惊,要说是"尊敬"才让人讶异,"尊敬"可能是对斯巴达教育"洗脑"效果的一种称赞(Moore 1975:99)。

"他遴选了一个有城邦最高职务选举资格的人来监管孩子":[Lipka 笺]此处的关系从句 ἐξ ὧνπερ αἱ μέγισται ἀρχαὶ καθίστανται 逐字出现在《斯巴达政制》的 4.7。同样醒目的类似字词也出现在《居鲁士的教育》1.2.13(Lipka 2002:118)。

"他有权集合男童,有权严惩每一个有疏漏犯错的人":[Lipka 笺]κύριός εἰμι + 不定式[有权……]的表达方式在散文和诗歌中都有出现,如《希腊志》2.3.51、《远征记》5.7.27。这种表达方式在《斯巴达政制》中尤为常见(2.10、4.6、8.4)。此外,《斯巴达政制》中更为常见的表达结构是 + 所有格(10.2、13.10,Lipka 2002:119)。

执鞭助手(ἡβώντων μαστιγοφόρους):[陈笺]"执鞭助手"为年龄介于 20 岁到 30 岁之间的男青年,与男童相比算成年人。《斯巴达政制》4.1 详解了"男青年"(hebontes)。

[Lipka 笺]μαστιγοφόροι[执鞭助手]可能就是"分队"(ilai)的头目(2.11)。普鲁塔克《吕库古传》16.8 使用的是"统领"(ἄρχοντα)一词,我们得知 μαστιγοφόροι[执鞭助手]年龄在 20 到 30 岁之间,谨慎勇敢。

斯巴达的 μαστιγοφόροι[执鞭助手]可与雅典的 σωφρονισταί[训导员]相比,后者由宗族每年或每两年从年过 40 的人中选举产生,负责监督男青年(ephebes)的教育(参亚里士多德《雅典政制》42.2)。公元 2 世纪的一个浮雕上雕刻有他们携带着藤条的图案(Lipka

2002:119)。鞭笞或揍打司空见惯(参《远征记》5.8.18,《居鲁士的教育》1.3.17、2.2.14,《回忆苏格拉底》2.1.16)。

在希腊化时代,"惩戒教师"的形象成为一种文学主题(贺拉斯《诗简》2.1.70)。通常教师惩责学生的权力被滥用。《吕库古传》18.5记录了似乎是斯巴达独有的一种惩戒方式:拇指被咬一下(Lipka 2002:119)。

[Gray笺]鞭笞是督导全面掌控男童的权力的终极象征(Gray 2007:154)。

"孩童们既恭恭敬敬,又服服帖帖($μὲν\ αἰδῶ,\ πολλὴν\ δὲ\ πειθὼ\ ἐκεῖ\ συμπαρεῖναι$)":[Lipka笺]$πειθώ$[服从、服帖](=$πειθαρχία$),是典型的色诺芬式用词(参《居鲁士的教育》2.3.19、3.3.8)。

除了斯巴达,其他希腊人的教育中,$αἰδώς$[尊敬、恭敬]和$πειθώ$[服从]的教育跟修辞、文学和音乐的教育相互平衡,恰如《斯巴达政制》2.1所言。此处色诺芬为其雅典同胞树立了一面镜子,同理,《回忆苏格拉底》3.5.15伯里克利这样说:

> 究竟什么时候雅典人才能像拉刻岱蒙人那样尊重他们的前辈呢?他们从他们的父辈起就藐视年长的人了。(色诺芬1986:101[为保持统一,译名有改动])

居鲁士$αἰδώς$和$πειθώ$的美德也很突出(《居鲁士的教育》1.5.1,Lipka 2002:119)。

从很古老的文献起,斯巴达人的$αἰδώς$[恭敬]就是理想城邦的一个文学主题。作为一种典型的斯巴达人特质,它首次出现于提尔泰乌斯的诗(Tyrtaeus,《残篇》10.12、12.40)。([陈按]提尔泰乌斯是公元前7世纪下半叶的希腊抒情诗人,他在斯巴达写的诗歌多赞颂斯巴达人在战争中的爱国和勇敢。

色诺芬作品中αἰδώς尤其是好士兵的特质(《远征记》2.6.19；《居鲁士的教育》1.6.10)。在斯巴达，αἰδώς几乎是神圣的(色诺芬《会饮》8.36)。对"恐惧"(Φόβος)的迷信崇拜与αἰδώς联系紧密(《回忆苏格拉底》3.7.6；《远征记》2.6.19)，后世的文献证实也是如此(Lipka 2002:119-120)。

理想城邦的特点还有斯巴达的πειθώ[服从]观。根据色诺芬的说法，人们愿意听命于"优秀的人"，即懂得如何统治的人(《回忆苏格拉底》3.5.9-10；《居鲁士的教育》1.6.10)。遵纪守法(νόμος)或听从首领(ἄρχοτες)是自古以来斯巴达的主要城邦特征之一(参希罗多德《原史》7.104.4、7.228.2；《希腊志》3.4.18、5.2.5、7.1.8)。

《回忆苏格拉底》4.4.15中，色诺芬笔下的苏格拉底对希皮阿斯说：

> 拉刻岱蒙人吕库古如果不是在斯巴达最牢固地建立了守法精神，他就不可能使斯巴达和别的城邦有什么不同吗？你难道不知道，那些最能使人民守法的城邦领导人是最好的领导人，那些拥有最守法的人民的城邦，在和平时期生活得最幸福，在战争时期是不可抵抗的吗？(色诺芬1986:165[为保持统一，译名有改动])

《居鲁士的教育》和柏拉图的理想国里，教育的目标是培养πειθώ[服从]的品性，这点十分重要(《居鲁士的教育》1.2.8；柏拉图《法义》762e)。色诺芬毫不迟疑地赞扬斯巴达君王阿格西劳的πειθώ[服从]品格(《阿格西劳传》1.27、1.36、6.4、7.2；也参普鲁塔克《阿格西劳传》15.5)，其他斯巴达人的服从品质同样得到了赞美(Lipka 2002:120)。

这种绝对的服从与斯巴达人的宗教虔诚有直接联系。一个斯巴达人最终是因为怕惩罚而顺服于严格管制的环境,同时他也是怕神明不悦($δεισιδαιμονία$)而尽力履行宗教责任。跟宗教和政治领域的顺从直接勾连的是怕受罚。所以毫不奇怪,为保障政治秩序和稳定(特别是与监察官相关的政治秩序),恐惧($Φόβος$)是斯巴达的一个主要且神圣的原则(8.2),当然其他地方也有(Lipka 2002:120)。

[3]吕库古不让孩童穿鞋让脚变软弱,他吩咐他们应该打赤脚走路让脚底板变硬实,他相信这样锻炼下来,孩童们更容易爬坡上山,下山也更安全;他还认为,光脚的比穿鞋的跳、跃、跑得更快,只要他们的脚适应了打赤脚。

"吕库古不让孩童穿鞋让脚变软弱,他吩咐他们应该打赤脚走路让脚底板变硬实":[Lipka笺]斯巴达教育的一个特征是让孩子打赤脚,色诺芬和柏拉图《法义》633c对此均有描写,这意味着斯巴达(以及其他)士兵通常是穿鞋的。进入"秘密行刑队"(krypteia)的斯巴达年轻人过去在冬天也没鞋穿。

斯巴达成年人穿$άπλαῖ$[单底鞋],另一种鞋是$άμυκλᾶδες$。还有一种斯巴达靴子$Λακωνικαί$,颜色是深红色,和斯巴达军服颜色配套(11.3)。克里提阿斯称赞过斯巴达鞋袜的质量(Lipka 2002:121)。([陈按]秘密行刑队(krypteia, crypteia)由斯巴达年轻人组成,其目的和性质到底为何,学者们尚有论争,秘密行刑队或是杀死黑劳士以减少其人口的秘密行刑组织,或是军事训练的一种形式。据普鲁塔克记载,他们在黑夜秘密杀死那些最结实有力、最优秀的黑劳士。见普鲁塔克1990:120。)

实际上,在幅员辽阔的国度,光脚的目的很难说是为了提高机动性(在多山的国家甚至连牧人也要穿鞋)。情况正好相反:军队持轻武器的部队最机动灵活,他们穿着一种特殊的$κρηπῖδες$[高统男靴]。譬如,Iphicrates 在公元前 393 年创建了一支叫作"轻盾兵"的新军队,似乎是他设计创造了一种从此以后叫作 Ἰφικρατίδες 的新式凉鞋(参 Erbacher《希腊的制鞋:一项古代研究》Erbacher1914:40－43,Morrow《希腊鞋类和雕塑的年代》Morrow 1985:179)。

所以,Lipka 认为,色诺芬提到的打赤脚极有可能只是让斯巴达人忍受痛苦的一系列措施之一,乃入门环节,其实没有实际目的。我们最多可以同意一些学者的观点:磨练脚底板首先可以预防或减轻长途行军对脚的伤害(如起水泡),其次是在战斗中遇到丢鞋子或鞋子坏了的情况有些用。最后,色诺芬写的时候心里想的可能是苏格拉底,像斯巴达男孩一样,苏格拉底和学生都是打赤脚走路(《回忆苏格拉底》1.6.2,柏拉图《会饮》173b,Lipka 2002:121)。

"孩童们更容易爬坡上山,下山也更安全":[Lipka 笺]色诺芬在《论骑术》(Eq. 8.1)写到过马匹下山上山奔驰时的用词,与此处类似。

"光脚的比穿鞋的跳、跃、跑得更快,只要他们的脚适应了打赤脚":[Moore 笺]普鲁塔克在着装上面比色诺芬泼墨更多:年轻的斯巴达人直到 12 岁才能有且只有一件大氅,很可能冬天可以不用打赤脚,直到他们成年成为秘密行刑队成员。这种措施说是为了训练少年敏捷灵活、顽强稳健的身手,而且,秘密行刑队队员必须不分昼夜应对常见的偷窃行为,如果队员们适应了光脚行走和不换衣服,轻装简行会提高暗中活动的灵活性和行动效率。

然而不单是斯巴达人打赤足——从陶瓶画看,锻炼时赤脚对希腊人来说是司空见惯之事,显然在战场上打赤脚的确不利(Moore 1975:99－100)。

[4]他不让孩童换衣服惯坏身体,规定他们要习惯一年到头穿

同一件外袍,他相信这样做孩童会更好地耐受寒暑。

外袍(ἱμάτιῳ):[Lipka笺]斯巴达人约摸12岁时换下长内衣,改穿一件大氅,这是一年四季唯一的一件衣服。"大氅、大长外袍"在文献里也叫作 τρίβων、βραχεῖα ἀναβολή、δαμοφανής,与此处的 ἱμάτιον 在外观上并无大异。

斯巴达人从不换衣服,看起来脏兮兮的,这点被人调侃过,但第欧根尼却誉之为哲学家风范。少年连队的埃壬在作战时允许衣服上有装饰。通常斯巴达成年人着装朴素,富人与穷人的衣饰外貌没太大区别(参亚里士多德《政治学》IV 1294b 27 - 29),斯巴达国王阿格西劳就因衣着简朴而闻名。黑劳士穿着特别的衣服以示区分。斯巴达人在战场上穿着深红战袍(11.3)。

此外,苏格拉底的外表看上去像斯巴达人:无论冬夏寒暑他只穿一件褴褛的外袍,不穿内衣(参《回忆苏格拉底》1.6.2;柏拉图《会饮》220b)。与斯巴达人类似,雅典人曾经只穿一件大氅,关于雅典人穿着的外袍参考 Geddes 的论文《赤贫与巨富:公元前五世纪雅典男性的服饰》(Geddes1987:312 - 314,Lipka 2002:122)。

难以说清楚关于斯巴达服饰简朴的文学主题到底延续了多久,克里提阿斯的残篇称赞过斯巴达大氅方便实用,对简朴的着装大为褒奖。然而,亚里士多德却批评斯巴达人衣着过于朴素反而是某种炫耀(Lipka 2002:122)。

[5] 吕库古作出决定,每个埃壬应向公共食堂捐献一定量的食物,其量既不会让他有过于饱食之虞,也不至于没经历过忍饥挨饿。因为他认为,如此历练过的人若在无食可进时,更能扛饿坚持必要的劳作,若只能吃同量的食物[比他人]活得更长;他们会欲求更少的佳肴美食,不挑食吃各种各样的东西,过着更健康的生活。而且他相信,保持身材苗条的膳食,比营养催肥的饮食,更有助于

身体长高。

"埃壬(τὸν ἄρρενα)":[陈笺]几位笺注家都提到 τὸν ἄρρενα 是抄本的手写体,读作 τὸν εἴρενα"埃壬"(Watson 1914:207n2,Rebenich 1998:94),该词可能是 ἄρσην/ἄρρην [男子] 一词的拉哥尼亚变体 (Gray 2007:154)。但为什么在讨论年龄尚幼的男童(οἱ παῖδες, 7-17 岁)的第二章会出现年龄大得多的"埃壬"(20-30 岁),引起学者们的很多猜测:埃壬可能是指男童,但 2.11 节色诺芬用 eiren 指年龄更大的小伙子,普鲁塔克《吕库古传》17.2 的描写也指 20 岁以上的青年。

[Moore 笺]色诺芬现在转向讨论斯巴达男人的生活了,先看"埃壬"(Eirens)这个年龄段。普鲁塔克《吕库古传》17 的描述如下:

> 所谓"埃壬"是种称号,指那些从少年班出去已经两年的青年,年龄最大的青年叫做墨勒壬(Melleirens)。这位埃壬年方二十,出则指挥他的部下进行模拟作战,入则要他们服侍自己的饮食;他命令年龄大点的去搬运木柴,年龄小的去采摘蔬菜;他们就去偷要弄的东西,有的爬进菜园,有的悄悄地、小心翼翼地溜进成人的公共食堂;要是谁当场失手被抓,就会因毛手毛脚、偷术不精挨一顿结结实实的鞭打。(普鲁塔克 1990:108[为保持统一,译名有改动])

所以,埃壬是一群 20 岁及年龄更大一点的年轻人,虽然我们不清楚,他们是整个 20 多岁都待在这个"班级"里,还是只待几年。他们的主要职责是服各种兵役,在学校监管更年幼者,掌控黑劳士(Moore 1975:100)。

"捐献（συμβάλλειν）"：[陈笺]该处的动词有两种推测，一种读为συμβάλλειν [捐献]（如 Lipka、Rebenich、Moore），另一种读为συμβουλεύειν [劝告、商议]（如 Stobaeus、Rühl、Watson）。Lipka 的理由是手写的 α 容易被误认为 ου，且"劝告、商议"的意思于此处不合（Lipka 2002：123，Gray 2007：154）。汉译取"捐献"一说。

"每个埃壬应向公共食堂捐献一定量的食物（σῖτόν）"：[Lipka 笺]通常埃壬捐献的食物由父母或其他亲戚给付。普鲁塔克《吕库古传》12.3 详细描写了向用餐的公餐房（syssition[陈按]即公共食堂）捐献食品的情况，并未说埃壬和参加公餐的其他人有何不同，这或许表明埃壬得缴付（或者说必须由亲人代缴）与其他人一样的东西（Lipka 2002：123）。

斯巴达人在饮食上的节制闻名遐迩。监察官控制男童的食物，这是理想化的说法。对斯巴达饮食进一步的讨论见《斯巴达政制》5.3-4。论述理想城邦的哲学文献中，饮食合度是一个常见的主题：苏格拉底忍饥挨饿（柏拉图《会饮》219e-220a）、饮食简陋（《回忆苏格拉底》1.3.5-8，色诺芬《会饮》2.19），柏拉图理想国中的居民也如此（柏拉图《王制》372b），通常哲人也如此（《希耶罗》2.1）。

色诺芬不断提到波斯人的食物简朴，居鲁士尤其如此（《居鲁士的教育》1.2.8、1.2.16、5.2.17、1.6.17）。《原史》1.133 将波斯人的丰餐美食与希腊人的粗陋饮食相对照，相较之下，色诺芬描写波斯人和居鲁士的理想化色彩十分明显。希腊古典时期的医学文献建议人们既不要进食"太过"，也不要"太少"。过多或过少的饮食损害的不仅是身体，还有灵魂。饮食丰腴后要锻炼身体以恢复平衡（Lipka 2002：123-124）。

"如此历练过的人若在无食可进时，更能扛饿坚持必要的劳作,若只能吃同量的食物[比他人]活得更长":[Lipka 笺]《居鲁士的教育》1.2.11 描写过这样的情形:波斯人打猎时将两天的饭并作一天吃,战争时也这么做。此处显然在做呼应(Lipka 2002:124)。

《斯巴达政制》2.3 到 2.5 色诺芬描写的斯巴达人的所有特点,同样是色诺芬笔下苏格拉底的特点(尤其《回忆苏格拉底》1.6.5-8)。无法证实色诺芬对斯巴达人形象和苏格拉底形象的描述是否实有其事。柏拉图和亚里士多德嘲笑过斯巴达人的这些特征。《斯巴达政制》11.3 谈过斯巴达人蓄特别的发式和胡须,此处未及。普鲁塔克的《吕库古传》16.11 以下篇章看来主要是从色诺芬这些段落中取材(Lipka 2002:120-121)。

[6]另一方面吕库古并不希望孩童们太挨饿:所以,尽管他不许孩童轻而易举随便拿东西,但他同意他们偷吃的减轻饥饿。

"尽管他不许孩童轻而易举随便拿东西,但他同意他们偷吃的减轻饥饿":[Lipka 笺]在《远征记》4.6.14 中,色诺芬说,斯巴达公民从孩提阶段就练习偷东西,除了那些法律禁止偷的东西。伊索克拉底和普鲁塔克也说过,斯巴达人过去常常从公共食堂和田野里偷食物果腹。若普鲁塔克的话靠得住,那么斯巴达男童只是听从埃壬的命令偷东西,执鞭助手则惩罚那些在行窃时被抓住的人(《吕库古传》17.5,Lipka 2002:125)。

伊索克拉底说只有偷过东西的人才有资格竞选斯巴达的最高行政职务,这可能是恶意的歪曲。据说,培养理想的波斯人或希腊人,"欺骗"起初都是正规教育的一部分,而滥用欺骗术导致它被教育逐出门外(《居鲁士的教育》1.6.31-33)。斯巴达城邦的日常偷窃是否属实尚有疑问(Lipka 2002:125)。

[陈笺]Watson 英译本在 2.6 结尾多出一句"他规定,孩童盗

取尽可能多的奶酪是高贵的行为"(Watson 1914:208),而大部分译本将类似该句意思的翻译放在了 2.9。

[7]我想任何人都明白,他并非短缺粮食喂养孩子才允许他们想方设法骗取食物;因为很明显,想偷东西的人必须整晚醒着,白天要撒谎骗人,他想弄到吃的一定得搞秘密侦察。所以,显然他教会男孩子们设法偷窃获得必需品,[他们]因此脑筋变得更加灵活,也更适合打仗作战。

"并非短缺粮食喂养孩子":[陈笺]这一句有两种读法:1. 任何人都明白他"并非短缺粮食喂养孩子";2. 人们"并非不明白他允许[偷窃]"。否认第一种识读,会导致人们得出吕库古的统治不成功(Gray 2007:155)。第二种读解可能是直接针对其他希腊人的,他们很清楚,立法者的任务是防盗,不是允许偷盗(Lipka 2002:125)。从西文各家译法来看,多取第一种读法,汉译从之。

[8]有人会说,"如果他断定偷窃是好的,为什么要对被抓住的孩童罚很多鞭子?"我的回答是,老师总是惩罚那些不好好听教导的孩童,所以,那些行窃时被抓的孩童因窃术低劣受到老师惩罚。

"老师总是惩罚那些不好好听教导的孩童":[Lipka 笺]色诺芬并不是一贯支持教育中的责罚。他曾在《论骑术》中说,压力之下行为会失常变形,应该以劝说代替责罚(《回忆苏格拉底》1.2.10,《希耶罗》9.2,《居鲁士的教育》2.2.14-17,Lipka 2002:126)。

[Moore 笺]整个 5 节到 8 节,色诺芬都是勉强给出合理解释。他可能借用了人们对斯巴达的普遍看法,而斯巴达人自己更加相信这些观点。色诺芬以貌似可信的理由来为斯巴达人公共餐桌上的食品稀缺做辩护,但这些理由更像是勉强解释这种现状,而不是

一开始创制这个制度的理由。斯巴达不允许大规模进口,其食物供给仅足以维持温饱,再没有富余了。

为缓解饥饿而行窃,这是古老的斯巴达教育传统中必不可少的一环,普鲁塔克记载过这样一个故事,一名斯巴达小伙偷了一只狐狸幼崽,把它藏到衣服里面,他宁肯听凭狐崽把他的肠子咬出来而死也不愿让人发现他的偷盗行为(《吕库古传》18,普鲁塔克1975:109)。这个故事显然美化了斯巴达人的勇敢(Moore 1975:100)。

[Gray笺]此处的教师是苏格拉底式形象。色诺芬笔下的苏格拉底也教过尤苏戴莫斯(Euthydemus),欺骗敌人、偷窃他们的财物是正义的,偷窃是否正义取决于偷窃的对象(《回忆苏格拉底》4.2.14-19,Gray 2007:155)。

[9]他规定,男孩们从阿尔特弥斯神殿的祭坛盗取尽可能多的奶酪是高贵之举,可他又派人鞭打那些盗抢奶酪的人,这就表明,一个人可以忍受一时之痛博得长久名声。[这样的责罚]也说明需要动作麻利的时候,慢吞吞没一点好处,反招大祸。

"阿尔特弥斯神殿('Ορϑίας/Orthia)的祭坛":[陈笺]狩猎女神和月神阿尔特弥斯神殿(Artemis Orthia),位于斯巴达城外的欧罗塔斯河(Eurotas)下游西岸的盆地,每年斯巴达人在此举行成年礼。

[Watson笺]在阿卡迪亚山区(Arcadia)建有阿尔特弥斯神庙的一个地方,人们称之为Orthia神殿。建神庙的地方可能是Orthium山或Orthosium山(Watson 1914:208)。

[Lipka笺]Orthia这个名称是拉哥尼亚形式(Lakonian-form),意思是"朝阳女神"。将Orthia[朝阳女神]等同于阿尔特弥斯可以上溯到公元前6世纪,不早于帝国时代(参Kennell《德性

的操演》，Kennell1995：136)。除了"朝阳女神"圣殿中通常固定风格、直立的女性雕像(其中一些或许从图像角度反映了崇拜的形象)之外，确定没有发现过其他的"朝阳女神"雕塑。

"朝阳女神"的崇拜地被证实是位于从阿尔戈斯(Argos)到铁该亚(Tegea)路上的一个圣殿(Lipka 2002：126－127)。[陈按]铁该亚是阿卡狄亚地区的城市，在斯巴达以北约50公里)。色诺芬描写的在阿尔特弥斯神殿抢奶酪，是古典文献中唯一一处涉及"朝阳女神"崇拜仪式的信息。色诺芬暗示，这个仪式反复进行，甚至不限次数(Lipka 2002：127)。

"盗抢奶酪"：[Lipka笺]根据色诺芬的描写，抢奶酪时鞭打是少不了的，冲抢的速度是前提条件。我们由此推测，神殿的抢奶酪不是秘密的偷窃行径，如果窃术精湛，可免于鞭责，但不可能在众目睽睽之下抢奶酪。鞭责是构成整个抢奶酪过程的一个必需部分。抢奶酪极有可能是一种斯巴达式入会仪式(Spartan initiation rites)。

除了色诺芬此处所述，在朝阳女神圣殿发现了面具，这表明女神与诸种入会仪式有密切联系。有学者解释，非自由民尤其是黑劳士是戴着面具被嘲弄的对象，但这种可能性较小。从朝阳女神圣地考古发掘了一个古风时期的酒盅，上面有一幕(似乎是同性恋)性交场景，插入一方用鞭子抽打被插入的那一方，这也与朝阳女神神殿的鞭打有所联系，代表着这种仪式的早期阶段(Lipka 2002：127)。

男童有可能在仪式举行之前将奶酪献祭给阿尔特弥斯女神。公元后1世纪的拉哥尼亚碑铭残片证实，人们向宙斯、德墨忒耳(Demeter)和戈莱(Kore)祭献奶酪。([陈按]戈莱的字面意思是"少女"，又指宙斯和德墨忒耳的女儿，为冥后珀尔塞福涅的别称。)从色诺芬的文字看，奶酪是提前祭献给女神的(Lipka 2002：127－

128)。其他诗人的残篇也表明了阿尔特弥斯（而非狄奥尼索斯）与奶酪有特殊联系。

其次，奶酪与兵粮密切相关，它便于携带，营养丰富。《伊利亚特》11.639描写的涅斯托尔酒盅，里面提到了锉磨奶酪，更重要的是，近期从优卑亚岛（Euboea）公元前9世纪的三个兵士墓葬中，考古挖掘出一大批青铜器具，它们是用来锉奶酪的青铜锉。若属实的话，阿尔特弥斯神殿抢奶酪的斯巴达式入会仪式说明的是斯巴达年轻人参加或甚至融入战士团体。

最后，还要考虑到奶酪与丰产仪式、祭奠死者仪式、净化仪式以及重要的入会仪式的联系（Lipka 2002：128）。

"可他又派人鞭打那些盗抢奶酪的人，以此表明，一个人可以忍受一时之痛博得长久名声"：[Moore笺]这部分文字语义含混。西塞罗首次提到斯巴达的一种仪式（Tusculans II, 34），年轻人（学术专家对其准确年龄持不同意见）在祭坛前受到鞭打，抗打时间最长的人获得某种殊荣。因为首次提到该仪式的文献出现时间太晚，奥利尔（Ollier）以及其他学者对古典时期的斯巴达举行这样一种仪式的细节和真实性提出了质疑；罗马时代的斯巴达经常用"稀奇古怪的旧风俗"作为"观光客的诱饵"；很可能出现过一些半吊子的恢复旧传统的表演，野蛮残暴，因为残忍血腥的场景就是观光客们想看的。如果这种仪式仅仅是为了考验忍耐力，那为什么要偷奶酪呢？

另一方面，窃取祭坛前的奶酪本应该是掌管农业的阿尔忒弥斯女神仪式的一部分（Moore 1975：100）。假如偷窃才是核心问题，那目的可能是为了培养机敏迅捷和沉着冷静的能力，年青人还要尽可能少挨鞭子。这种鞭笞和罗马牧神节上的某些仪式有些类似，邓波儿（den Boer）在其著作《拉哥尼亚研究》（*Laconian Studies*）中提出，窃取奶酪是一种成年礼的遗风，年轻人在偷奶酪的过程中培养十足的男子气概,并因其勇敢坚忍的行为被城邦接受成为战士。

Moore 总结如下:色诺芬的描写暗示了一种部分被恢复的原始仪式的遗风,该种仪式后来改变成西塞罗描写的样子,又和其他训练敏捷性的仪式混在一起,就不太准确无误了。色诺芬合并了斯巴达男童的偷窃和培养坚忍不拔品格的一般主题(这贯穿于他对斯巴达教育的整体描述),这可能导致视野的混乱(Moore 1975:101)。

[Lipka 笺]色诺芬阐明,抢奶酪作为一个例证,说明偷窃作为一种教育手段何其重要。在色诺芬看来,偷食物和抢奶酪殊途同归,目的相同。偷窃的目的是让男童们尽可能身手敏捷,抢奶酪(招来鞭笞)的目的是要把他们锻炼得更有自制力。跟偷食品不同,抢奶酪不是因为缺少食品,鞭笞也不是惩罚偷窃必不可少的部分,但对抢奶酪却是。偷食品是长期行为,抢奶酪是短时行为。

Lipka 认为,抢奶酪并不能有力地证明斯巴达以偷为生的好处在哪里,好像色诺芬在解释这种本身模糊不清的仪式时没了主张,临时借用了一个解释(Lipka 2002:128)。

[10]假如督导离开不在,为了防止男童们没人管,吕库古规定把孩子们交给任何一个恰好在场的公民,他是统领,可下令男童们做他认为恰当的事,若他们犯错[统领]亦可处罚。通过这样的措施,吕库古让男童们更加谦逊恭敬,男孩子或男人最尊敬的人莫过于其统领。

"他是统领(ἄρχοντος)……男孩子或男人最尊敬的人莫过于其统领(ἄρχοντας)":[陈笺]ἄρχοντος[统领]一词在此句中两次出现,说明斯巴达男童们从小学会服从权威。

"更加谦逊恭敬（αἰδημονεστέρους）"：[陈笺]αἰδώς[谦逊、恭敬、羞耻感]一词是色诺芬《斯巴达政制》以及其他著述中描写斯巴达人道德品质的常用语汇，但不同语境下重点不同。1.5 与"被看见"做不当的事有关表示"羞耻感"，2.2 与πειϑώ[服从]合用表示"恭敬"，2.10 与"统治/受治"相关，故译为"谦逊"。

[Lipka笺]色诺芬的《远征记》也说过 ἄρχειν/ἄρχεσϑαι[治人和受治]的能力与αἰδώς[谦逊]之间的联系，小居鲁士就被描写为"同辈中最谦逊的孩子"（αἰδημονεστέστατος，《远征记》1.9.5，《居鲁士的教育》1.6.20，Lipka 2002:129）。

"男孩子或男人最尊敬的人莫过于他们的统领（τοὺς ἄρχοντας）"：[Lipka笺]τοὺς ἄρχοντας 有两种微妙区别的词义："执政官"（magistrates）与"统领、统治者"。

Likpka 提出两种推测：1. 特指监察官，因为τοὺς ἄρχοντας 常用以指执政的官员，如《希腊志》1.6.8，以及《原史》3.46.1、6.106.1，修昔底德《战争志》1.90.5 出现了αἱ ἀρχαί。这种情况或许是把雅典术语转用于斯巴达制度所致。斯巴达文献中更通用的词语是τὰ τέλη，是专指斯巴达权威统治者的技术性术语（Lipka 2002:129）。2. 更大可能指"统领"。斯巴达教育的本质——与波斯教育和柏拉图式教育相同——是学会"治人和受治"。据亚里士多德的说法（《政治学》III 1277a 25–27），"能指挥行令又能受命而服从"是好公民的核心品德。

色诺芬笔下的斯巴达教育，与《居鲁士的教育》和柏拉图的理想国的"统治者"（ἄρχοντες）的教育极为相似，实非偶然（Lipka 2002:129）。

[11]为了应付无任何成年人在场男童们没统领监管的情况，他下令每分队的埃壬当中最聪明能干者负责照看各组。所以孩童

从来不乏管教。

"分队(τῆς ἴλης / ile)":[Lipka笺]分队(τῆς ἴλης / ile)是一组年青人。据推测斯巴达人有三个青少分队:男童(paides,7-17岁),[青春期]青少年(paidiskoi,18-19岁),男青年(hebontes,20-30岁)。普鲁塔克说还有ἀγέλη / agele[群],但他很可能误植了一个克里特用语,不适用于古典时期的斯巴达(参 Kennell1995:108)。

根据希腊化时期的文献,假如古典时期的斯巴达确实有分段年龄组,那么,称呼年龄组的术语或许是βοῦα,组长称之为βουαγόρ。而βοῦα也是希腊化时期的制度(Lipka 2002:129-130)。

"埃壬(τῶν εἰρένων / eirenes)":[Lipka笺]对此处 2.11 的τῶν εἰρένων[埃壬]以及 2.5 的τὸν ἄρρενα如何读解,学界有一些争议,一般认为可靠的读法是:2.5 采纳 Schneider 读法,读作τὸν εἴρενα;2.11 采纳 Cragius 读法,读作τῶν εἰρένων(Lipka 2002:130)。

此处色诺芬没有提到其他年龄组,只提到埃壬。色诺芬撰写《斯巴达政制》时很可能正伴随阿格西劳军队出征,因此,他最为熟悉的是年青人(如埃壬)的军事战队,而非年龄更幼小的年龄组。与普鲁塔克的说法不同,色诺芬让埃壬成为分队的队长。Lipka 认为色诺芬的原文应该是εἴρενες,而非ἄρρενες。斯巴达的埃壬年龄介于 20 至 30 之间,在军事术语里埃壬又被称作δέκα ἀφ' ἥβης [(年届 20-30 岁的)年青男子](4.1,Lipka 2002:131)。

"最聪明能干者(τὸν τορώτατον)":[陈笺]此词是双关语,既是"最聪明能干者",亦是"有最多奶酪(τυρός)的人"(Proietti 1987:50)。

[Lipka笺]这是个副词,字面意思是"尖锐地"(古典时期的用词习惯是经常用副词,较少用形容词),多限于诗歌中使用。希腊化时期该词彻底销声匿迹。色诺芬使用此词的涵义与 $ἰσχυρός$ [强有力的、严厉的]难分轩轾(Lipka 2002:130)。

[Moore笺]2.10 节到 2.11 节,色诺芬以很大的篇幅(在第二章最后部分)回到了权威的话题,并强调了人员安排的重要性,以保证男孩子们在教育训练期间无时无刻不处在某种监管之下。

这种对监管的痴迷可能反映了色诺芬本人对纪律的兴趣,他强调控制,却对许多本该讲到的斯巴达儿童教育中有趣的细节避而不谈,然而,这种态度也是对斯巴达整体教育制度的评价,斯巴达教育认为孩童本质上像是野生动物,他们需要谨慎的训练和监控才能既保留那些有用的野性本能,又适应国家意志的改造(Moore 1975:101)。

[12]我也得谈谈男童恋,某种程度上这也关乎[男童的]教育。其他[城邦的]希腊人,有的像玻俄提亚人那样,爱慕少年的男人和少年像结了婚似的结为一对[同居],有的如厄里斯人一般,男子享受少年的爱慕,回报以恩惠。还有些希腊人禁止情人们接近,男人哪怕是与少年闲聊几句,也不允许。

男童恋($παιδικῶν$):[陈笺]按柏拉图《会饮》181c5 的说法,男童恋的产生是属天的爱若斯爱神启发一些人将爱转向男性,去"爱欲天生更有劲儿、有更多智性的男性"(柏拉图 2015:186)。$τὰ παιδικά$ [男童恋]就是爱恋少年身上的少年气——一种独特的思维和身体的特征。古希腊的史诗、悲剧、喜剧中都不乏对少年之男性美的赞誉。《回忆苏格拉底》1.3.12 中,色诺芬甚至以苏格拉底之口将美男子之吻类比蜘蛛之毒:

> 难道你不知道人们所称之为"青春美貌"的这种动物比毒蜘蛛还可怕得多？因为毒蜘蛛只是在接触的时候才把一种东西注射到人体里来，但这种动物不需要接触，只要人看他一眼，甚至从很远的地方看他一眼，他就会把一种使人如痴如狂的东西注射到人里面来吗？……色诺芬，当你一看到一个美人儿的时候，赶快拼命跑开。（色诺芬 1986：25）

色诺芬说的"美人儿"就是美少年。柏拉图和色诺芬均把男童恋中的身体之爱视为低级的爱，不利于养育德性。

与色诺芬这段话可以对勘的当然是柏拉图《会饮》182b 中这一段：

> 在别的城邦，关于爱欲的法律一般都容易明白，毕竟，这些法律订得简陋；但在这里[雅典]和在斯巴达，[这类法律]就错综复杂。在厄里斯和在玻俄提亚人中间——那里的人都不是说话智慧的人，对爱欲者献殷勤被法律简陋地规定为美[高贵]的事情，无论年轻人还是老人，没谁说这可耻。（柏拉图 2015：187）

色诺芬和柏拉图讲道理的方式，都是把斯巴达（以及雅典）的男童恋与其他希腊城邦做对比。

玻俄提亚人（*Βοιωτοί* / Boiotians）：[陈笺]玻俄提亚地区位于希腊中部，其最大、最著名的城市为忒拜。在希波战争中，忒拜人曾协助过波斯人入侵雅典，被雅典击败，后在伯罗奔半岛战争中，玻俄提亚人激烈抵抗雅典人，并在关键的 Delium 一役中战胜雅典。据说诗人赫西俄德和品达是玻俄提亚人。

"厄里斯人('Ηλεῖοι/Eleans)"：［陈笺］厄里斯位于伯罗奔半岛的西部，濒临地中海，主要城市是同名的厄里斯，自古是举行奥林匹克竞技会的圣地，以保持长久的和平而闻名于世。希罗多德《原史》2.160记载厄里斯人自夸举行了奥林匹克竞技会，自诩是最有智慧的人。《伊利亚特》11.671，涅斯托尔曾提到："如同当年厄里斯人(Eleans)和我们因劫牛/发生争执。"（［陈按］为译名统一，译文有改动。）

［Gray笺］玻俄提亚人和厄里斯人是不同类型同性恋的标准代表，色诺芬和柏拉图的《会饮》都分别提及过。玻俄提亚人的男童恋有点像婚姻关系，厄里斯人更热衷于献殷勤的恋爱求偶关系(Gray 2007：155)。

"爱慕少年的男人(ἐραστὰς)和少年"：［陈笺］男童恋中成年的男子是爱欲者(erastes/ lover)，少年是被爱者(eromenos/ beloved)。被爱者的年龄通常在12到18岁之间，最上限大概是18岁，即开始长髭须的年龄。所以男童恋中的少年不是尚处幼年的男童，而是性生理已成熟、进入青春期的青少年。

《远征记》2.6.28记载，梅浓(Menon)"本人当还无须年华时，就有一个名叫塔里帕斯(Tharypas)的满脸胡须的宠客"（色诺芬1985：59；Lipka 2002：133）。有时爱欲者被称作狼，被爱的人被称作羔羊或小山羊；有时爱欲者被称作乌鸦，被爱的少年则被称作谐音阳具的"萨森"(Sathon)和"波森"(Posthon，利希特2008：355)。

"少年的爱慕(τῇ ὥρα)"：［陈笺］τῇ ὥρα字面意思是"那些青春年少的人"(Lipka 2002：133)，也可以是"少年的优雅；少年身体的美"(Rebenich 1998：100)。

"回报以恩惠(διὰ χαρίτων)"：［陈笺］此句各家译法的意思不

同,关键是对短语 διὰ χαρίτων 如何理解。Watson 译为"男子关注少年,得到少年的青睐"(Watson 1914:209);Moore 译为"男子给予恩惠来吸引少年人"(Moore 1975:78);Lipka 译为"男子享受少年的服务,回报以恩惠"(Lipka 2002:71);Rebenich 译为"男子宠眷少年,享受少年的青春貌美"(Rebenich 1998:57)。

根据上下文的语义逻辑,主动的一方仍是成年男子,而非少年。最麻烦的是到底将 διὰ χαρίτων 理解为精神或情感上的"宠眷、青睐",还是实物的"恩惠"。考虑到此句中色诺芬的意图是将玻俄提亚人和厄里斯人的做法与斯巴达作对比,故汉译选择实物意义上的"恩惠"。

[Lipka 笺]《希耶罗》9.1, διὰ χαρίτων 的意思是"(另一方)青睐的标记"="取得(另一方的)同意"。([陈按]《希耶罗》8.6 提到僭主的男童恋中,男童"受到尊荣",9.1 无涉及。色诺芬 2016:33 – 34)若如此理解 διὰ χαρίτων,那么色诺芬的意思是,玻俄提亚人的男童恋中,少年是否同意是不打紧的(这也解释了 συζυγέντες,其字面意思是"伙伴、配偶",是婚内或婚外的配偶关系),换句话说,玻俄提亚的所有男孩到了一定年龄后,会被依法分配一名男性情人,而在厄里斯,情人要提供恩惠博取男孩的欢心(Lipka 2002:132)。

在厄里斯和玻俄提亚,同性恋男子还进入了军队。忒拜人的"圣军"(sacred band)声称是由同性恋伴侣组成,一旦少年情伴的名字进入了公民名单,爱欲他的情人就送给情伴全副盔甲(panoplia)。厄里斯有男子选美比赛,获胜者赢得献给雅典娜的武器作为奖品。据说,斯巴达的同性恋伴侣共同入伍提高了战斗的士气(色诺芬《会饮》8.32),但也不总是将两者相提并论(Lipka 2002:132 – 133)。

"还有些希腊人禁止情人们接近,男人哪怕是与少年闲聊几句,也不允许":[Lipka 笺]这句或许特指雅典的情况。柏拉图《会饮》183c-d记载,父亲们想办法把儿子与其爱欲者分隔开。亚里士多德《政治学》II 1262a 32-36说(据推测是指在雅典)只把爱欲者和年轻情伴分开,是远远不够的。这些说法表明,将男同性恋的伴侣分开是通行的做法(Lipka 2002:133)。

色诺芬对同性恋的一般性看法,参见 Tigerstedt 的《古典时期斯巴达的传说》一书(*The Legend of Sparta in Classical Antiquity*,Tigerstedt1965:459 n. 502),以及 Hindley 的两篇文章"色诺芬笔下的爱欲与军队"("Eros and Military Command in Xenophon",Hindley1994)与"色诺芬论男性之爱"("Xenophon on Male Love",Hindley1999)(Lipka 2002:132)。

根据色诺芬的说法,斯巴达与其他希腊人的区别是,玻俄提亚人和厄里斯人注重同性恋的肉体之爱,而在斯巴达,人们注重的是教育和精神层面。此外,色诺芬还把男性的肉体之爱细分为需征得男童的同意(在厄里斯),和不必征得同意(在玻俄提亚)。提玻俄提亚和厄里斯而不提雅典,倒不是像 Hindley 说的那么玄乎:在色诺芬时代,一般公认玻俄提亚地区的忒拜人拉伊俄斯,俄狄浦斯的生父,是男同性恋的发明者(Hindley1999:74)。

此外,尽管雅典的情况几乎每每出现在《斯巴达政制》的字里行间,色诺芬却明显在回避直接对故邦发言,以免引起同胞的敌意。最后,色诺芬起码忽略了除雅典外以男风盛行而出名的另一个城邦:克里特。色诺芬一般避免在克里特和斯巴达之间做平行对比,最明显的就是他压根不提斯巴达律法可能出自于克里特人(Lipka 2002:132)。

[13]吕库古又颁布了与上述做法完全不一样的法令。假若一个值得敬重的男人恋慕某个少年的灵魂,想跟他成为纯洁的朋友,共度时光,吕库古赞赏这样的行为,认为这是对少年理想的教育形式。然而,若只是被少年的身体吸引,他视之为最寡廉鲜耻之事,

其结果是,在拉刻岱蒙,禁止爱欲者跟被爱恋的少年搞肉体的欢爱,正如严禁父亲和儿子性交,严禁兄弟之间性交。

"一个值得敬重的男人恋慕某个少年的灵魂,想跟他成为纯洁的朋友,共度时光":[Lipka 笺]男同性恋在斯巴达虽然没有体制化,但也是社会的正常现象。爱欲者的拉刻岱蒙用语是 εἰσπνήλας(也许与 εἰσπνεῦ[往上哈气、损毁(名誉)]有关),被爱者的用语是 ἀίτας,与 ἀίω[听]有关。

从拉刻岱蒙南部的 Aigai 出土的一个前 6 世纪末、5 世纪初的铜碗铭文看(Gallavotti 1978 年识读),很可能表现的是斯巴达人把海辛瑟斯(Hyacinthus)作为阿波罗的 ἀίτας[被爱者]而崇拜他。不过从语言学的角度看,也可能是对阿波罗的一群被爱者的祭拜(Lipka 2002:134)。

"在拉刻岱蒙,禁止爱欲者跟被爱恋的少年搞肉体的欢爱":[Lipka 笺]色诺芬所说的"纯洁的[无性交的]同性恋"(chaste pederasty)实际上是哲学理想,更具体地说,是苏格拉底的理想(也参色诺芬《会饮》8.12-36;柏拉图《王制》403b)。按照这种"纯洁的同性恋"理想,灵魂的爱欲(ψυχή)支配肉体的爱欲(Lipka 2002:134)。

斯巴达的公众控制这种"纯洁的同性恋"(《阿格西劳传》5.7),但色诺芬提供的信息有点可疑,因为他赞扬阿格西劳面对少年情伴的自控力,而其他文献则把阿格西劳描写成疏于自律的国王。

柏拉图强调过斯巴达典型的公民自制力(《法义》636e-637b),但不涉及性的部分。阿提卡喜剧里,斯巴达同性恋在雅典人眼中十足地臭名昭著,当然同性恋通常是喜剧舞台上非常受欢迎和通俗的主题,和斯巴达并无特定联系(Lipka 2002:134)。

后来亚里士多德的《政治学》II 1262a 32-36 谈到了同性恋的

性行为,通常是腿间性交。至于斯巴达,瓶画显示,起码在古风时期有肛交/腿间性交(Lipka 2002:134-135)。

"正如严禁父亲和儿子性交,严禁兄弟之间性交":[Lipka 笺]如果禁止同性恋性交的戒律是历史史实,那么,制裁违反者就很可信了。普鲁塔克提到过对同性恋者取消公民权的惩罚,其他文献记载同性恋双方被放逐或处死,然而这些文献比较晚出且有意识形态倾向。Lipka 说,自古典时期以降,我们并没有看到斯巴达的"肉体同性恋"受处罚的证据(Lipka 2002:135)。

[14]然而,人们普遍不相信这些事实,对此我并不吃惊,因为许多城邦法律并不禁止男人与少年发生性关系。至此,我已经谈论了拉刻岱蒙和其他希腊[城邦]的教育体系。哪种教育会塑造出行为更顺从、更彬彬有礼、更自我克制的人,读者自会明辨。

"哪种教育会塑造出行为更顺从、更彬彬有礼、更自我克制的人":[Gray 笺]同性恋关系在斯巴达教育中达到的效果,可以从《希腊志》5.4.25-33 描写的事件一窥全豹:斯巴达国王阿格西劳之子阿奇达姆斯(Archidamus)中意于高大英俊的克列奥尼姆斯(Cleonymus),且在克列奥尼姆斯之父遭遇牢狱之灾时出手相助,克列奥尼姆斯许诺以荣誉维护他们二人的情谊,力做优秀斯巴达公民,在洛伊克特拉战役中表现卓越,三次被击倒,是第一个牺牲的公民(色诺芬 2013:219-221,Gray 2007:156)。

第二章释义

[Gray 笺]吕库古将男子分为三个年龄组:παῖδες [孩童]、παιδίσκοι [(青春期)青少年]、ἡβῶντες [青年、成年小伙儿]。由于年

龄特点不同，给他们制订了不同的礼法规矩。第二章是关于第一个年龄组 παῖδες[孩童]的教育。吕库古的教育目的是培养战士的品质：男童要具备忍耐、服从、敬畏和机智的品质，青少年要自制，成年小伙子则热爱胜利(Gray 2007：152－153)。

[Moore 笺]2.12 节至 2.14 节对男子与少年同性恋爱的全盘讨论明显是辩护性的，十分幼稚。在希腊古典时期，男同性恋行为虽有所控制但被普遍接受，在原始部落中可能还是生活至关重要的一个组成部分，那时候的日常生活多为军事需要所累，年轻人不得不在清一色的男人堆里长大。

另外，男同性恋人的情感纽带有助于战事，促进了忠诚和战友之情。色诺芬对男同性恋做了灵与肉的区分，作为一种精巧又朴实的特殊请求这很有趣味，但是，它让人遐想，色诺芬到底指望人们对他的话相信几分？(Moore 1975：101)

如果称第二章是在描述"斯巴达教育以及其他希腊城邦的教育"，这是歪曲事实，色诺芬概括了他以为最重要的斯巴达教育的几个特征，这些教育举措是为了配合培养斯巴达人表现优异的那些品质：服从、尊敬和自律。表现优异这一点，色诺芬有时明说，有时则暗示。

西摩尼得斯(Simonides)曾说："人称斯巴达人是驯人者，因为它的公民遵纪守法……就像马儿从幼驹就被调教一样"(普鲁塔克《阿格西劳传》1)。普鲁塔克说："其他一切训练都在于使他们善于服从命令、吃苦耐劳和能征善战"(《吕库古传》16)。色诺芬集中描写的就是斯巴达教育的这几个方面(Moore 1975：102)。学者邓波儿说"真正斯巴达人的孩子被视作国家财产"，这大体上正确，要小心把这视为异常的观点，也不要迎合当代的偏见(Moore 1975：101)。修昔底德笔下伯里克利的葬礼演说主旨与此类似：个人服从于城邦的需要。如此看来，斯巴达与雅典的区别仅是程度而已，而非基本观点不同(Moore 1975：101－102)。

第二章色诺芬略而不谈的某些教育，后文出现了。例如，斯巴达人有一些音乐训练，因为战争中有实际用途（13.6-11）。至于读书识字，普鲁塔克说："他们仅仅学到够用而已"（《吕库古传》16）。希腊人普遍相信斯巴达人反对读书识字，这种传统观念大约在公元前400年被汇集于一本稀奇古怪的哲学杂烩书《两论》（Dissoi Logoi Ⅱ，10；Diels-Kranz Ⅱ，90，2，10）。"斯巴达人觉得孩子不搞音乐和文学研究是件好事，伊奥尼亚人则认为，不通音乐和文学是奇耻大辱。"这意味着斯巴达并非全然是文化荒漠。

与阿尔忒弥斯女神崇拜（Artemis Orthia）有关的那些仪式至少暗示了某种文学竞赛的形式，虽然未必反映出参赛者的独创性，但或许他们起码要熟谙荷马和斯巴达的诸位诗人。另外，斯巴达人亦有歌舞，见阿里斯托芬的喜剧《吕西斯特拉忒》1296ff（Moore 1975：102）。

第三章　青春期男孩的教育

[1]当男孩们不再是幼童,到达青春期,别的[城邦的]希腊人让青年人脱离家教[的管束],他们不再去学校;没人再看管他们,反而让他们随心所欲地生活。然而吕库古规定了截然不同的习俗。

"别的[城邦的]希腊人让青年人脱离家教[的管束],他们不再去学校;没人再看管他们,反而让他们随心所欲地生活":[Lipka笺]色诺芬主要指雅典的做法。《回忆苏格拉底》2.1.21说,雅典人在 ήβη[青年、成年]时期不受任何监管(Lipka 2002:137)。

"吕库古规定了截然不同的习俗(αὐτονόμους)":[陈笺]αὐτονόμους是《斯巴达政制》全书唯一一个加了αὐτο前缀的"律法"词,意思是"在自己的法律下生活的,独立自主的"(参《古希腊语汉语辞典》),根据文脉译为"规定了截然不同的习俗"。

[2]他意识到青春期男儿热血方刚,最易傲慢狂妄,最强烈的身体欲望让他们躁动不安,所以,他让青少年终日费力干苦活,尽量让他们不闲着。

"干苦活（πόνους）"：[Lipka笺]干重活苦活在力争优秀（ἀγαϑόν）的教育中十分重要，对此，《论狩猎》12.9有很好的表述。此处色诺芬到底是一般性地指青少年一直到20岁的教育，还是更具体地指"秘密行刑队"的训练，因其行文过于简略，无法确证是哪一种。关于"秘密行刑队"可以参考Cartledge的著作《阿格西劳与斯巴达的危机》（Cartledge 1987：30－32）。

在色诺芬的作品中，πόνος[干重活]是一种贵族美德。柏拉图《法义》835d－e说，人一干重活就不再傲慢（Lipka 2002：137）。

"尽量让他们不闲着"：[Moore笺]斯巴达人让青少年尽可能忙碌，他们就不会在其他意义不大的事情上浪费时间，色诺芬赞许这样的做法。他称斯巴达在这方面和希腊其他城邦的做法又是南辕北辙的，这像是对19世纪20年代那种极其"热忱猛烈"的公共学校做十足夸张的戏拟。这种全日制教育体系当然只在国家负担育儿的财政责任的社会才可行，而在希腊其他地区，大部分青春期少年在为家庭收入出力。

比如说雅典，只有那些家境富裕不用劳作的男孩，才像斯巴达人那样以获得进一步教育的方式度过十来岁时的青春，尽管斯巴达的教育不是国家控制，或国家组织，而且教育培养的目的也与全日制教育截然不同。

其次，这种斯巴达体制只能在严格专制的社会才能运转。换作其他社会，男童们会反抗这种"让他们不闲着"的安排（3.2，Moore 1975：102）。

[3]他还规定，任何青少年偷懒逃避劳动义务，未来就不能享有公民权。他确保执政官和照管青少年的人都要严格监管青年人，这样他们不会因逃避干活而在城邦里彻底名声扫地。

"公民权（τῶν καλῶν）"：[Lipka笺]据推测，拉哥尼亚术语τὰ καλά大概意指"公民权/责任"(civic rights/ duties)。考虑该词在此处的具体涵义，这段话很可能是对雅典的责难，最明显的是雅典将领的选举。《回忆苏格拉底》3.5.21记载，雅典将领的任命甚至不考虑候选人是否具备军事知识(Lipka 2002：137)。

[Gray笺]Gray将τὰ καλά译为"好东西"，因恪守法律而获得，包括成为一名骑兵的荣誉(Gray 2007：158)。只有年轻的年龄组才有资格当骑兵。

"执政官（τοὺς ἐκ δημοσίου）"：[陈笺]据Haas的识读，τοὺς ἐκ δημοσίου指的是任何执政官或统治者，即对青少年给予公共道德教诲的官员（Watson 1914：210，n.1）。Lipka也说τοὺς ἐκ δημοσίου与第二章出现过的τοὺς ἄρχοντας[统领]是一回事(Lipka 2002：138)。

"照管青少年的人（τοὺς κηδομένους ἑκάστων）"：[Lipka笺]根据柏拉图《会饮》210c，爱欲者(erastes/ lover)有照管被爱者的责任，那么，此处照管青少年的人可能是爱欲者(erastai)。但这样的解释并不令人信服，因为行文把τοὺς κηδομένους ἑκάστων[照管青少年的人]与τοὺς ἐκ δημοσίου[执政官]对照，说明这些人不是负责监管青少年的官员，而是照管他们的亲人。

此外的证据是，《斯巴达政制》2.10和6.1说明，有权惩罚男孩子的圈子不限于爱慕他们的爱人。大概男孩子的父母亲没有完全失去对孩子教育的掌控(Lipka 2002：138)。

[4]另外，他希望青年人的谦恭[品性]根深蒂固，所以要求他们在大街上行走要把双手放在袍子下面，走路不出声，眼睛不能东张西望，只能盯着脚下[的地面]。结果很明显，在自我控制方面，

男性强于女性。

[Gray笺]"[甚至]在大街上"(καὶ ἐν ταῖς ὁδοῖς)：这个短语的潜台词是，更甭提他们干苦活时直接在督导监管之下了。少年们沿着街道走向公共食堂，行为端庄，而在食堂公餐时，他们会学到更多谦虚自制的行为(5.1-7)。少年的谦恭礼貌包括双手不乱动、不说话、头不动、眼睛不乱瞄。双手放在外袍下面的习惯，在波斯表现了尊重，同时可以防止受攻击。但在斯巴达转变为对爱喧闹的青少年的行为规范(Gray 2007:158)。

"在自我控制(σωφρονεῖν)方面，男性强于女性"：[Moore笺]斯巴达人的谦恭(τὸ αἰδεῖσθαι)是众所周知的(3.4-5)，但色诺芬对比男女自制品性的逻辑却丝毫经不起推敲。可以猜想，他之所以得出这个结论，是因为斯巴达男人比一般希腊人表现得更加谦虚，斯巴达女人却因为生活中享有更多自由而显得傲慢自负。整段描写都是一种修辞性的夸张(Moore 1975:103)。

[Gray笺]对青春期青少年，吕库古甚至控制他们的肢体语言。斯巴达人强烈意识到肢体语言的意义。《希腊志》6.4.16记载，在洛伊克特拉战役失去亲人的斯巴达人在公共场合的肢体语言是欢快的表情和灿烂的笑脸，而幸存者的家属却个个面色阴沉、神色沮丧(色诺芬 2013:258，Gray 2007:157)。

[5]因为，哪怕你听见石像开口讲话，你也不可能听见他们[随便]说话，哪怕你看到铜像眨眼，你也很难看到他们[到处]乱瞄，你会以为他们比新房里的处女还要害羞。他们参加公餐时，只有别人问话时才答话，这就足以让你满意了。以上就是他[吕库古]对青春期青少年的教育。

第三章 青春期男孩的教育

"你会以为他们比新房里的处女(τοῖς ὀφθαλμοῖς παρθένων)还要害羞":[陈笺]这句有两种译法,端赖如何识读 παρθένος[瞳仁]一词,史上很多注家以为它是 κόρη[处女]的同义词,作"处女"解释。人的瞳仁代表最高程度的纯净,色诺芬的措辞几乎是品达式的诗歌隐喻,不管怎么说,这样的措辞在色诺芬平实到枯燥的散文风格中格外醒目。这一整段都有带有质疑口吻(Lipka 2002:139)。

Watson 译为比"新房里的处女还害羞"(Watson 1914:210),施特劳斯遵循 Watson 的译法译为:"这就是所描述的他[吕库古]照顾所喜爱的男童的方式。……你会相信,他们比新房里真正的处女还害羞。"据施特劳斯的释读,此处充分显示出色诺芬的阿里斯托芬倾向(施特劳斯 2006a:11),即语含讥讽。Rebenich 也译为"新房里的处女"(Rebenich 1998:59)。"瞳仁"的译法唯见于古代引文。

Lipka 和 Moore 的译文译为"瞳仁",Lipka 的理由是,色诺芬认为瞳仁被眼帘盖着,因此很"害羞"。眼睛同样会表现出人的羞涩(Lipka 2002:139)。不过 Moore 相信,色诺芬运用了双关语,拿"处女"的含羞打趣,因为"处女"除了害羞不可能再有别的,Lipka 亦同意色诺芬在此处玩了个文字游戏(Lipka 2002:73,139,Moore 1975:79)。

汉译根据双关的释意直接译为"新房里的处女",此句男女的颠倒性别比拟照应了上一句色诺芬比照男女自制力的差异,凸显了色诺芬遣词造句的讲究。

[Gray 笺]此节出现三个比喻,石像和铜像的比喻抓住了青少年不乱动、沉默和双眼低垂的特点。第三个处女的比喻突出了他们眼睛看向地面的特点,是这一系列比喻意象的最高点,文辞有张力。而接下来关于少年们在公餐时有问才答话的描述,缓和了张力。处女的比喻中,新娘的娇羞是聚焦点,而新房中处女的行为与公共场合中少年们的行为形成有效的对比(Gray 2007:158-159)。

《回忆苏格拉底》2.1.22讲述了赫拉克勒斯遇到"恶行"这个女子,她"睁大眼睛东张西顾",窥觑别人是否注意着她(色诺芬1986:47-48)。

这一节的另一个特点是,三次使用了第二人称(Gray 2007:159)。

"公餐(φιλίτιόν/philition)":[Watson笺]philitia常写为pheiditia(应该是从φείδομαι简写而来),即拉刻岱蒙人的公共用餐,与syssitia同义(Watson 1914:210-211, n.2)。

[Gray笺]φιλίτιόν是syssition的斯巴达术语,《希腊志》5.4.28也使用过。普鲁塔克《吕库古传》12.1-2讨论了该词的变体phidition,一些辅音是如何变化和丢失的,它可能是从"友谊"、"节俭"以及"食物"等词语派生而来(Gray 2007:159)。

[Lipka笺]此处的φιλίτιόν/philition一词,如A本(即梵蒂冈抄本,Vatican Gr. 1335)以及其他色诺芬著作段落(《希腊志》5.4.28)所示,为色诺芬作品首现。因此,不宜像Bielschowsky那样将φιλίτιόν改写为φιδίτιόν。

此处的φιλίτιόν指的是一个固定地点(《希腊志》5.4.28)。相反,5.2的φιλίτιόν指的是公餐的制度。被称作φιλίτια的地点的实质意义尚不清楚。

《斯巴达政制》15.4提到σκηνή[公餐食堂、公餐房](syssition),作为社会集会或宗教集会的场所,它几乎不可能是砖石的坚固建筑,可能是几何形壁炉房子那样的木制房(Lavrencic也认为有可能是类似帐篷的建筑)。这证实了宗教崇拜与公餐食堂的联系,起码监察官的公餐房和恐怖崇拜有联系,也许可以假定其他公餐食堂同时也用于宗教祭拜。在希腊化时期,食堂类建筑用石头垒砌。

在斯巴达国王波桑尼阿斯(Pausanias)统治时期,这些公餐房仍存在，其坐落的位置通常沿着海辛瑟斯路（Hyacinthian Way［陈按：海辛瑟斯是阿波罗的被爱者。］）。在公餐食堂里，同餐桌的公餐伙伴们倚坐在长榻上就餐，如古风时期陶瓶画和文字材料所示（Lipka 2002：140）。

［Moore 笺］本章最后一句顺带提示了这样一个事实：青少年不时加入成年人的公共食堂吃正餐，这一过程被视为教育的一部分（Moore 1975：103），如普鲁塔克《吕库古传》所说：

> 男孩子们也经常出入这些公共食堂，就像他们到正正经经的学校里去上学一样；他们常常在那里倾听政治辩论，领受开拓心胸的那些有益的教育典范；在那里，他们还习惯了娱乐和无伤大雅的玩笑，也容忍别人的逗笑，毫无愠色。（普鲁塔克 1990：100）

"青春期青少年（*παιδίσκων*／paidiskoi）"：［Lipka 笺］第二章讨论的对象是 *παῖδες*［孩童］。若我们遵循 Hasse 的读法将 3.5 的 *τῶν παιδικῶν* 改为 *τῶν παιδίσκων*，这自然意味着第三章的讨论对象是 *παιδίσκοι*［（青春期）青少年］。而第四章，从 4.1 可知，全部讨论的是 *ἡβῶντες*［青年、成年］。若我们接受这样的推论，那么，从第二章到第四章分别讨论了如下年龄段：*παῖδες*［孩童］-*παιδίσκοι*［青少年］-*ἡβῶντες*［青年、成年小伙子］。

值得注意的是，《希腊志》5.4.32 以同样的顺序和术语讲到这三个年龄段，Hasse1833 年的译作《斯巴达政制》已经注意到这点（Hasse1833：66，102）。Lipka 假设这不仅仅是类似的年龄段枚举，而是固定的斯巴达术语，因为 *παιδίσκος* 这个词仅仅出现在色诺芬上述这两段与斯巴达有关的段落中（《远征记》4.3.11 中的 *παιδίσκη* 并非技术性术语），而且，Lipka 认为，在 *παῖδες* 之后再讲 *παιδίσκοι* 毫无意义。*παιδίσκοι* 包括的年龄段是从 19 岁到 20 岁的男青年,或者是更长一些的年龄段,即从 12 岁到 20 岁的青少年男孩(参《吕库古传》16.12)。

亚里士多德对男孩年龄段采取二分法,从 7 岁到青春期为一段,青春期到 21 岁为一段(参《政治学》1336b 37‐40),这样的话,色诺芬的年龄分段应该是 παῖδες(7 岁到青春期)-παιδίσκοι(青春期到 21 岁)-ἡβῶντες(21 岁之后)。

《斯巴达政制》中男孩的年龄分段,与《居鲁士的教育》1.2.8‐14 中所写的理想的波斯国的男孩年龄分段大致相若。παῖδες[男童]的年龄截止到 16/17 岁(《居鲁士的教育》1.2.8),有个 ἔωηβοι 的年龄到了 26/27 岁(1.2.9),有个 τέλειοι ἄνδρες 的年龄到 51/52 岁(1.2.13);年长的人称作 γεραίτεροι[长老](1.2.14)(Lipka 2002:136)。

"以上就是他[吕库古]对青春期青少年的教育":[陈笺]西文翻译中,Lipka、Moore 和 Rebenich 三家的译本都以此句结束第三章。唯独 Watson 的译本不同,出现了 3.6 句,实际上是把第二章结尾的一句移植此处:"拉刻岱蒙人的教育与其他希腊城邦的教育的细节就是如此。哪种教育会塑造出行为更顺从、更彬彬有礼、更自我克制的人,读者自会明辨。"(Watson 1914:211)这应该是 Watson 翻译时依据的底本与其他译本不同所致。

第三章释义

[Moore 笺]第三章需要注意的一点,是斯巴达国王的法定继承人可以免受这种公共教育(Agoge)。普鲁塔克记载的国王阿格西劳是个例外,他年轻时经历了全套训练,因其时他并非王位法定继承人。对这个现象,最简单的解释就是斯巴达人不想看到他们未来的国王表现很差劲。要不然就是斯巴达人也许认为,对统治

者来说，自身品质比通过教育获得的知识本领更重要。他们可能意识到，对未来的国王而言，强调服从不是一种理想的训练（Moore 1975:102）。

［Gray笺］此章用现在时态描述了吕库古的礼法在青春期青少年身上产生的效果，却似乎与第十四章斯巴达人悖法的行为相抵触（Gray 2007:157）。

第四章　刚刚成年的男青年的教育

[1]而他对[刚成年的]男青年给予了最大的关注,因为他断定,男青年若成长为应该成为的[栋梁之材],将对城邦的福祉有最大的影响。

"[刚成年的]男青年($ἡβώντων$ / hebontes)":[Lipka 笺]$ἥβη$[青年、成年小伙子]指可以服兵役的青年男子。斯巴达的$ἥβη$开始的时间是 20 岁生日左右。$ἡβῶντες$ 和 $ἡβητικὴ$ $ἡλικία$ 这样的语汇表示的是 $δέκα$ $ἀφ'$ $ἥβης$, 即从 20 到 30 岁的年青男子,他们在斯巴达军队中组成一个联系紧密的青少分队。《希腊志》常把他们当成独立的分队提到(3.4.23,4.5.14)。作为一个年龄组的少年班,他们与"埃壬"(eirenes)差不多是一回事(2.11)。

([陈按]在徐松岩汉译色诺芬《希腊史》中,这个青少分队被译作"军龄在 10 年以内的(重装)士兵;服兵役未满 10 年者"。色诺芬 2013:85、122、163。)

hebontes 是独立的青少分队的假设得到了以下事实的证实,《原史》9.85.1 记载,在普拉塔伊阿(Plataia)战役中牺牲的"埃壬"被单独安葬,没跟其他斯巴达人和黑劳士一起安葬:

拉刻岱蒙人修造了三座坟茔;在这里他们埋葬了他们的埃壬,其中有波西多纽斯、阿莫姆帕列托斯、披洛库昂、卡利克拉铁斯。因此,这些埃壬葬在一个坟茔里,其他斯巴达人葬在第二个坟茔里,黑劳士则葬在第三个坟茔里。(希罗多德1978:661[为保持统一,译名有改动])

《希腊志》4.4.16 记载,hebontes 被叫作"拉刻岱蒙年青人"(οἱ νεώτεροι τῶν Λακεδαιμονίων)。只有经过了 ἡβητικὴ ἡλικία 阶段的人才有资格选举公职(4.7)。若 Schwartz 对 Damonon 石碑的识读是对的话,ἡβῶν 作为一个斯巴达式术语独立出现的时间就是色诺芬写作《斯巴达政制》的时间,甚至更早(Lipka 2002:141)。

"将会对城邦的福祉(ἀγαθὸν τῇ πόλει)有最大的影响":[陈笺]Moore、Watson、Rebenich、Gray 如此译此句(Moore 1975:80,Watson 1914:211, Rebenich 1998:61, Gray 2007:159),Lipka 译为"将是城邦最大的财富"(Lipka 2002:73)。

[2]他观察到,若有最激烈的竞争,[男青年]他们的合唱就最值得听赏,体育竞技就最值得观看,所以他认为,如果他引导男青年们为了美德一起竞赛,他们会培养出最高水准的男性优秀品质。

"竞争(φιλονικία)":[Lipka 笺]以"竞赛"提升高尚品德是典型的色诺芬式观点(《居鲁士的教育》2.1.22)。色诺芬常把 φιλονικία[竞争]与合唱表演相提并论(《回忆苏格拉底》3.4.3;《希耶罗》9.6 等,Lipka 2002:141)。斯巴达人的 φιλονικία[竞争]与 φιλοτιμία[爱荣誉、好胜]闻名遐迩(柏拉图《阿尔喀比亚德前篇》122c;《王制》545a),兼备这两种品质的最佳范例是斯巴达将领吕山德(Lysander,普鲁塔克《吕山德传》2.2)。

然而，即令色诺芬是从正面评价这两种品质，但在古代世界，这并非全然没有争议：柏拉图批评过度 φιλοτιμίαι［竞争］与 φιλονικίαι［争强好胜］（《王制》548c－549c），亚里士多德和普鲁塔克也跟从柏拉图之说（《政治学》II 1271 a 11－18；《阿格西劳传》5.4，Lipka 2002：142）。

"合唱（χοροὺς）"：[Lipka 笺]据说早在公元前 7 世纪，斯巴达就有合唱队了。斯巴达有两个节庆以合唱表演闻名，"少年欢舞节"（Gymnopaidiai）与"成人合唱队"（Hyakinthiai），合唱表演一直存续到古代晚期。普鲁塔克《吕库古传》21.3 记录了这种场合下表演的合唱歌。

据拜占庭的德米特里乌斯（Demetrius Byzantius）所言，斯巴达的合唱队领队（choregos）不是雇用合唱队的人，而是领导合唱队的人。这跟斯巴达人不炫富的原则吻合。同样是因为不炫富，斯巴达人完全无法想象去赞美获胜的体育竞技者和赛车手，这与别的希腊城邦的做法有霄壤之别（Lipka 2002：142）。（[陈按]"少年欢舞节"据说是一年一度祭祀阿波罗的节日，每年夏令举行，按字面意思是"不携带武器的舞会"，据说是纪念在那些在苏利阿之战和阿尔戈人作战时阵亡的斯巴达人而设。参卡特利奇 2010：39－40，色诺芬 1986：21 注 1。）

斯巴达人从孩提时代起就熟悉音乐。5 岁的男童要学习一种名叫"皮罗斯舞"（Pyrrhic）的战舞。阿卡迪亚地区的孩童同样很早就被强制性要求参加合唱队。克里特的法律规定男童要修习舞蹈和音乐。

据色诺芬的说法，在合唱队中的地位反映了社会地位（9.5，Lipka 2002：142）。（[陈按]"皮罗斯舞"乃纪念阿基琉斯的儿子皮罗斯的特殊战舞，名闻天下，参卡特利奇 2010：40。）

[陈笺]琉善（Lucian，又作卢西安、路吉阿诺斯）讲述过斯巴达

青年的舞蹈,说他们像学习使用武器一样热衷学习舞蹈,跳舞时吹笛人在中间吹笛,舞者做出种种动作,舞蹈是为了取悦于神明狄奥尼索斯或阿佛洛狄忒。青年男女一起跳"霍马斯"(hormus)舞时各有男女领舞,他们的舞蹈迈起步来像上战场一样富有青春活力,结合了力量和端庄(利希特 2008:137-138)。

"体育竞技(γυμνικοὺς ἀγῶνας)":[Lipka 笺]Damonon 碑文显示,早在公元前 5 世纪,斯巴达就流行体育竞技,碑文中提到了大量的竞技,大部分竞技会很可能每年都举行,否则就解释不通为什么 Damonon 和他的儿子赢得这么多场胜利(Lipka 2002:142)。公元前 4 世纪前半叶,开始出现为斯巴达男青年竞技获胜后刻写碑铭,以表彰荣誉。斯巴达人在奥林匹亚竞技会中大量斩获胜利,其主要原因在于斯巴达人喜欢搞 φιλονικία [竞争]。然而到了亚里士多德时代,斯巴达在体育竞技中的领先地位一去不复返(Lipka 2002:142-143)。

斯巴达的宗教庆祭自然都有体育竞技和音乐比赛。此处色诺芬也许特别考虑到朝阳女神阿尔特弥斯的庆祭和比赛(contests of Othia),我们知道其中三个比赛的名字:καθθηρατόριον、κελοῖα 与μῶα,第一个是体育竞技赛,后两个是音乐比赛(Lipka 2002:143)。

"为了美德而竞赛(εἰς ἔριν περὶ ἀρετῆς)":[Lipka 笺]ἔρις[比赛、竞赛]是战争时期的决定性要素,和平时期主要是一种激励方式。《回忆苏格拉底》2.6.21 说,ἔρις[比赛、竞赛]体现了男人的战斗性。ἀρετή[美德、卓越]在斯巴达语境中是指"愿意为了城邦牺牲自己"。普鲁塔克《阿格西劳传》5.5(其材料起码部分来自色诺芬)解释了在斯巴达 νεῖκος[战斗]与 ἔρις[比赛、竞赛]对于习得 ἀρετή 的重要性。色诺芬默然假定,美德的比赛需要激励,社会的认可也很重要。

但是,亚里士多德在《政治学》VIII 1338 b 9 - 36 尖锐抨击了这种让年青人"类似禽兽"的教育形式:在他看来,斯巴达培育的是 ἀρετή[美德、卓越]中的军事习性,因此,斯巴达人只懂得怎么去赢,不懂得怎么去统治(《政治学》II 1271b 2 - 6,Lipka 2002:143)。

"男性优秀品质(ἀνδραγαθίας / manlyexcellence)":[陈笺] ἀνδραγαθίας 这个词可拆分为 ἀνδρ-αγαθίας,意指"专属于男性的优秀和卓越"。

[Gray笺]本节连用一系列最高级,读者会注意到斯巴达青年人热衷于竞赛达到的效果。为了美德而竞赛,让人想起赫西俄德《劳作与时日》行 11 - 26 对好坏两种"不和女神"的描述,好的不和女神引导人们公平竞争。《希耶罗》9. 4 - 11 也说过类似的竞争 (φιλονικία,Gray 2007:159)。

[3]监察官从已届壮年的人中遴选三位,称作三百长。每位三百长挑选一百个男青年,说明选某些人以及不选某些人的理由。

"三百长(ἱππαγρέται/hippagretai)":[Gray笺]ἱππαγρέται[三百长]的字面意思是"召集骑士(hippeis)的人"(Gray 2007:160)。

[Lipka笺]三百长的遴选与其说是教育事务,不如说是军事事务,所以是监察官(οἱ ἔφοροι/ephors)而非教学督导执掌遴选事宜。三位三百长是否就是三个多利亚人部落精锐团队的指挥官,仍然存疑。

《斯巴达政制》4.3(以及《希腊志》3. 3. 9)的行文使得"三百长"在历史上首次被确证,他们是自希波战争以来三百团的指挥官,三人的年龄可能不同。三百长每年由监察官遴选,选举时间大概是在监察官任职之后(Lipka 2002:144)。([陈按]徐松岩汉译色诺芬《希腊史》3.3.9中,该术语被译作"卫队指挥官"。色诺芬2013:113。)

"每位三百长挑选一百个男青年":[Lipka笺]组成三百团的斯巴达精英在公元前5世纪被称作"骑士"(hippeis)(《原史》8.124.3),他们与后来的骑兵团有所不同。斯巴达青年将跻身三百团视作最高荣誉。除了斯巴达教育中的佼佼者之外,体育竞技中的胜者也有资格进入三百团。有一位奥林匹亚冠军Lacrates就入选了三百团(Lipka 2002:144)。

色诺芬的描述说明,三百团的人员可能变动,斯巴达青年的佼佼者有入选的可能,也有被开除出三百团的危险。所以不可能有固定的花名册(Lipka 2002:144-145)。

三百团是国王的贴身护卫,可能是一百人,也可能是三百人全上。他们偶尔也行使警察职责,其地位算是一种公职(Lipka 2002:145)。

[Moore笺]三百团由三百长(Hippagretai)挑选,显然他们唯一的工作就是挑选和管理这三个百人团体。这三百人是斯巴达军队中最杰出的青年才俊,战争中是国王的贴身护卫军(修昔底德《战争志》5.72.4),有时会被封授"骑士"头衔。

三百人团中的敌对组一见面就扭打,这一景象不大吸引人,但如果说主要目的是为了证明自己身强体壮,也许尚可理解(Moore 1975:103)。路人有权劝架,可敌对情绪必然已经在三百团中滋生,这丝毫无助于色诺芬坚信的在城邦危难时刻要团结统一。

有人把这节内容和9.5节的sphairomachia[球赛]相联系,sphairomachia或许应该被解释为某种拳击比赛而不是一种球赛。

遴选三百人团这段话有别的暗示,十年的时光中,三百人团体的成员可能会有所改变,人们有理由质疑,斯巴达的竞争是否像色诺芬说的这么纯粹透明、令人艳羡。竞争很可能也引起诸多的猜疑、伪善和嫉妒（Moore 1975：104）。修昔底德《战争志》2.37.2中，伯里克利在阵亡将士葬礼上的演说就强调了雅典与斯巴达相反的情况，也许是故意在做对比：

> 我们在政治生活中享有自由，我们的日常生活也是如此，当我们的街坊邻居为所欲为的时候，我们不致因此而生气，也不会相互猜疑，互相监视，甚至不会因此而常常给他们难看的脸色，尽管这种脸色不会对他们造成实际的伤害。（修昔底德2004：99）

[4]那些没有得到入选[三百团]荣誉的落选者，既与不选他们的人争斗，也与那些入选者争斗，他们互相严密审视对方是否有不合礼法的失察行为。

"那些没有得到入选[三百团]荣誉的落选者，既与不选他们的人争斗，也与那些入选者争斗，他们互相严密审视对方是否有不合礼法的失察行为"：[Lipka笺]斯巴达青年人中的猜疑和模拟战斗（mock fights）与雅典人截然对立，雅典公民（起码按理想画面）不窥探别人的私人生活。斯巴达年青人好勇斗狠、致伤致残是雅典人嘲笑他们的一个把柄。柏拉图在他的理想国里接受模拟战斗（《法义》830d-831a，Lipka 2002：145）。

[5]这样的竞赛最为神明喜悦，对城邦亦最有利，从中[人们了解到]一个优秀的城邦公民应该做什么，[竞赛的]每一方努力成为最出色的，需要的话，他们各自会拼尽全力保卫城邦。

"最为神明喜悦，对城邦亦最有利（θεοφιλεστάτη τε καὶ πολιτικωτάτη）"：[陈笺]色诺芬好用最高级表达微妙意涵，此处又是一例,从而促使读者思考,斯巴达的竞争是否真的是合乎宗教礼法,是否真的有利于城邦政治。πολιτικός 此处按字面意思译为[与城邦和邦民有关的],参《希英字典》(Liddell/ Scott1996)。

"从中[人们了解到]一个优秀的城邦公民应该做什么":[Gray笺]动词的完成时态暗示了一种当下的状态:三百长让人们很清楚他们该如何选择,所以"优秀的城邦公民应该做什么"就一目了然了(Gray 2007:160)。

[Lipka笺]色诺芬格外欣赏 φιλονικία[竞争]和 ἔρις[比赛、竞赛](4.2、4.5),它们与 ὀργή[冲动、愤怒]紧密联系,这三者都是军事品格(Lipka 2002:145)。

[6]他们必须保持体魄健壮,因为竞赛[无时无刻不在]的结果,就是无论何时遇到竞赛对手,立刻动手打架;不过,任何路过的人都有权把打斗的双方分开。哪个人若不服从,督导就带去见监察官。监察官会重罚不服从的人,因为他们不希望愤怒敌对的情绪占上风,不希望[青年人]不服从法律。

"他们不希望愤怒敌对的情绪占上风,不希望[青年人]不服从法律":[Gray笺]带有否定性的动词可以使否定词 μή 加强否定的意味(Gray 2007:160)。

[Moore笺]吕库古格外关注刚成年的男性,因为要从这些人里面选拔出埃壬,由他们具体负责年龄幼小的斯巴达孩童的教育。因此,不仅选出的要担任此项工作的埃壬本人优秀与否十分重要,整个队伍能否代表斯巴达社会坚持的核心美德也很关键,所有斯巴达人都有权利和义务在培育儿童上出一份力。在这样一个由男性主导的集权社会里,"青少年们"往往会敬佩和模仿比他们稍大些的男性,同样也是合理的。

这种竞争意识中蕴含着一个深层次的原因，色诺芬视之为这个竞争舞台的核心内容：斯巴达教育必须扼杀任何自发的个人的雄心壮志，其主要目的是训练出一批严守纪律、整齐划一的机器人。普鲁塔克在《吕库古传》25写道：

> 总之，吕库古将自己的同胞训练成既没有独立生活的愿望，也缺乏独立生活能力的人，倒像是一群蜜蜂，孜孜不倦地使自己成为整个社会不可缺少的一部分，聚集在首领的周围，怀着近乎是忘我的热情和雄心壮志，将自身的一切皆隶属于国家。（普鲁塔克 1990：117）

吕库古在教育过程的后程提供了一个自我提高的动机，鼓励青年们在早期训练的基础上百尺竿头，更进一步（Moore 1975：103）。

[7]那些年岁已过年青阶段，如今有资格当选[城邦]高级官员的人，在其他希腊城邦，他们不再做体育锻炼，虽然仍要服兵役。吕库古却制定了相反的措施，规定狩猎是这个年龄段的男人常规和高贵的消遣，除非要履行公职不能参加。这样他们和年轻人一样能耐受军旅的艰苦。

"那些年岁已过年青阶段（hebontes），如今有资格当选[城邦]高级官员的人，在其他希腊城邦，他们不再做体育锻炼"：[Lipka笺]普鲁塔克《吕库古传》25.1证实30岁以下的人担任公职要受一些限制，整个阿卡迪亚地区亦如此。青年人（hebontes）的军事训练使他们无暇担任公职。斯巴达人担任公职和某些军职的最低年龄限制是否是30岁，还不确定，雅典大概是如此。在居鲁士（理想的）波斯国中，所有公职官员都是从 τέλειοι ἄνδρες（年龄始于 26/27 岁)中任命,负责男童教育的人例外,是从 γεραίτεροι[长老](年龄始于 51/52 岁)中遴选(Lipka 2002:147)。

色诺芬曾在其他地方对许多希腊城邦的做法提出批评,就是成年男性按自己意愿生活,雅典人和斯巴达人的主要区别之一就是雅典人从孩提时期就不参加令人痛苦的体育锻炼,不过并没有影响雅典人的军事力量。

《回忆苏格拉底》3.12.5 确证,雅典城邦不太注意公民的军事训练,而在色诺芬看来,骑兵必须做不间断的训练(《论骑术》1.19)。直到公元前 335 年,雅典才有了军事训练的公共经费,此前没有证据显示有这样的训练经费(Lipka 2002:147)。

"狩猎(θηρᾶν)是这个年龄段的男人常规和高贵的消遣":[Gray 笺]柏拉图《法义》633b 确证吕库古资助过狩猎。希腊其他地区的人可能因为别的原因(如生病)不去参加狩猎,但斯巴达人只能因为履行公职的理由才能不参加狩猎(Gray 2007:161)。

[Lipka 笺]书面文献和考古资料都证实,早在古风时期,斯巴达就开始狩猎训练。书面文献可参考《奥德赛》6.102-104 阿尔特弥斯在透革托斯山(Taygetos)射猎,考古资料则显示了猎兔、猎猪和猎狐的画面(Lipka 2002:147)。

在斯巴达,θήρα[狩猎]与战争密不可分,斯巴达人在战斗前向阿尔特弥斯狩猎女神祭献祭品(13.8)。色诺芬认为狩猎让人"心智健全"(《论狩猎》13.15)和具有"自制力"(《居鲁士的教育》8.1.36),这是色诺芬所有作品中的核心品德(Lipka 2002:148)。

狩猎除了是提高军事能力的一种手段之外,也是贵族最高级的消遣。《论狩猎》中打猎显然是贵族阶层的一种自我身份的表现。在色诺芬眼中,波斯帝国衰落的一个标志就是成年人放弃了打猎(《居鲁士的教育》8.8.12)。古典时期的斯巴达狩猎仅限于男士,虽然晚期的罗马诗人说了相反的话(Lipka 2002:148)。

透革托斯山是丰饶的打猎场地，尤其是围绕 Therai（如其名"打猎"）的区域。色诺芬在《论狩猎》2.1、2.3 中建议，20 岁上下是进行狩猎活动的最低年龄，可能他想的是雅典的情况，但这也许也是斯巴达人参加狩猎的最小年龄（Lipka 2002：148）。

［Moore笺］其他希腊人不要求其上等公民在集体组织活动中保持强健体格，这只是他们成人生活的正常自由权的延伸。有自我保护的清醒理智的人明白，他们必须保持体形适中：他们明白自己十有八九要加入重装步兵，参加极耗体力的战斗，他们明白幸存与否取决于个人是否有能力"坚持到最后"。

事实上，许多雅典人每天饭前都会先去体育馆锻炼身体（色诺芬《会饮》1.7）。狩猎能成为斯巴达成人生活中非常重要的一部分，不仅得益于斯巴达周边的地形因素，让斯巴达人在个人领土内拥有广阔而优越的打猎场所，而且，狩猎还是古老的原始社会价值规范遗风的又一例证。

色诺芬本人就是一位"乡绅"，喜欢狩猎，他有一篇有关狩猎的文章《论狩猎》存世，可能至少是根据他的个人观点写成的，文章趣味十足，色诺芬为狩猎辩护，反驳那些批评狩猎只是浪费时间的观点（《论狩猎》12.10，Moore 1975：104）。

第四章释义

［Moore笺］截止到第四章，色诺芬已描述了斯巴达教育体系中对 30 岁以下年龄段的一些规定。而 30 岁以上的斯巴达人有权享受宽松一些的政策，不受严格的规矩束缚，比如说他可以建造房子和妻子住在一起。重要的是，我们要明白，色诺芬是在有选择、有保留地描述他想强调的部分，即对照斯巴达和其他希腊城邦的教育体系，从而打造了斯巴达突出地位的部分。每章小结时，他都使用修辞性的提问，这就是明证（Moore 1975：104）。

第四章　刚刚成年的男青年的教育

[Gray笺]本章描写的青年人的年龄特点是富于进攻性,律法不能压制人的进攻性,吕库古便利用其年龄的自然特点将青年人分为两组进行竞赛,从而培养和提高他们的德性。此竞赛类似于老年人为了入选元老院搞德行的竞赛(10.1-3,Gray 2007:159)

第五章　成年男性的生活方式规定：
公餐制和身体锻炼

[1]我已经描述了吕库古给每个年龄段的年轻人制定的教育举措。现在我该说一说他给所有[斯巴达]人建立的生活方式。

"他给所有[斯巴达]人建立的生活方式（*ἐπιτηδεύματα*）"：[陈笺]*ἐπιτηδεύματα*[政制、生活方式]在《斯巴达政制》1.1就出现了，那一句中，汉译为"政制"（详见该句笺注）。第五章的谈论范围主要是斯巴达人的用餐制和隐含的道德要求，译为"政制"不妥，故采纳译为"生活方式"。

[2]在吕库古时代之前，斯巴达人过去像其他希腊人一样在家里用餐。吕库古认识到，他们这样做极易疏忽责任，他就建立了公共用餐制，相信这样可以最有效地遏制违反[他制定的]法律。

"用餐（*σκηνοῦντας*）"：[Gray笺]*σκηνοῦντας*字面意思是"宿营"（camping），但它指"食宿"时有多种形式，不限于军事生活（Gray 2007：161）。

[Lipka笺]*σκηνοῦν/σκηνή*做"进餐"/"同桌进餐的人"的用法也

见于《居鲁士的教育》4.2.34、6.1.49（Lipka 2002:149）。

"公共用餐制（συσκήνια）"：[Lipka 笺]名词 συσκήνια 在古典时期文献中惟此处一见。色诺芬作品中常用从 συσκην- 前缀派生的其他词汇，如《斯巴达政制》5.4、13.1 的 συσκηνέω，7.4、9.4、13.7 的 σύσκηνος。此外，色诺芬也在其他著述中用这些复合词指称斯巴达的公餐制/公共食堂（《希腊志》3.2.8，5.3.20）。即使这些复合词并非涉及斯巴达时（《希腊志》7.1.38，《远征记》5.7.15），仍有 σκηνή[同桌进餐的人]的涵义。

而当"公共食堂"不是指具体的地点时，色诺芬通常采用更一般性的术语 συσσίτιον（《希腊志》5.3.17，《齐家》8.12 的 συσσιτία，《居鲁士的教育》5.2.17 和 8.7.14 的 σύσσιτος）。有趣的是，在色诺芬的作品里，συσσίτιον 这个词及其派生词从来不当作一种斯巴达的社会组织形式的含义使用（Lipka 2002:149）。

普鲁塔克《吕库古传》12.3 说斯巴达的公共食堂里大约是 15 人共同进餐，但柏拉图《法义》633a 说是 10 人一起共餐。人们投票选出公餐的新成员，据说要共餐者全体投票同意（可能是理想化的夸张？）。家庭裙带关系在新成员选举中或许起了作用（尽管色诺芬在《希腊志》4.5.10 建议，亲戚们不必在一个公共食堂共餐）。投票选共餐人员是极有可能，因为古代文献没有提到过公餐人员空缺时由更高的机构分配新成员的情况。监察官们一同共餐，同样，两个国王一起用餐（15.6）。元老们（gerontes）不能在一个公共食堂共餐，因为他们数量较多（28 名）。

Lipka 以为，凡此种种说明，公餐制不像色诺芬指望我们相信的那么具有公共性，而毋宁说是斯巴达社会中具有排外性的、互相竞争的团体（Lipka 2002:149-150）。

大概是梭伦引进的一项雅典律法将公餐制以雅典人的法令形式制度化。据《居鲁士的教育》2.1.25-28 所载，波斯有与斯巴达公餐制非常类似的制度(Lipka 2002:150)。波斯的公餐制旨在训练战争中需要的人员平等、统一和秩序。但是古典时期的斯巴达公餐制不像波斯公餐制那样与军队有明显联系。关于斯巴达公共食堂的建造参《斯巴达政制》3.5,与国王共餐的人参 13.1,强制性共餐参 15.4、10.7(Lipka 2002:150)。

[Moore笺]第五章转入讨论斯巴达的整体生活,色诺芬自然而然选取了和希腊其他地区最显著的不同点开始话题,即公餐制的公共生活。和公餐制最类似的是现代的军队食堂,但这种类比也不确切。所有 60 岁以下的斯巴达人必须去公共食堂吃一日三餐,20 到 30 岁的人晚上也必须和队友睡在一起。

得到公餐成员资格是获得一切公民权的根本前提,斯巴达人 20 岁时的资格选举由圆满完成公共教育(Agoge)、体格强健和成员的认同三方面来决定,出现一张否决票就意味资格选举告吹。

怎样决定公餐制成员的身份仍不清楚,可能是被邀请加入某一组(或者提名自己为某组候选人),或者是公共食堂可能拥有与土地所有制相关的领地基础。无论哪种方式都是正确的,投反对票会造成人员的巨大损耗,因为斯巴达长期缺乏人力。普鲁塔克在《吕库古传》12 中说每 15 个人结成一个公餐组,所以更为可能的是,公餐成员们不受土地所有制束缚,以领地为基础确定成员,最后可能会导致各组人数的不等(Moore 1975:105)。

[3]他定量供给用餐者面饼,不致过多或过太少。此外,狩猎的猎获物带来许多额外的部分,富人偶尔也捐献小麦面包。所以,共餐时餐桌上不短少食物,但也不丰盛。

"面饼($σῖτόν$)":[Lipka笺]斯巴达人的一日三餐分为主食(拉哥尼亚术语是 $ἄικλον$,此处是 $σῖτος$)和特供(拉哥尼亚术语是 $ἐπάικλα$ 或 $ματτύη$,此处 $παράλογα$ 是"意外的、额外的部分")。餐食主要由大麦面饼、饮品组成，此外还有烤猪肉和肉汤（ὄψον［陈按］指不常食用的肉食），偶尔有橄榄、奶酪和无花果。特供菜是鱼、兔肉、鸽肉等。富人特别捐献给食堂的是小麦面包（ἄρτος）和田间收获的作物。青年人的特供菜少的可怜。

捐献食物者是想在同桌进餐的人面前提升威望和名声，因此也在公餐制中制造了等级。换句话说，面饼类主食是所有斯巴达人捐献，而特供菜是从狩猎和私人财产中特别捐献。主食意味着所有斯巴达人都是平等的，而特供菜却暗示了不平等（Lipka 2002:151）。

"他定量供给用餐者面饼"：[Gray 笺]吕库古给用餐制定了法律，但并不清楚谁分发面饼，也许是最年长者，如5.8节所说，他们监督斯巴达人锻炼身体（Gray 2007:161）。

"狩猎的猎获物带来许多额外的部分（παράλογα）"：[Gray 笺]富人只是"偶尔"才给共餐捐献小麦面包，而"许多"额外的菜来自于狩猎，这说明共餐不依靠富人。

色诺芬承认斯巴达存在贫富之别，而平等的生活风格使得富人不可能炫富。哪怕像李哈斯（Lichas）在斯巴达少年欢舞节时款待了来拜访的外邦客人，也是为了城邦的荣耀（《回忆苏格拉底》1.2.61），只有这样才是可以接受的（Gray 2007:161）。

[Lipka 笺]早有人指出斯巴达的财富不均。从喂养马匹（《希腊志》6.4.11）、赛马（《阿格西劳传》9.6）、招待外宾（《回忆苏格拉底》1.2.61）、装修乡村别墅、节日的食品供应等方面，可以看出斯巴达一小圈子的公民的财富实力，从他们跟其他希腊城邦的高贵家族之间的交谊也可以看出财力不俗（Lipka 2002:151）。

色诺芬了解并赞同斯巴达的贫富不均。阿格西劳最突出的一个特点就是让他的朋友变得富裕（《阿格西劳传》1.17–19, 4.1,

4.5)。有学者令人信服地指出公餐制中的等级制度,其中财富乃是关键因素。斯巴达所谓的 πρῶτοι 主要是指有钱人,显然也常常与出身门第相关。不同的古代文献所提到的斯巴达平等仅限于穿着、食物和殡葬这些生活方面(Lipka 2002:151)。

财富和显赫门第造成的区别,说明了显贵世家在当时的政治领域还没有彻底失去影响力。有钱人,最突出的是国王,都是自愿捐献,因为此举可以保证社会和谐,赢得公民大会的选票(Lipka 2002:152)。

"捐献小麦面包(ἄρτον)":[Lipka 笺]一直到希腊化时期,大麦都是希腊人的主要食粮。这与亚里士多德某部残篇里的意见吻合,他说斯巴达人不识小麦,只吃大麦做的食物。在斯巴达之外的地区,到公元前 4 世纪,小麦与大麦作为食物已经并驾齐驱。但在古典时期的斯巴达,只有节庆时期才吃小麦(Lipka 2002:153)。

[Watson 笺]"捐献小麦面包(ἄρτον ἀντιπαραβάλλουσιν)"据 Weiske 的观察,ἀντιπαραβάλλουσιν[捐献]一词中的两个介词都起了作用,第一个 ἀντι 说明富人捐献小麦面包交换打猎中的猎物,然后富人们再把面包捐献(παραβάλλουσιν),放在公餐的人面前(Watson 1914:213n1)。

"共餐时餐桌上不短少食物,但也不丰盛":[Moore 笺]公餐制的每名成员每月给食堂捐献一次。普鲁塔克给出如下数字:一蒲式耳大麦,八科奥斯(约等于 3.5 加仑)酒,五米那干乳酪(大约是 5 或 7 磅,由色诺芬使用的标准而定),两米那半无花果,为了购买肉类和其他美味再交很少的一点钱(《吕库古传》12)。迪凯阿科斯(Dicaearchus),一位 4 世纪的历史学家,给出了如下的数据:大麦和酒的分量都只有普鲁塔克说的一半,乳酪和无花果不限量,大约值"10 艾及那银币"的鱼、肉。

假如这些数字属实,那么斯巴达人的伙食不怎么丰盛充裕,也就不奇怪为什么斯巴达食物在希腊名声很差,也不会讶异他们要用打猎来补充基本食物的不足。普鲁塔克告诉我们,本都的一位国王为了品尝斯巴达有名的酱色肉汤(zomos)还专门买了一个斯巴达厨子;他尝了之后,并不喜欢它的味道,厨子别有用意地回答,斯巴达人经过一天艰苦训练之后能喝到这种肉汤就谢天谢地了(《吕库古传》12,Moore 1975:105-106)。

[Lipka 笺]至少从希罗多德(《原史》9.82)以来,斯巴达人饮食简朴就是一个常被表现的主题。克里提阿斯将节制食物和饮酒的特点归于斯巴达人。还有的文献举证说,国王阿格西劳不仅兼备若干斯巴达美德,而且严格控制他自己和士兵的饮食(Lipka 2002:150-151)。

[4]他禁止酗酒,酗酒伤身,又伤头脑,他允许人们饥渴时饮酒。他认为这样才最无害,最令人身心舒畅。他们[斯巴达人]就像我描述的这样共同进餐,怎么会有人[像别的希腊人那样]因为饕餮或酩酊大醉毁了自己,或毁了家庭呢?

"他禁止酗酒([οὐκ] ἀνγκαίας πόσεις)":[Lipka 笺]此处 οὐκ 是该留还是该删颇难决断。此词由《斯巴达政制》的 A 本,即梵蒂冈抄本(Vatican Gr. 1335,Lipka 2002:56)传下来,但若对照下文,则删除 οὐκ 语义更顺。此外,οὐκ + 形容词来否定作定语的形容词的复合用法非常罕见,多用于诗歌(Lipka 2002:153)。

若按 Pierleoni 的读法此句带 οὐκ,则 οὐκ ἀνγκαίας πόσεις 的含义是"不强迫自己喝酒,只在饥渴时喝酒";若断句为 οὐκ, ἀνγκαίας πόσεις,意思是"在赛酒时被同伴强迫喝酒"。采纳前一种识读,那么吕库古是在禁止过度饮酒,采纳后者,则是禁止强行饮酒。不管哪种识读,我们都能得出斯巴达人饮酒节制的结论。

斯巴达人的饮酒方式是没有祝酒词，没有转杯（即不强迫人饮酒），这与其他希腊人的饮酒方式有根本性的差异（Lipka 2002：153）。

"他们［斯巴达人］就像我描述的这样共同进餐，怎么会有人［像别的希腊人那样］因为饕餮或酩酊大醉毁了自己，或毁了家庭呢"：［Moore笺］对饮酒的限制指的是通常饭后进行的酒宴。在其他希腊地区喝酒时，要说祝酒词，转杯时酒要转一圈，每个人都斟满酒杯。吕库古禁止如此狂饮，因为无法控制酒精浓度（希腊人通常喝掺水的酒）和饮酒量的多少（喝酒的人要回敬酒）。吕库古的禁酒规定显然是对的，在古代世界赢得了广泛关注（Moore 1975：106）。

克里提阿斯的一首诗歌残篇对比描写了斯巴达和其他地方的酒宴（Diels，Ⅱ，88，6，9ff）：

这种饮酒方式［指非斯巴达地区的酒宴］使人口无遮拦，丑形毕现，使人虚弱乏力；氤氲之气覆满双眼，健忘损毁记忆，头脑也迷惑不清。仆人不再恭顺如斯，耗资靡费击垮了家庭。斯巴达的年轻小伙们饮酒有度，给所有人的思想带来愉悦的希望，给他们的交谈带来的是友情和有节制的快乐。这样饮酒于身于心都有益，钱袋子也不会有负担；这样饮酒非常适合恋爱、睡眠，带走倦意，带来健康（对人最温柔甜美的神明），这样饮酒适合节制、虔诚的好姐妹……过量饮酒的快乐是短暂的，痛苦却是长久的。斯巴达式的饮食方式有助于思考和工作，绝不贪多；他们没有闲工夫暴饮暴食和酗酒闹事。

许多陶瓶画描绘了酒宴上的放肆行为；人们也许自然会问，斯巴达人向来宣称的始终如一的严肃清醒到哪里去了——30岁以上的人回家后做了些什么没有记载——但整个斯巴达体制都鼓励人们自我节制(Moore 1975:106)。

[Lipka笺]然而,我们很难估计斯巴达人在饮酒上的节制多大程度上是历史史实,而非一种理想城邦的文学主题。从很早开始,这方面的文献就充满歧义(Lipka 2002:154)。

古风时期:诗人阿尔克曼提到斯巴达人在公元前7世纪就栽培葡萄。从古风时期起,许多拉哥尼亚陶瓶画出现了宴饮场面,应该不仅仅是艺术家的虚构想象。陶瓶画也显示,从古风时期起,会饮中节制有度就被视为是可取的(Lipka 2002:154)。

古典时期:雅典人有饮酒比赛。据《原史》6.84,国王克列欧美涅斯(Cleomenes)甚至是死于饮不调水的烈酒。克里提阿斯说,斯巴达人自己斟酌该喝多少酒。斯巴达人过去通常在战斗前饮酒,被囚禁时,他们每天可以喝到阿提卡单位两库提尔(kotylai,约0.54升)的酒(Lipka 2002:154)。

柏拉图等人证实,斯巴达人饮酒有度。在《斯巴达政制》充满批判性的第14章,色诺芬并没有攻击斯巴达人的饮酒习惯。Hodkinson计算出斯巴达家庭日均饮酒消耗量是拉哥尼亚单位一库提尔(kotyle,约0.39升,Hodkinson 2000:195)。公餐制中应该不允许醉酒,因为人们曾嘲笑黑劳士们醉酒。之后,斯巴达人饮酒有度的逸闻趣事越来越多(Lipka 2002:154)。

总之,极有可能的是,随着时间流逝,公餐制中的饮酒越来越受到限制。古典时期的斯巴达禁止过度饮酒。例外是战争之前或要求轻松惬意的时候(Lipka 2002:154-155)。

[陈笺]如果联系此处5.3、5.4色诺芬对斯巴达人(实际上是男人)的饮食与本书1.3谈到女童的饮食时,色诺芬对斯巴达女童饮食的暗示,似乎形成了某种对照:斯巴达男人饮食节制、不酗酒、不暴饮暴食,但斯巴达女童(或扩及女人)食物供给的数量不一定少,且肉食类并不鲜见,她们或许可以喝酒,甚至喝掺水少的烈酒

(详见1.3笺注)。

[5]在其他城邦，通常是年龄相仿的人彼此交往，他们之间毫无谦逊可言。吕库古却混合了[斯巴达不同年龄的人]……，[使]年轻人从年长者那里学到了经验。

"通常是年龄相仿的人彼此交往，他们之间毫无谦逊可言"：[Gray笺]ὡς τὸ πολύ[通常而言]这个短语说明，关于其他城邦的说法是一概而论。οἱ ἥλικες ἀλλήλοις σύνεισι αἰδώς[年龄相近的人在一起交往]，会滋生不规矩的行为，因为年轻人产生αἰδώς[羞耻感]只是对统治者和年长者，不是对同龄人(Gray 2007：162)。

"吕库古却混合了[斯巴达不同年龄的人]……"：[陈笺]此处原文有佚失。Moore、Watson都补足为"吕库古把斯巴达不同年龄的人混合在一起"(Moore 1975：81；Watson 1914：213)。Weiske的读解是"他把他们混合在一起"，I. G. Schneider则读解为"他把年长的人跟[年轻人]混合在一起"(Rebenich 1998：111 n. 68)。

"年轻人(τοὺς νεωτέρους)"：[Lipka笺]此处色诺芬使用νεώτεροι[年轻人]一词，而没使用曾出现于2.11、3.1、4.1的paides, paidiskoi, eirens, hebontes等词，这并非随意之举。νεώτεροι一词不特指，寓意所有年龄段的年轻人一起，即公餐制不限于一个特定的年龄组，也不规定最小年龄。换句话说，色诺芬假设公共食堂对所有年龄层次的人开放。普鲁塔克《吕库古传》12.6转用了色诺芬这段话，但他忽略了色诺芬的语言细节，把νεώτεροι换成了παῖδες(Lipka 2002：155)。

[6]按照共餐习俗，他们共餐时的谈话内容是有关城邦里的高

尚美好的行为。所以绝不会出现傲慢无礼,醉意醺醺的情况,没有寡廉鲜耻的行为和寡廉鲜耻的言论。

"按照共餐($φιλιτίος$ / philitia)习俗,他们共餐时的谈话内容是有关城邦里的高尚美好的行为($ὅ τι ἂν καλῶς τις … ποιήσηι$)。":[Gray笺]$καλῶς$[高尚美好的行为]在从句位置靠前,这强调并预示了谈论"高尚美好的行为"与醉酒后寡廉鲜耻的言论的对比(Gray 2007:162)。

[Moore笺]对高尚美好行为的详细叙述使人联想到阿基琉斯唱颂"英雄们的业绩"的场景(《伊利亚特》9.189),推而广之,是不值班的军人们小聚的典型场景(Moore 1975:105)。

"没有寡廉鲜耻的行为和寡廉鲜耻的言论($αἰσχρουργίαν καὶ αἰσχρολογίαν$)":[Lipka笺]名词$αἰσχρολογία$[寡廉鲜耻的言论]首次出现,后在亚里士多德《政治学》VII 1336b 和柏拉图《王制》395e 出现了动词$αἰσχρολογέω$。此处出现名词$αἰσχρολογία$[寡廉鲜耻的言论]是对$αἰσχρολογία$[寡廉鲜耻的行为]的必要补充。这两个名词与动词短语$αἰσχρὰ ποιεῖν καὶ λέγειν$[不知羞耻地做和说……]相关(参《居鲁士的教育》5.4.31,《论狩猎》12.20,Lipka 2002:156)。

根据《希腊志》5.3.20 所记载,人们在公共食堂讨论的话题有军事、狩猎、骑马、同性恋等严肃的事情,即《斯巴达政制》涉及过的话题以及色诺芬的其他作品涉及的事。([陈按]斯巴达两位国王阿格西劳和阿格西波"谈论青春岁月、狩猎、骑马和情事"。《希腊志》5.3.20;色诺芬 2013:212。)普鲁塔克《吕库古传》12.6 不太准确地改变了公共食堂讨论的话题,只涉及公共事务和无伤大雅的玩笑。假若我们严格遵循色诺芬的话,斯巴达公餐制就具有明显的严肃特征和教育特征(Lipka 2002:156)。

公餐制中尊卑有序。男孩与成人地位上的区别,像在克里特一样,首先是座位分开坐(位次安排参 15.6),第二是男童食物分量较少,第三是成年人供应酒。在居鲁士的理想国家,在雅典和其他地方,公餐制亦具有教育之功能(Lipka 2002:156)。

[Moore 笺]如果公餐制运行良好,想必会产生如前面所说的良好的教育效果,尽管杜绝"恶毒粗俗言谈"的行为很大程度上取决于成员个人。对过度开支的限制,更像是从下面讨论的各种制约公共炫耀行为的规定和习俗中产生的(Moore 1975:106)。

[7]不在家中用餐还有如下的优点:[用餐后]他们不得不走路回家,还要当心喝酒后走路不要绊跤,因为他们很清楚不能待在用餐的地方[过夜],而且在夜晚走路得像在白天走路一样;那些仍在服兵役的人甚至不允许走夜路时拿着火把。

"他们很清楚不能待在用餐的地方[过夜]":[Lipka 笺][30 岁以上]年龄大的人回家过夜,男童和青年回到营房过夜(《吕库古传》15.7)。这是因为军事上的分散安排结构(Lipka 2002:157)。

"在夜晚(τῇ ὄρφνῃ)走路得像在白天走路一样;那些仍在服兵役的军人(ἔυφρουρον)甚至不允许走夜路时拿着火把":[Lipka 笺]τῇ ὄρφνῃ[黑夜]是诗歌词汇。据 Lipka 的说法,这是古典时期散文中第一次也是最后一次出现该词。《阿格西劳传》6.6 遣用了通用词νύξ[黑夜]。此处所说的不执火把在黑夜行路被当作一种军事训练。从《希腊志》4.5.3 可推断,斯巴达人在敌邦夜间行军时的确不点火把。普鲁塔克《吕库古传》12.14(不清楚是否引自色诺芬)证实,即使在斯巴达境内,斯巴达人夜间行军也不燃火把(Lipka 2002:157)。

ἔυφρουρον[有义务服兵役的]是斯巴达的技术用语,反义词是ἄφρουρος[免服兵役](亚里士多德《政治学》II 1270b 4),φρουρά 则指

[兵役]。斯巴达所有男人必须服兵役到 60 岁,也就是说要服 40 年兵役(Lipka 2002:157)。

[Moore 笺]第 5 章的 7、8 两节有点像是中心思想的补充说明。晚间步行回家的规定只适用于 30 岁以上的人,年龄不满 30 岁的青年人必须集体食宿,但色诺芬的措辞引出许多其他问题。若是为了保护士兵的夜间视力而规定走路不拿火把,也许还说得通,可要是夜行的人必须趟过阿里斯托芬所说的街道上的稀泥——据说是因为希腊城镇缺乏主排水管道(阿里斯托芬《黄蜂》行 248、行 259)——夜行可能会带来严重后果。

"在晚上走路得像在白天走路一样"的说法比较含混:是说走夜路也要两眼低垂、默不作声,双手插在大氅里吗(如 3.4)？ 即使他们头脑清醒,这么走也会产生某些问题(Moore 1975:106 - 107)。

[8]此外,吕库古也认识到,摄取食物后,坚持锻炼的人容光焕发,肌肉结实,身体强壮,而懒惰的人却体态臃肿,形状丑陋,身体虚弱,他不会忽略掉这一点。但是,虽然他看到,自觉自愿刻苦锻炼的人保持了身体健康,他仍然命令体育场上最年长者监督[斯巴达人]锻炼,锻炼不得少于他们摄入的食量。

"坚持锻炼的人容光焕发,肌肉结实,身体强壮(εὔχροί τε καὶ εὔσαρκοι καὶ εὔρωστοί)":[陈笺]此句出现的三个形容词 εὔχροί、εὔσαρκοι、εὔρωστοί,前缀都是 εὐ-,表示"好的……"。除了意思上的统一之外,三个相同前缀的词也构成一种奇妙的语音上的美感。此外,这表明色诺芬熟悉生理学的词汇。

"体育场(τῶ γυμνασίῳ/gymnasium)":[Lipka 笺]我们假设斯巴达有一个地方叫做 γυμνάσιον[体育场],尽管证明有这样一个地点的证据很少且晚出:普鲁塔克曾说古典时期的斯巴达有个给青年人用的"体育场",但这个说法只是一段奇闻轶事罢了。

此外,其他文献提到一个体育锻炼的地方δρόμος,靠近它(或在里面)有个室内场地。阿格西劳在室内场地里训练军队。最后,按《斯巴达政制》11.6-10的描述,训练场地中有专门为军事行动而设的训练营地,体育场可能就是操练场地(Lipka 2002:158)。

"他仍然命令体育场上最年长者监督[斯巴达人]锻炼,锻炼不得少于他们摄入的食量":[Moore笺]Moore说此句的文本不确定,故英译只好做了自由发挥(Moore 1975:81)。

[Lipka笺]这段最后一句有很多文本读解上的困难,说明 A 本(Vatican Gr. 1335,公元 10 或 11 世纪)所据的源文本有损佚。Lipka 不同意 Schenkl 在 ἀρκούντως [足够]前加入 οὐκ 的读法,他认为《斯巴达政制》偶尔措辞粗枝大叶,按 A 本的识读,ἐννοῶν 应该被当作让步分词,从而把此句读解为:人们自愿的锻炼可能已经足够了,但为了确保锻炼达到量,他们虽不情愿,仍然需要有人监管着继续锻炼(Lipka 2002:158)。

根据《回忆苏格拉底》3.5.15,雅典人不仅不重视身体锻炼,还嘲笑身体锻炼,这段对他们进行了批评。公元前 5 世纪的医学常识是身体运动和食物的消耗应该达到合理的平衡。然而,说斯巴达有禁止肥胖的法律,不过是一种理想城邦的哲学观念构想(Lipka 2002:158)。

[9]在我看来,他在这方面没错。所以,很难找到比斯巴达人更体格健康强壮的男人了。因为他们让双腿、双臂和脖颈得到了锻炼。

"很难找到比斯巴达人(Σπαρτιατῶν)更体格健康强壮的男人了":[Gray笺]属格的 Σπαρτιατῶν 表示比较。各种运动锻炼需要协调平衡,如跑步、摔跤和加强臂力的锻炼。《回忆苏格拉底》1.2.4记载,苏格拉底建议"人们借适度的劳动,把欢畅地吃下去的饮食尽量消化掉"(色诺芬1986:7,Gray 2007:163)。

[Lipka笺]苏格拉底在《会饮》2.16以同样的方式描写过一个舞者,"他身体的各个部分都显得很灵活,脖颈、双腿,还有一双手都一道动起来"(色诺芬2006:29)。ευεξία[身强体健]对于服兵役至关重要。斯巴达人不仅男人体格强健,女人也如此,是ευεξία[身强体健]最突出的例子。在公元前7到6世纪,奥林匹亚竞技会上获胜者的名单反映出斯巴达人的确ευεξία[身强体健],因为获胜的斯巴达人远超过其他城邦的参赛者。

在古典时期,斯巴达人大规模的强制性训练与其他城邦一小部分人的零星训练形成强烈反差。后来其他城邦也开始系统地训练青年人,这样才能与身强体健的斯巴达人竞争(Lipka 2002:159)。在色诺芬看来,斯巴达人的强健体魄清楚地反映出其他城邦(尤其是雅典)缺乏必要的锻炼身体的措施(Lipka 2002:159)。

[Moore笺]假设对5.5有佚失的那一句话的解释近乎准确无误,那么饮食和锻炼的关系显而易见,无需补充,而人们可能期待的是在5.3节结束时谈到这一点。大概很少有人会反对本章第9节色诺芬对斯巴达人体格健康的总结,尽管效果上有些夸大其词,要是色诺芬先全面讨论体育馆里的训练再谈体格健康的话,行文会衔接得更好一些。

此处没有清晰迹象表明为何斯巴达人的训练远比希腊其他地区卓有成效,尽管奥利尔(Ollier)在色诺芬《会饮》1.7、2.17发现了可能的提示,说斯巴达人为了身体各部位的全面发展,专门设计了一些特别的斯巴达式舞蹈(Moore 1975:107)。

第六章　私有财产的公有制

[1]以下的事务,吕库古颁布的法令也与大多数[希腊城邦]截然不同。在别的希腊城邦,每个人有权看管自己的孩子、家奴和财产。然而吕库古却想让[斯巴达]公民互相受益,而非给彼此带来损害。他规定,每个公民既有权管教自己的孩子,也可以管教别人的孩子。

"在别的希腊城邦,每个人有权看管自己的孩子、家奴和财产(καὶ παίδων καὶ οἰκετῶν καὶ χρημάτων)。然而吕库古却想让[斯巴达]公民互相受益,而非给彼此带来损害(μηδὲν βλάπτοντες)":[陈笺]私有财产公有制的安排顺序是孩子、家奴和财产。孩子是公有制的第一个话题,这与整部《斯巴达政制》从孩童开始话题的讨论,重心始终一致。

[Gray笺]μηδὲν βλάπτοντες[而非给彼此带来损害]当他说到为了城邦的公益的义务时,这是色诺芬的习惯性表述(参《希耶罗》9.9,Gray 2007:163)。

[Lipka笺]《斯巴达政制》屡屡提及,斯巴达人"共享一切",这只是一个理想(1.7,10.4,普鲁塔克《吕库古传》17.1):斯巴达社会是更等级分明的结构,实现这样的理想可能性微乎其微(Lipka

2002:160)。

[2]那些被看管的孩子们的父亲是[城邦]同胞,每个公民必定会尽力管教[别人的]孩子,正如他希望自己的孩子在别人那里也受到同样的管教。要是男孩子被别的父亲揍了一顿告诉了自己父亲,他父亲不接着揍儿子一顿,会被认为很丢脸。[斯巴达人]他们相互完全信任,[相信]不会有人让孩子们做令人蒙羞的事情。

"那些被看管的孩子们的父亲(οὗτοι πατέρες)是[城邦]同胞":[陈笺]这句话原句意思不确定,汉译遵从了意思较为明确的Watson英译(Watson 1914:214)。

"正如他希望自己的孩子在别人那里也受到同样的管教":[Moore笺]斯巴达成年人有权看管别人家的孩子,把这种做法当成例外而不是规矩,可能更可信一些。这种做法在斯巴达比在其他地方更有必要性:斯巴达人强调由成年男性训练男童,而成年人因为履行公务而经常不在,人手短缺。凡是公民均有义务管教所有孩子,这种制度是出于实际的考虑,但色诺芬却从中引申出道德的价值(Moore 1975:107)。

[Lipka笺]普鲁塔克证实,斯巴达孩童的教育由所有的父亲负责(《吕库古传》15.8,17.1)。无论这是否符合历史,即便仅就斯巴达而言,仍可质疑:由男性长辈共同教育孩童是柏拉图笔下理想国的做派(《王制》465a,Lipka 2002:160)。

[3]此外,[吕库古]他允许他们必要时有权使唤[别人的]家奴。他还创造了一种共享猎犬的制度;需要一起狩猎时,那些缺少猎犬的人就邀请[有猎犬的]主人一起去打猎,若猎犬主人无闲暇去,会很乐意把猎犬出借。他们以同样的方式共用马匹。若某人

生病,或需要马车,或需要快速抵达某地,他可以牵走任意一匹马,用完后归还到原处即可。

"[别人的]家奴(οἰκέταις)":[Lipka笺]οἰκέταις在此处即便不是专指,起码部分地指黑劳士,因为在斯巴达家庭里,黑劳士做家奴并不少见。这些"家奴"是主人的私人财产,像接下来提到的狗、马、马车一样。共享家奴除了有实用的好处,还有心理学的原因。按照这样的习俗,每一个统治阶级的成员可以役使被统治阶级的任何人,削弱了主人和家奴之间的个人纽带(Lipka 2002:161)。

[Gray笺]家奴和孩子一样,属于私人的财产。斯巴达有各式各样种类的奴隶,此处共用的家奴如果不包括黑劳士,会减弱色诺芬的话语力量。黑劳士是城邦财产,黑劳士的主人不能随意使用他们,但如果借用别人家的黑劳士,可以暂时属于使用者。《希腊志》3.3.5 和 6.5.28 记载过黑劳士为主人打理田地,以及战时特别严峻的时候,城邦可以特赦黑劳士(Gray 2007:164)。

"若猎犬主人无闲暇去,会很乐意把猎犬出借(ὁ δὲ μὴ αὐτὸς σχολάζων ἡδέως ἐκπέμπει)":[陈笺]原文不缺此句,Lipka 译文缺此句,Moor、Watson、Rebenich 的翻译均有此句(Moore 1975:82; Watson 1914:214; Rebenich 1998:65)。汉译保留此句。

[Lipka笺]拉哥尼亚猎犬据说是最优秀的猎犬,曾出现于浮雕、瓶画、甚至象牙雕刻中,直到古代晚期拉哥尼亚猎犬都非常出名。养猎犬和养马一样耗时耗力,故而是富人的特权(Lipka 2002:161)。

"马匹(ἵπποις)":[Lipka笺]色诺芬此处提到的马匹仅仅用作交通工具,不作打猎和战时之用。

斯巴达人徒步打猎,这点与雅典人的做法并无太大区别。不谈战时的马匹可能只是色诺芬撰文时漫不经心所致。在《阿格西劳传》9.6和《希腊志》6.4.11,色诺芬曾写到过,斯巴达支持私人为了战争之用养马(Lipka 2002:161)。是否每个斯巴达人都会骑马仍不确切。根据《希腊志》6.4.11的说法,在斯巴达没有专门的骑马训练,而骑兵需要不断的练习(Lipka 2002:161)。

不论斯巴达还是别处,养马都是富人的消遣。斯巴达人直到公元前5世纪都是奥林匹亚竞技会上马车赛车的常胜者,虽然国王阿格西劳并非无条件地喜爱赛车,通常斯巴达国王也不会参加赛车。波斯战争后,斯巴达以养马闻名于世。公元前432年之后,斯巴达人名中以 $ιππο$ [马]和 $πωλο$ [马驹]词根构词的增加或许可说明他们对马的特殊癖好(Lipka 2002:162)。

[陈笺]可以参考色诺芬在《希腊志》6.4.11的原文表述:

> 在拉刻岱蒙,只有最富有的公民才饲养马匹;一旦战事发生,城邦指定某些人担任骑兵,马匹和装备由城邦配给,他们在装备齐整后便赶赴战场,战事一结束,骑兵队即刻解散。至于充任骑兵的人员,则尽是些身体羸弱、毫无雄心之辈。(色诺芬 2013:256[为保持统一,译名有改动])

"若某人生病,或需要马车,或需要快速抵达某地,他可以牵走任何一匹马,用完以后归还到原处即可":[Moore笺]这句暗示的权宜之计几乎是站不住脚的。应该有比色诺芬所说更多的应急模式,否则这样的应急体系实际上没有用处(Moore 1975:108)。

[4]此外,他还制定了下面这些在别的[城邦]闻所未闻的措施。人们外出狩猎被耽误,需要食物给养而没[来得及提前]准备食物,按照他的规定,那些[准备了食物]打完猎的人应该留下富余的食物备用,而那些需要给养的人可以打开别人贮藏的食物,取出

所需,然后重新封藏留存原处。

"那些[准备了食物]打完猎的人应该留下余下的食物备用":[陈笺]原文此句的意思不太明朗,Weiske 的说法是色诺芬"过于简洁使得文意含混"(参 Watson 1914:215 n. 1)。各西文译家的翻译和理解不尽相同,汉译力图使文意明晓。

"那些需要给养的人可以打开别人贮藏的食物,取出所需,然后重新封藏留存原处":[Gray笺]给养上的封印是所有权的标志,封存食品也是为了防止野兽吃掉,或食物被污染(Gray 2007:164)。

[Moore笺]斯巴达幅员宽阔,某些地区地形崎岖,打猎时被困在外面过夜有危险。值得注意的是,某人缺席公餐,通常唯一可以接受的理由就是他出外打猎被困。文中所说的食物贮藏处不太明确,可能是某些众所周知的应急地点,通常食物是补足的,如风干的蔬菜之类可长时间保存的食物(Moore 1975:107)。

[Lipka笺]斯巴达人的惯常做法,是在大规模狩猎时把提前准备的食物放在乡村的贮藏地,免得有人打猎回来太晚赶不上公餐。那些打完猎回家的人把食物留给仍在猎场的人。需要食物的斯巴达人打开封藏的器皿,取用后用封印(signet-ring)再次封藏,这样一直到食物被取用殆尽(Lipka 2002:162 - 163)。

亚里士多德《政治学》(II 1263a 35 - 39)云:

> 在拉栖第蒙[斯巴达],对于朋友所有的奴隶或狗马都可以像自己的一样使唤;人们在旅途中,如果粮食缺乏,他们可以在乡间任何一家的庄园中得到食宿。(亚里士多德 1965:54 - 55)。

第六章 私有财产的公有制

这段话源自色诺芬,几乎是一样的枚举顺序:奴隶—猎狗—马匹—(打猎)给养。这就表明,色诺芬说斯巴达人共用一切,亚里士多德采纳了他的说法。

这一切符合历史史实的话,亚里士多德的这段话表明,斯巴达没有财产共同体,而是私财公用到了我们无法证实的程度。这段财产公有的描述可能放大夸张了斯巴达的状况,柏拉图理想国的护卫者那里也可以找到财产公有的情况(《王制》416a,Lipka 2002:160)。

[5]所以,他们以这样的方式与他人彼此共享,就连那些财产不多的人,无论何时需要,也可享用到田地的农产品。

"就连那些财产不多的人(οἱ τὰ μικρὰ ἔχοντες),无论何时需要,也可享用到田地的农产品(πάντων τῶν ἐν τῇ χώρα / produce of the land)":[Lipka 笺]色诺芬用 οἱ τὰ μικρὰ ἔχοντες [那些财产不多的人]一词委婉地代指 πένητες [穷人],他不使用 πένητες [穷人],否则会暴露斯巴达经济和社会上的贫富差距,从而违反了斯巴达社会平等的观念(10.7)。亚里士多德更忠于史实,他把没有财产的斯巴达公民径直称为 πένητες [穷人](《政治学》II 1270b 6;1271a30;1294b23、26、29)。

πάντων τῶν ἐν τῇ χώρα [田地的农产品]也是同样口吻的夸张之辞。这说明色诺芬并不是像有的学者所说的那样一派天真(Hodkinson 2000:23),而是煞费苦心遣词用字(Lipka 2002:163)。

[Moore 笺]此章的最后一句有所寓意,公共用餐和共享打猎给养等安排试图将斯巴达社会中的不平等拉平到让人可以接受的程度。亚里士多德却明说,不是这样:有些斯巴达人穷得连公共用餐的捐献都拿不出来,被公共食堂除名,也失去了全公民权的社会

地位(《政治学》1271a 30),而其他人却十分富裕。色诺芬描摹的乐观景象又立此存照(Moore 1975:108)。

  此章的夸张意味很明显。斯巴达不可能达到了如此共产主义—乌托邦的水平,乃至所有东西都可以共有,没人在意邻居是否会在他需要时帮助他。另一方面,个人服从城邦的需要在希腊很普遍,而且在斯巴达传统中达到了巅峰,考虑到这一点,那么这种共产的做法在危机时期还是有可能发生的(Moore 1975:107)。

第七章 财 富

[1]吕库古还在斯巴达创设了下面这些与其他希腊人相左的习俗。我想,其他希腊城邦的人都在各尽所能地赚钱,一人耕种务农,另一人是船主,再一人是商人,其他人靠手艺谋生。

"其他希腊城邦的人都各尽所能地赚钱":[Lipka笺]色诺芬极有可能想的是雅典和科林斯(Corinth)。雅典的大部分人口从事手工业、农业和商业贸易(《回忆苏格拉底》3.7.6)。科林斯人认为,从事"实用"职业的人比希腊任何其他职业的人地位高(Lipka 2002:164)。

"一人耕种务农,另一人是船主,再一人是商人,其他人靠手艺谋生":[Gray笺]这句的言下之意,是没有比耕种务农、当船主、当商人做生意更赚钱的职业了。7.1节色诺芬没有明说是皮里阿西人和黑劳士在从事商贸,他的关注点在于斯巴达公民的道德修养(Gray 2007:165)。

[Lipka笺]色诺芬并非是说其他城邦的邦民从事手工艺和商业,斯巴达人不做,他的意思是说斯巴达的手工匠人和商人(如皮里阿西人、黑劳士)无任何实权。

色诺芬并非在任何地方对手工匠与商人都持负面的判断。《齐家》11.9 中,伊斯霍玛霍斯努力致富被称赞为好事一桩,他服务于朋友和城邦。做商贸是好的(《齐家》20.26 - 29),但制匠业不好(《齐家》4.2)。在柏拉图的理想城邦中,农业、手工业、商业以及与赚钱有关的行当都是允许的(《王制》369 d - 371 e),但是这些"生产者"被"智慧者"统治,而"智慧者"不做低贱的工作,不搞商贸(《王制》590 c - d, Lipka 2002:163)。古代手工匠不能担任公职。埃及也是手工匠不担任公职,所以出现了一种假说:斯巴达的体制由埃及而来。

有学者很正确地指出,在赚钱和花钱方面,《斯巴达政制》接下来的说法与他的其他作品的说法有明显的矛盾,特别是关于斯巴达国王阿格西劳(Lipka 2002:163 - 164)。

[2]然而在斯巴达,吕库古严令禁止自由民去做追求财富的事;他颁令,他们只能完全献身于保障城邦自由的活动。

"自由民(ἐλεύθεροις/free men)":[Lipka 笺]关于 ἐλεύθεροις[自由民]参《斯巴达政制》1.4。色诺芬此处使用该词是否确切值得怀疑,他似乎指的是从事手工业和商业的皮里阿西人,但他们是"非自由民"(Lipka 2002:164)。

"吕库古严令禁止自由民去做追求财富(χρηματισυόν)的事":[Lipka 笺]《齐家》4.2 解释了吕库古的禁令:

> 制匠的技艺确实到处都遭到非议,而且理应有一个坏名声。因为这些技艺迫使工人和监工们一动不动地坐在屋子里,有时还整天呆在炉火旁边,完全毁坏了他们的身体。身体一旦变得柔弱,精神也就随之变得更差。(色诺芬 2010:19)

第七章 财 富

在强调军事力量的城邦，邦民不从事手工业。亚里士多德《政治学》VIII 1337b 5-15 和《原史》2.167.2 也阐明，斯巴达人视制匠技艺为"贱技"（βαναυσική τέξνη），而后来的作家们直接把鄙视制匠技艺与斯巴达人联系在一起。

Lipka 认为，起初民间职业（civil occupations）的范围比后来要广得多，传令官、厨子都算（Lipka 2002:164）。《原史》1.153.1 好像并不知道斯巴达禁止自由民从事商贸活动的禁令。或许，起码到公元前 5 世纪初，斯巴达人是可以从事某些特定职业的，后来当他们的生活方式变得越来越严格，自然就越少时间从事军事以外的职业了，很难说是一条特殊法令取消了这些职业活动。然而，在公元前 4 世纪，并非所有斯巴达公民都不从事某项职业（Lipka 2002:165）。

[陈笺]吴寿彭先生把《政治学》中的 βαναυσική τέξνη 译为"卑鄙的"行当，给出的注释值得一录。"βάναυσος 通义为'工匠'，古义为'熔炉'，因此用以指'炉边的人'即'铁匠'。希腊工匠或为奴隶或为佣人，或来自外邦，于是常俗以工匠为形容词，便成为'卑鄙的'。《传道书》38:28（[陈按]《传道书》只有 12 章，此处标注有误），说'守在砧边、肌体日受炉焰消蚀的铁匠们'总缺少智慧，这些观念实际得之于希腊社会。工匠们日作夜息，长年在'作息'不已的循环之中，从无一朝的闲暇，因而古希腊人视之为'贱民'。又以染工之手入于黄缸则黄，入于青缸则青，以自己身体顺从他的所业，失去自主，所以又视工艺为有碍身心。"（亚里士多德 1965:408-409 注 3）

"他们只能完全献身于保障城邦自由的活动"：[Watson 笺]这些活动如了解军事、锻炼强健身体、保持节制和操练德性（Watson 1914:215）。

[Moore 笺]斯巴达禁止商业对其军事地位是必需的，却可能

对其文化生活十分有害，因为不言自明，所有文化追求最终都是由超出单纯的生存所需的收入盈余所资助。在古希腊，无商贸则无富裕的收入（Moore 1975:109）。

[3]再说，在这个地方，定量缴纳食物[给公共食堂]，生活方式统一，消除了为奢侈而谋求金钱，还有什么必要追逐财富呢？他们也不需要为衣饰花钱，因为他们不是用昂贵的衣服修饰自己，而是用身强体健修饰自己。

"定量缴纳食物[给公共食堂]，生活方式统一，消除了为奢侈而谋求金钱，还有什么必要追逐财富呢"：[Lipka笺]斯巴达生活方式表面的平等无法掩盖个人对财富的渴求。斯巴达人的贪婪，文献记载有不少。《王制》547c–548c 好像将斯巴达定义为荣誉至上政体之邦（timocratic state）：斯巴达的政体压制了皮里阿西人和奴隶（547c），建立了公餐制，提供体育和军事训练（547d），荣誉至上政体之大弊就是隐秘的贪婪之心（548a–c）。

亚里士多德《政治学》II 1271b 也对此持有同样的批评。色诺芬了解斯巴达的财富状况，也接受了它。然而在他看来，财富要是滋生道德败坏，追求财富就是无意义的，应该禁止。Lipka 认为色诺芬的观点自相矛盾：一方面色诺芬支持拥有土地的贵族制，认为拥有土地财产是有尊严的生活的表现；另一方面，作为苏格拉底的弟子，色诺芬又把财富和追求财富看成是多余之举（Lipka 2002:165）。

给公共食堂捐献等量的食品并没有取消公餐制中的等级现象（5.3）。按亚里士多德《政治学》II 1271a 32–37 的说法，公餐制中的捐献是成员能否进入城邦共同体的试金石。捐献是在埃壬阶段（约莫 30 岁，参 2.11）之后（Lipka 2002:166）。

第七章 财　富

[4]他们也不必要为公餐的同伴花钱,因为,通过身体力行去帮助同伴比花钱助人更为荣耀,这说明前者是用心做事,后者用钱做事。

"通过身体力行去帮助同伴比花钱助人更为荣耀,这说明前者是用心做事($\tau\grave{o}\ \mu\grave{\epsilon}\nu\ \psi\upsilon\chi\tilde{\eta}\varsigma$),后者用钱做事":[Lipka笺]所谓斯巴达人公餐时不炫富绝非史实。色诺芬已经提到过富人给公共食堂捐献小麦面包,捐献狩猎所得(5.3)。这些额外捐献不管采用多么隐蔽的方式,无一不是炫富的形式。比如晚期文献提到,会公布捐献者的名字,公餐时的座次也由此排定,但很难说这些文献的说法是希腊化时期的杜撰,还是古典时期或更早时的传统如此(Lipka 2002:166)。

[Gray笺]色诺芬连续举出三个理由力证斯巴达公民不应追求财富:1.公餐制中等量的食物和平等的生活风格;2.锻炼身体,不重衣着,男孩们一年到头只穿一件大氅(2.4);3.身体力行帮助同伴,而不是用金钱帮助同伴(Gray 2007:165)。

[5]他还通过律法禁止以非法手段图谋钱财。首先,他发行硬币,即使是把十迈纳搬进屋子也不可能不惊动主人或奴仆,这些钱有很大一堆,要用车才运得进去。

"他发行硬币":[Lipka笺]普鲁塔克《吕库古传》9.1至少部分是源自色诺芬。但是色诺芬并没有具体说出普鲁塔克提供的信息:斯巴达发行铁币,以及在铁币之前斯巴达有金币和银币(Lipka 2002:166)。某些不太可靠的后期文献还记载,早期斯巴达使用过一种皮革货币。据说,拜占庭发行过铁币,罗马和罗马统治下的迦太基有皮革货币。这些只言片语反映的到底是某种简朴生活风格的理想,还是前货币的(premonetary)历史阶段,尚不清楚(Lipka

2002:167)。

拉哥尼亚有铁矿资源。考古学发现证实了铁币的存在，在阿尔特弥斯"朝阳女神"神殿和其他一些希腊神庙发现过铁碎片(iron spits)。"朝阳女神"神殿发现的铁片，和很多别处发现的铁片一样，年代属于几何图案陶器文化时期和古风时期，从公元前4到3世纪发现的样本可能是古艺术品，无实际用途。《吕库古传》9.3、17.4描写了这种铁片的生产。

斯巴达发行货币不早于约公元前265年，这与其说是因为斯巴达保守，不如说是斯巴达特殊的社会经济结构所致（Lipka 2002:167）。

"即使是把十迈纳（minas）搬进屋子也不可能不惊动主人或奴仆，这些钱有很大一堆，要用车才运得进去"：[Gray笺]斯巴达的货币是沉重的铁条，叫作obeloi或obeliskoi。铸币时以硬币的价值和重量同时厘定。十迈纳的银币不太沉重。阿提卡的银质迈纳币仅重433克。埃伊纳岛的迈纳币（Aeginetan mina，在斯巴达人中很流行的标准货币）重630克，所以十迈纳的银币是很容易藏匿的，但十迈纳的铁币重量就太大了（Gray 2007:165）。

[Lipka笺]色诺芬说的十迈纳铁币到底有多重？根据Hodkinson在其著作《古典时期斯巴达的财产与财富》中的推算，按铁银1:1800的价值比率，色诺芬此处说的铁币起码有11000公斤（Hodkinson 2000:164），而两头牛拉车可拉1000公斤，所以这很难说得通，哪怕是色诺芬的说法有偏差也说不通。

Seltman在其著作《希腊硬币》中使用的方法，是在阿尔戈斯赫拉神庙（Argive Heraion）铁片的基础上，计算出斐冬（Pheidon）所规定的银的单位是相应的铁的单位的四百分之一（Seltman1955:37）。（[陈按]斐冬是公元前7世纪阿尔戈斯国王，一个僭主。）这是一个大概的比率，铁片也曾有腐蚀，虽然如此，这个方法可计算出色诺芬所说的铁币重量。假设一枚埃伊纳岛的迈纳币重约 630 克,那么此处色诺芬说的大约是 2520 克。如果考虑到色诺芬偶尔不那么精确以及计算的模糊性,此重量只是一个可能的重量范围(Lipka 2002:167)。

[Moore 笺]7.5 节所说的原始铁币不可能是吕库古下令发行,不论人们所接受的吕库古生活年代是什么时候,他死以后,希腊才有货币。古典时期的斯巴达限制人们拥有贵重金属。然而货币制度的禁令不是全部禁止。捐献给公共食堂的钱是本地硬币,来斯巴达访问的外乡人食宿用硬币支付,斯巴达出使外邦的使节也需要货币支付费用。修昔底德《战争志》提到斯巴达人赔付给别人的钱,以及交纳的罚款。也许国王不受通常的限制,可以拥有贵金属。斯巴达的家庭也不是彻底自给自足,他们需要购买一些自己不生产的生活必需品。

现存最早的斯巴达货币出现在公元前 3 世纪,也许斯巴达铸币很迟,但从外邦引入货币满足日常所需,货币还进入了流通。限制财产和限制货币使用仅仅限于斯巴达人(Spartiates),皮里阿西人以经商为生,对斯巴达很重要,他们和其他希腊人一样使用货币(Moore 1975:109)。

[6]其次,搜查金子和银子,若被查出,私自藏金匿银的人受罚。所以,当拥有钱财的痛苦超过了占有它的快乐,人们干吗还热切追逐财富?

[Lipka 笺]Hodkinson 指出,此句动词从过去时转向现在时($\delta\iota\varepsilon\kappa\dot{\omega}\lambda\upsilon\sigma\varepsilon...\kappa\alpha\tau\varepsilon\sigma\tau\acute{\eta}\sigma\alpha\tau o...\dot{\varepsilon}\varrho\varepsilon\upsilon\nu\tilde{\alpha}\tau\alpha\iota$)清楚地表明两件事:其一,搜查私宅里的金银不是吕库古时期的制度;其二,这暗示在过去不是必须搜查金银(Hodkinson 2000:166, Lipka 2002:168)。

柏拉图将禁止私人拥有金银纳入其理想国,统治者不拥有金银

(《王制》416e-417a),《法义》则扩大到所有公民不得拥有(742a-c)。希罗多德和修昔底德不熟悉这条禁令,许多公民在伯罗奔半岛战争前后都拥有外国货币,尤其是金银。至于后来流传的允许私人拥有钱财毁了斯巴达的说法,也许就溯源于《斯巴达政制》此处7.6以及14.3,斯巴达的贪婪参7.3,一般意义上的财富参5.3(Lipka 2002:168)。

第七章释义

[Gray笺]此章的主题是吕库古立法禁止斯巴达自由人从事追求财富或谋利(χρηματισνόν)的职业,他们应从事促进城邦自由的活动(Gray 2007:165)。

[Moore笺]斯巴达人的专职是军人,这就需要保证当男人长年不在家,家庭能有稳定的收入来源。斯巴达不鼓励财富竞争,如色诺芬所说,法律要求斯巴达人追求财富以外的东西。

此章背后所隐含的是土地分配的棘手问题:据说每个斯巴达人都分得一块土地,他从中获得必需的固定收入。若人们接受普鲁塔克和更晚作家们提供的证据,自然没什么问题。但涉及到吕库古和早期斯巴达,越早则证据越不确凿。色诺芬只字未提吕库古的土地分配制,或每个斯巴达人分得一块土地,亚里士多德对吕库古的土地改革也一无所知。

土地问题不是本章的核心,不管这个棘手的问题的真相如何,可以确定的是,凡是斯巴达人多多少少均有最低限度的、可获得收入的土地配给。极端的情况下可能收入太低,不够向公共食堂捐献食品或维持家庭开销(Moore 1975:108)。

本章所隐含的"吕库古式"的平等当然不符合我们所知的斯巴达任何历史阶段的事实,这是理论上的平等,而非真实的平等。某些土地是家庭的私人财产,但是城邦分配的土地则不是私人财产,随时可能上交。所以,只生养了女儿的家庭,他们的土地会逐渐落到那些已有自己土地的男人的家庭,随着时间推移,财富不均是不可避免的后果。亚里士多德在《政治学》1270 a 23 说过:

> 事实上,全邦五分之二的土地归属于[少数家族和一些]妇女,斯巴达嗣女继承遗产的特别多,而且当地又盛行奁赠的习俗。(亚里士多德 1965:86)

请注意,斯巴达妇女可以占有财产,而雅典妇女不能(Moore 1975:108)。

第八章 服从礼法与监察院制

[1]人尽皆知,斯巴达人最服从统治者,最遵纪守法。然而,我相信吕库古是在取得那些最有权有势的公民的一致同意后,才实施了这个好制度。

"然而($Ἀλλα\ γὰρ$)":[Gray笺]这是引出一个新观点。对斯巴达人服从礼法的描述用的是现在时,这与14.1－6对斯巴达现状的抨击互相矛盾,除非两种可能:第一,现在时说的是吕库古实施法律体系时;第二,指斯巴达本邦的情况,以对照斯巴达之外总督统治下的不服从礼法的乱象(Gray 2007:166)。

"斯巴达人最服从统治者($ταῖς ἀρχαῖς$),最遵纪守法($τοῖς νόμοις$)":[陈笺]$ἀρχός$在第八章文脉里有两种含义,一是广义的统治者、领袖(8.1,8.2前半句),如 Moore 英译为 rulers(Moore 1975:83),二是具体地指位于监察官之下,行政的执政官(8.2后半句,8.4),如多数情况下各英译者均译为 magistrates。Rebenich 的德译不加区分均以 Amtsträger 译之(Rebenich 1998:67－68)。汉译根据具体语境译为"统治者"或"执政官"。

[Moore笺]此章的叙述逻辑不是按历史顺序。色诺芬聚焦的是斯巴达人最著名的服从品德,他首先谈的是最早吕库古如何

取得了人民的认可。接着色诺芬所说的政治权力是历史上很晚的事情(他自己对此也有所认识),他转而把监察官辖制执政官作为斯巴达人服从的例证(Moore 1975:109)。最后,他再次提到吕库古让人们服从礼法的妙举(Moore 1975:110)。

[Lipka笺]关于斯巴达人服从品德的广泛讨论见《斯巴达政制》2.2。斯巴达国王阿格西劳以服从著称(《阿格西劳传》7.2,普鲁塔克《阿格西劳传》17.2),尤其是他在小亚细亚的战役中无私的撤退(《阿格西劳传》1.36、15.5)。但没有证据证明此段是在暗指阿格西劳公元前394年从亚洲撤回,虽然有些学者这么认为(Lipka 2002:168)。

"取得那些最有权有势的公民($τοὺς\ κρατίστους\ τῶν\ ἐν\ τῇ\ πόλει$ / the most powerful citizens)的一致同意":[Gray笺]Gray认为,国王们就是最有权有势的公民($τοὺς\ κρατίστους\ τῶν\ ἐν\ τῇ\ πόλει$),除了国王没有其他人能用这样的词语表述,14.4"那些公众瞩目的头面人物($τοὺς\ δοκοῦντας\ πρώτους$)"则不是指国王们。地位尊贵如国王也服从礼法,这是公民效仿的最佳典范。在色诺芬写作的时代,斯巴达国王仍服从于礼法(Gray 2007:166)。

[Lipka笺]《回忆苏格拉底》3.5.16强调了斯巴达人全体的意见一致,并与雅典的情形做对比。$κρατίστους$[最有权有势的公民]这样的富人也是斯巴达显贵世家的后代(5.3,10.8)。至于意见统一何以能出现斯巴达这样竞争性很强的社会,可参《回忆苏格拉底》2.6.22的表述(Lipka 2002:168-169)。

"好制度($εὐταξίαν$)":[Lipka笺]此词梵蒂冈抄本(Vatican Gr. 1335)写作$εὐεξίαν$。但是在色诺芬和同时代人的著述中,$εὐεξίαν$的意思是[身强体健](如4.6,7.3)。

根据Hasse的说法,古典时期的文献没有用$εὐεξίαν$指称城邦的例子。《斯巴达政制》4.6和7.3遭用的 εὐεξίαν[身强体健]是通行的阿提卡语汇。所以，遵从Dindorf的意见，此处应该训读为 εὐταξίαν[好制度]，该词没出现在《斯巴达政制》的其他地方。就与服从品德的相关性而言，εὐταξίαν[好制度]对军队来说十分关键（《阿格西劳传》6.4,《居鲁士的教育》8.1.1-4,Lipka 2002:168）。

[2]这是我从下面的事实做出的推断，其他城邦那些最有影响力的人不想给人惧怕统治者的印象，他们觉得怕官是屈从的表现。然而，斯巴达最有权势的人对执政官最恭敬从命，他们以谦卑为荣，听到[执政官]传召就跑步而不是走路前去[听命]。他们相信，如果他们带头无条件地服从命令，别人也肯定会效仿。事实的确如此。

"这是我从下面的事实做出的推断（τεκμαίρομαι δὲ ταῦτα）"：[Gray笺]如此措辞暗示了某种正式修辞（Gray 2007:166）。

"其他城邦那些最有影响力的人不想给人惧怕（φοβεῖσθαι）统治者的印象"：[Lipka笺]雅典人不尊重统治者，以此为荣（《回忆苏格拉底》3.5.16）。军事方面，居鲁士的军队偶尔也有不服管的现象（《居鲁士的教育》8.3.21）。有时，长官的无能引起士兵不服从（《齐家》21.4）。

所有这些不服从的现象在斯巴达都是不可想象的，因为恐惧之神（Φόβος）是一种神力，与之相关的是服从监察官所代表的礼法，这种神力具体显现在斯巴达公共食堂边上的一座恐惧之神的神庙里。（[陈按]恐惧之神是战神阿瑞斯的儿子，恐怖之神 Δειμός 的弟兄。）有学者猜测，对恐惧之神的崇拜可能始自公元前6世纪前半叶，仅是猜测罢了（Lipka 2002:169）。

"斯巴达最有权势的人对执政官最恭敬从命,他们以谦卑为荣,听到[执政官]传召就跑步而不是走路前去[听命]":[Lipka笺]普鲁塔克《阿格西劳传》记载:

> [阿格西劳]无论是召开会议还是主持审判,都要先听取他们的意见;长老会议有所召唤他不仅立即前往而[且]是跑着赶去;要是他坐在宝座上面听讼问政,只要监察官莅临他马上起来迎接。(普鲁塔克 2009:1074[为保持统一,译名有改动])

《居鲁士的教育》2.2.30 也有类似的表述。要注意的是,在普鲁塔克的行文中,τὰς ἀρχάς 指的是监察官和长老会议元老(Lipka 2002:169[陈按]而色诺芬用 ἀρχάς 一词具体指称的是执政官)。

[3]或许,就是这批人同吕库古一道确立了监察院的权力,因为他们确信,服从对城邦、对军队、对家庭最有益处。他们断定监察官的官职越有权力,就越能严厉威慑公民臣服。

"或许(εἰκὸς δὲ),就是这批人同吕库古一道确立了监察院(ἐφορείας / Ephorate)的权力":[Gray 笺]本章的主题是斯巴达人对吕库古礼法的服从,色诺芬想更加有说服力,所以在措辞上分别使用了第一人称(8.1)、推论(8.2)和可能性陈述(8.3)。此处 εἰκὸςδέ[或许]是从可能性推出的修辞学论点(rhetorical argument,Gray 2007:166)。

[陈笺]从词源学看,ἔφοροι / Ephor 一词源于希腊语的 ephoros,意为"监督者",前缀 epi"在上面",词根 horan 意思是"看",合为"从上面看",即"监督、监察"。汉译有"监察官"和音译为"埃伏尔"(吴寿彭、祝宏俊的译法),本书根据其官职特点译为"监察官",

以区别于后文即将提到的权力小于ἔφοροι的"执政官"(ἄρχοντας / magistrates)。

古代斯巴达据说从吕库古开始设有五位监察官,文献证据来自《原史》1.65"吕库古又设置了五监察官和长老会议"(希罗多德1978:31[陈按]为统一译名,汉译文略有改动),以及色诺芬此处文字。

另有监察官制创制于色奥庞波(Theopompus)和基隆(Chilon)两种说法,前者根据亚里士多德和普鲁塔克所说,后者由第奥根尼记述(色奥庞波是公元前8世纪晚期到7世纪早期的一位斯巴达国王,两王之一,约在公元前720-670年为王)。

监察官制经历了一个发展过程,早期由贵族担任,人数是三人,监察官的作用主要是限制王权,同时也监察平民,其权力或许集中在宗教和军事(祝宏俊2013:2-11)。

古典时期的监察官每年由全体邦民选出,平民也可当选,人数是五人,他们得拥护国法,监督国家一切公权私权,又可召集长老会议及公民大会。这五人负责协助两个国王执政,立誓效忠国王,但在非常时期能逮捕、监禁和参加审判国王,故权力远在国王之上。但监察官的任期仅一年,且每事须经五人同意始有效,故其权力虽大,仍有限制。

古典晚期监察官权力发展到巅峰,但是他们带头破坏礼法(甚至接受贿赂),阻挠改革,至公元前三世纪末,监察官制被取消(祝宏俊2013:19-26)。

[Moore笺]监察院制度何时设立是一个难解的谜题。在公元前6世纪,监察官就大权在握,这种权威据说与公元前556/5在位的监察官基隆有关,然而,在此之前,监察官可能就早已存在了。

公元前5世纪时,他们权倾一时,但色诺芬只谈到了那些与他的主题有关的内容。监察官经常被比作罗马的护民官(Tribunes),但护民官没有监察官执掌的实权。公元前5世纪初以后,监察官还随同国王出征。再者说,监察官在很多方面像是贵族抑制王权的代表(Moore 1975:110)。

[Lipka笺]五名监察官不是享有同等的声望,因而可以想象,即使只有五人,也有等级之分(参普鲁塔克《希腊罗马名人传·吕山德传》30.5)。不只斯巴达有监察院制(Lipka 2002:171)。

首先,εἰκὸς δὲ[或许]表明了一种怀疑,即到底是不是吕库古与"那些最有权有势的公民"(κράτιστοι τῶν ἐν τῇ πόλει,8.1)创建了监察院。吕库古时代创建监察院,以及和公民一起创建,也值得怀疑。其次,εἰκὸς δὲ[或许]还表示了这样的怀疑,如果"那些最有权有势的公民"不和吕库古一道,是否还有份参与这样的建制。公民参与监察院的创制值得怀疑。

在Lipka看来,可以接受第二种解释。理由如下:第一,就第八章而言,下文8.5毫无保留地把吕库古与监察院制度紧密联系。第二,扩展来看,全书第一到十章的所有建制完全与吕库古相关。色诺芬崇拜吕库古,很难相信他会怀疑不是吕库古创设监察院,这个权力机构保障了斯巴达的美德,如服从律法和城邦的良风美俗。

监察官与色诺芬所描写的斯巴达城邦有难解难分的联系:三百长(hippagretai)和三百团的创立明确归于吕库古(4.3),实际的遴选由监察官负责。此外,监察官召集服军役的各年龄组士兵。这也被称作是吕库古创设的制度(11.1)。最后,此处"这批人"(τοὺς αὐτοὺς τούτους)的措辞也应该指的是刚刚提过的"最有权势的人",而非远得多的吕库古。综上,色诺芬认为是吕库古创立了监察院(Lipka 2002:170)。

吕库古创立监察院的观点,色诺芬是跟随《原史》1.65.5的说法,亚里士多德《政治学》V 1313a25-33将监察院制追溯到色奥庞波,但《政治学》1270b18-26又暗示是由吕库古创建。色诺芬在这里使用模棱两可的εἰκὸς δὲ[或许],表明他知道监察院制归于吕库古和色奥庞波的两个版本,他尽可能策略性地表达他支持吕库古版本。最近的学术研究将历史上的监察院制定于公元前7世纪后半叶或者公元前6世纪中期(Lipka 2002:171)。

"因为他们确信,服从对城邦、对军队、对家庭最有益处。他们断定监察官的官职越有权力,就越能严厉威慑公民臣服":[陈笺]此句各家译法略有不同,考虑上下文的文脉,汉译参考 Watson 的译本。

[4]事实上,监察官们权力[广泛],想对谁罚款就对谁罚款,罚款不得延误[迟交];他们有权罢免现任执政官,将其入监,对他们提起可处以死刑的诉讼。他们权力大到不让被选出的执政官执政完一整年(其他[城邦]的执政官可执政完一年),他们像僭主或竞技比赛的裁判,发现谁违规随时随地即刻处罚。

"监察官们(ἔφοροι/ephors)权力[广泛],想对谁罚款就对谁罚款,罚款不得延误[迟交];他们有权罢免现任执政官(ἄρχοντας/magistrates),将其入监,对他们提起可处以死刑的诉讼":[Lipka笺]监察官的起诉权囊括公职人员和私人(Lipka 2002:171)。监察官甚至有指控国王的权力(《原史》6.82.1),可以不经调查就将一名国王暂时收监。监察官可传唤官员到法庭,并处以罚款(《希腊志》5.4.24)。

可以想象,即将卸任的监察官在其任期尾期对继任者负有责任。重罪由长老会议裁判(《政治学》III 1275b 9-11),而起初的调查由监察官负责。所以只有在审判后期阶段,长老会议和监察官的责任有些分不清,有文献说由监察官们判国王死刑(Lipka 2002:172)。

伊索克拉底曾说,监察官可以不经审判随意将皮里阿西人处死,但伊索克拉底的作品带有反斯巴达色彩,或许他故意混淆了皮里阿西人和黑劳士的法律地位。

《希腊志》3.3.8没有任何支持监察官在法律上专权专制的言论，色诺芬只提到他们逮捕皮里阿西人和黑劳士，而非处死，而且这只是紧急情况下的权宜之计。还有一份文献记载过一个特例，长老会议、监察官和一位国王一起通过了对另一名国王的审判（Lipka 2002：172）。

监察官主掌的是民政事务（《政治学》III 1275b 9、II 1273a 20，《吕库古传》13.3）。他们对斯巴达市场的责任就源于负责民政事务。正常情况下，监察官们是全体而非单独一人通过一项决定。他们不根据成文法而是凭借"私意"（αὐτογνώμονες）统治民众（《政治学》II 1270b 28-31），多数投票是避免过分随意专断的唯一手段（Lipka 2002：172）。

[Moore笺]执政官在执政期间被罢免远不是特例，正如色诺芬熟知的那样，雅典所有执政官的法令必须每月经过批准方可实施，任何对执政官的投诉都可能引起诉讼和罢免官职，同样地，雅典的执政官只要犯下严重的错误，随时会被提起诉讼。监察官与之不同在于，他们显然以自己的权威行事（因此色诺芬称其"像僭主"），而在雅典或其他地方则需要法庭的判决。色诺芬想强调两者的对照，这使得他模糊了关键的不同点（Moore 1975：110）。

"他们像僭主（ὥσπερ οἱ τύραννοι/tyrants）或竞技比赛的裁判"：[Lipka笺]一个广为流传的观点认为，监察官制度构成了斯巴达政制的"僭主制"特色（柏拉图《法义》712d，亚里士多德《政治学》II 1265b 40、1270b 13-16）。按照亚里士多德的观点，尽管监察官部分地拥有僭主的权力，但是整体上是民主制（《政治学》II 1270b 7-9），可是普鲁塔克却说得完全相反（《吕库古传》29.11，Lipka 2002：173）。

兹录亚里士多德《政治学》II 1270b 7-9 原文如下：

> 拉刻岱蒙监察官对于城邦重要事务具有决定权力；但他们既然由全体平民中选任，常常有很穷乏的人当选了这个职务……这个重要机构还有另一种缺点是它的权力过大，可以专断职务，就是国王也不能不仰承其辞色；因为监察院僭取的权力日见重大，城邦原来的政体，并王室在内，渐趋废坏，拉刻岱蒙也遂由贵族政治而转成民主政治了。（亚里士多德1965：87-88[为保持统一，译名有改动]）

说监察官像"僭主"与这样的事实不符：即监察官需要巨大的权力与王权取得平衡。关于色诺芬对僭主制的看法参《回忆苏格拉底》4.6.12，根据他的看法，僭主制是由单独一个统治者不按城邦礼法随心所欲统治的政制，这与君主制截然不同。斯巴达监察官的公共食堂边有一座恐惧之神圣殿，色诺芬把它视为监察官制具有"僭主式"权力在视觉上的表现（Lipka 2002：173）。

"竞技比赛（γυμνικοῖς ἀγῶσιν）"：[Lipka 笺]无法确定γυμνικοῖς ἀγῶσιν[竞技比赛]是否指斯巴达的"少年欢舞节"（Gymnopaidiai），若不是的话，γυμνικοῖς一词就显得赘余。"少年欢舞节"的主要特点不是"裸体的竞技"，是不同年龄组的合唱队表演。此外，ἐπιστάται一词也适合非竞技性的竞赛（Lipka 2002：173[陈按]关于"少年欢舞节"，参见《斯巴达政制》4.2的注释）。

[5]吕库古有诸多鼓励公民自愿服从礼法的创制措施，而下面这个我以为是最佳之一：[在颁行礼法之前]他与那些最有权有势者一起去参拜德尔菲神庙，求问神他制定的礼法是否最为神明喜悦，遵行它们是否对斯巴达更有益，不然，他不会向老百姓颁布他

制定的礼法。当神谕回复说这极好,他才将这些礼法公之于众,所以,违反皮提亚认可的礼法不但违法,且不敬神。

"吕库古有诸多鼓励公民自愿服从礼法(τοῖς νόμοις)的创制措施":[Lipka笺]《斯巴达政制》忽略了《原史》1.65.4所说的斯巴达礼法可能源自克里特的版本,理由有三:第一,色诺芬意在强调斯巴达礼法的独一无二(1.2);第二,他强调吕库古礼法与德尔菲神庙的紧密联系,违法即是渎神;第三,汤因比在《希腊历史的一些问题》中对斯巴达礼法的两个来源的政治解释如果是正确的话(Toynbee1969:242 n.9),那么吕库古创制礼法的色诺芬版本是对国王的支持(Lipka 2002:173)。汤因比认为,色诺芬版本使德尔菲成为斯巴达政制的庇护者(国王与德尔菲保持了特殊关系,参15.5),而希罗多德版本说礼法可能源自克里特则降低了德尔菲的重要性,也间接降低了国王的重要性,从而也许支持了一些反君主的政治团体(Lipka 2002:174)。

"他与那些最有权有势者一起去参拜德尔菲神庙,求问神他制定的礼法(οἷς αὐτὸς ἔθηκε νόμοις)是否最为神所喜悦,遵行它们是否对斯巴达更有益":[Gray笺]οἷς αὐτὸς ἔθηκε νόμοις[他制定的礼法]强调的是吕库古创制的礼法得到德尔菲的认可,而不是他从德尔菲神庙得到已经准备好的律法(Gray 2007:167)。

[Lipka笺]值得注意的是,在色诺芬眼里是吕库古创建了斯巴达礼法(οἷς αὐτὸς ἔθηκε νόμοις)。这种礼法仅指由阿波罗允准的礼法。色诺芬强调这点是因为他反对另一个因宗教而受到敬重的传统:是阿波罗自己创建了礼法(参《原史》1.65.4、6.52.5说皮提亚建立了双王制,另参柏拉图《法义》624a、632d)。虽然不应该过分强调允准礼法和赐予礼法之间的区别,但色诺芬说吕库古亲自参与创制礼法,用意在于提高吕库古作为立法者的地位,这也与

《斯巴达政制》的余文完全吻合(Lipka 2002:174)。

色诺芬的说法最不寻常之处在于，吕库古是由那些最有权有势者(τοῖς κρατίστοις)陪伴一道前往德尔菲神庙。也许，色诺芬是在我们所不知道的某个吕库古神话版本中发现了这个细节。然而，更有可能的情况是，我们看到的乃一个纯粹的色诺芬发明创造的传统：通过最有权势的公民加入，色诺芬想证明的是斯巴达拥有完全公民权的平等者(ὁμοίων / homoioi，参 10.7)。

色诺芬强调最有权势者的陪伴，要么是因为他意识到，创建新礼法经常会造成与先前有权势者的摩擦，要么是为了证明其他讲述礼法来源的版本是假的，那些版本包含富人们起初抵制吕库古实施礼法(Lipka 2002:174)。

［Moore笺］像本书第十五章一样，本章也有时间的问题。首先，全部的良风美俗(Eunomia)一朝一夕就一蹴而就，这几乎无丝毫可能，因此也很难确定所谓向德尔菲神庙求问神谕是何时发生的事。

普鲁塔克《吕库古传》6 保存了一份"大瑞特拉"的神谕(Great Rhetra)，传统上这是吕库古求问、经阿波罗认可的神谕，很确定是在公元前 7 世纪，不会比这更早了。色诺芬在第八章之前的章节提到的其他礼法，可能比这更早得多。可是，公元前 725 年德尔菲神谕才第一次开始作为政治力量出现，在这之前，立法者将礼法求诸德尔菲的认可，也不是没有可能。德尔菲神谕对某条礼法的认可从公众传统延伸到整个政治体系，其中很多神谕在公元前 7 世纪晚期长期存在。礼法必须征得神谕的认可，是与其时正好发生的斯巴达体制的加强相联系的。就普通希腊人而言，德尔菲神谕的认可事关重大，这超乎我们现代人的想象(Moore 1975:110)。

"皮提亚认可的礼法(μὴ πείθεσθαι νόμοις)"：［陈笺］皮提亚(Pythia)为德尔菲神庙宣示阿波罗神谕的女祭司。"皮提亚认可的礼法"几乎等同于阿波罗认可的礼法。

第九章　荣耀地死胜于苟活

[1]吕库古另一个令人称羡的制度,是他建立了这样的[道德]准则,荣耀地死胜于在城邦里含羞苟活。因为人们发现,那些[宁愿慷慨赴死的]人比临阵退缩的人,死得要少。

"荣耀地死胜于在城邦里含羞苟活":[Moore笺]斯巴达的勇敢原则和宁死不屈如果属实,确实令人惊赞。这些都是原始好战的贵族社会的准则,在斯巴达,这些价值提升到最高美德的地步,并不让人吃惊。

提尔泰乌斯(Tyrtaeus)的诗作很好地诠释了斯巴达的价值尺度,吟唱了战争中勇敢的美德和带来的荣誉,请注意,在反斯巴达传统中,提尔泰乌斯被说成是瘸腿的雅典人,公元前640至620年第二次美塞尼亚战争(the second Messenian War)最艰难时,斯巴达招募这位诗人去鼓舞士气(Moore 1975:110-111)。([陈按]参2.3对提尔泰乌斯的注释。)阿尔基罗库斯(Archilochus)的讽刺诗却与提尔泰乌斯的诗相左,劝诫战士扔掉盾牌,宣扬了活命哲学。([陈按]阿尔基罗库斯是古风时期来自Paros岛的抒情诗人,是最早以个人情感和经验入诗的诗人,古代笺注者将其列为可能发明挽歌的诗人之一。)

据普鲁塔克的《伦语》(Moralia)239b 记载,阿尔基罗库斯因其讽刺诗,一入境斯巴达就被驱离出境(Moore 1975:111)。不管阿尔基罗库斯的故事是否属实,但有一点是真实的:并非所有斯巴达人都像提尔泰乌斯所歌咏的那般勇敢和爱荣誉。

色诺芬和其他文献证实了这个推测,即详细列出对胆怯懦弱行为的惩罚。即便是斯巴达人,勇敢也不能只靠抽象的理想,具体的惩罚才能激励他们表现得像人们希望的那么高标准。事实上,对敌时临阵逃跑的斯巴达人最低也要被罚夺去公民权,因此,第九章提到的惩罚是针对不那么胆小的胆小鬼(Moore 1975:110-112)。

[Lipka笺]《尼各马科伦理学》卷三 1115a 32-35 的解释很切题:

> 一个过度恐惧的人就是懦夫。他以不应该的方式,怕他所不应该怕的东西,如此等等。他所缺乏的是坚强;最突出的特点,就是对痛苦的过度恐惧。(亚里士多德 1990:55)。

根据柏拉图的说法,理想的城邦立法者的任务之一就是教会民众在非战争时期面对危险和恐惧时得当的行为举止(《法义》632a-b,Lipka 2002:174-175)。

色诺芬在此处采纳了即便面对死亡斯巴达人也训练有素的文学主题,如此这般的主题在公元前 5 世纪广泛流传。但本章 9.5 节也有这样的暗示,斯巴达人作战时敢于牺牲性命,是怕表现懦弱回城邦后受社会歧视,而非自愿赴死(《原史》7. 104. 4、7. 231、9. 71. 2-4 也有类似的说法,另参柏拉图《斐多篇》68d)。所以人们表现英勇往往是因为恐惧,只有哲人例外(Lipka 2002:175)。

色诺芬在其诸多作品中不断地强调:临阵惧怕和脱逃比勇敢、坚定不动摇更容易致人于死地(《远征记》3. 1. 43,《居鲁士的教育》3. 3. 45、4. 1. 5)。也有人说懦夫们捡回了一条命(柏拉图《法义》

944c，Lipka 2002:175)。

[2]说实话，长远地看，是勇敢而不是懦弱能更长时间地救人性命；因为[作战]勇敢更容易，更心情畅快，更力气充沛，更意志坚强。很显然，惟有行为勇敢才得荣誉，人皆希望与勇气为伴。

"说实话，长远地看(ὡς τἀληθες εἰπεῖν καὶ ἔπεται)"：[Lipka 笺] ὡς τἀληθες εἰπεῖν 在古典时期仅此一见。Lipka 认为此句中的 καί 无法解释。如果 καί 之前没有佚失任何字词，而且 καί 的位置是正确的话，只能把这句作"说实话"识读。连接词省略不常见，也许可以将 καί 放在 ὡς 之前(Lipka 2002:175)。

"是勇敢而不是懦弱能更长时间地救人性命(τῇ ἀρετῇ ⟨τὸ⟩ σῴζεσθαι εἰς τὸν πλείω χρόνον μᾶλλον ἢ τῇ κακίᾳ)"：[陈笺]原句拆分直译应该是"是勇敢(τῇ ἀρετῇ)而不是懦弱(τῇ κακίᾳ)能更长时间地(εἰς τὸν πλείω χρόνον)救人性命(σῴζεσθαι)"。西文的几家译法略有细微差异："是勇敢而不是懦弱可保长期安全无虞"(Watson 1914:218)；"的确是勇敢而非懦弱更可能让人避开早死"(Moore 1975:84)；"是勇敢而不是懦弱救人一命"(Lipka 2002:81)，"勇敢比怯懦更能救命"(Rebenich 1998:69)。

"因为[作战]勇敢更容易，更心情畅快，更力气充沛，更意志坚强(ῥᾴων καὶ ἡδίων καὶ εὐπορωτέρα καὶ ἰσχυροτέρα)"：[Gray 笺]这四个形容词由轻到重的排列顺序强调了勇敢作战的好处。试比较《希耶罗》7.10 的四个副词，《斯巴达政制》5.8 的三个形容词(Gray 2007:168)。

[Rebenich 笺]可以对比《原史》7.104.4：

　　　　拉刻岱蒙人的情况也是这样。在单对单作战的时候,他们比任何人都不差;在集合到一起来作战的时候,他们就是世界上无敌的战士了……不管当前有多么多敌人,他们都绝对不能逃跑,而是要留在自己的队伍里,战胜或是战死。(希罗多德 1989:505[为保持统一,译名有改动])

　　[3][吕库古]他是怎样设法使之发生的,不能略而不提,他使人明白,勇士得幸福,而懦夫只配悲惨的生活。

　　"勇士(ἀγαθοῖς)得幸福,而懦夫(κακοῖς)得悲惨的生活":[Lipka笺]ἀγαθοῖς 在此处指的是勇敢的士兵,κακοῖς 则指逃兵。《居鲁士的教育》3.3.51 及以下评论到,士兵勇敢的前提是有律法保证勇士(ἀγαθοῖς)过一种荣耀的生活,而等待逃兵(κακοῖς)的是悲惨的生活。亚里士多德说,由于害怕回国后遭到制裁,所以自募军在战斗中宁死不屈,与雇佣军形成鲜明对照。拉哥尼亚称呼"逃兵"的术语是 τρέσας。逃兵不得免去军役(《原史》7.23,9.71.2),然而无法证实他们也被剥夺了公民权(Lipka 2002:175-176)。

　　战场上的懦夫不仅招来死亡的惩罚,还会受其他惩处,执政官处罚那些懦弱和过于勇莽的行为(《阿格西劳传》30.2),其中一些惩罚措施色诺芬在后文 9.5 节提到(《阿格西劳传》30.3 援用了色诺芬),同样的惩罚也见于《原史》7.233、7.104。

　　通常惩罚不是非常严厉:在 Sphakteria 向雅典人投降的斯巴达人仅仅是暂时地剥夺公民权,以及法律规定的资格,那些在洛伊克特拉战败逃回的人甚至被大赦(《阿格西劳传》30.6)。公元前 331 年左右的 Megalopolis 战争之后,羞辱战争幸存者的惩罚被废止(Lipka 2002:175-176)。

　　[Gray笺]《原史》7.229-231 讲述了原属于三百团的两个斯巴达人埃乌律托司和阿里司托戴莫斯的事情,他们患上了严重眼

疾,埃乌律托司后来战死在希波战场,而阿里司托戴莫斯气馁了,没有再上战场,安全回到斯巴达,所以遭受了非议和蔑视,没有一个斯巴达人愿意把火给他、愿意跟他讲话,为了让他难堪,还称他为"懦夫(ὁ τρέσας)阿里司托戴莫斯"。他后来在普拉塔伊阿(Plataea)战斗中赴死,可是斯巴达人认为他故意求死,不给他荣誉(希罗多德 1978:556 - 557,Gray 2007:168)。

[4]在别的城邦,证实是懦夫的人仅有一个[懦夫的]坏名声而已,他愿意的话照样与勇敢者同去公共场所,同坐一起,同参加体育锻炼。在拉刻岱蒙,任何人都耻于与胆小鬼一起公餐,或在摔跤比赛里拿他做对手。

[Lipka 笺]其他文献对于雅典的描述与色诺芬不同。有的文献记载,雅典人若公然反抗征兵,或开小差逃跑,或行为举止像懦夫,会被惩罚禁入市场,禁戴花环,禁止参加公共祭祀。柏拉图也提到,对逃兵的惩罚是含辱偷生、高额罚金和被连队排斥在外(《法义》944e - 945a)。叛国这样的重罪被判处死刑(Lipka 2002:176)。

[5]通常这样的胆小鬼将没[资格]被选入参加球赛,在合唱队里他被降到最卑下的位置。走在街上,他要给别人让路,给比他年纪小的人让座。他必须抚养在家里的年少的女性亲属,她们也因他不勇敢而遭受非议,他不被允许娶妻回家同时还要为打单身缴罚款;他不得涂了油四处闲逛,也不可像那些无可指责的人那样行为做事,否则就不得不同意让比他勇敢的人揍他。

"球赛(ἀντισφαιριοῦντας)":[Lipka 笺]有拉哥尼亚铭文提到一个叫 σφαιρεῖς/sphaireis 的年龄组,因为在克里特有一个叫 δρομεῖς

的近似年龄组,所以人们推想 σφαιρεῖς 由到达一定年龄的清一色男孩子组成,故其涵义指某个年龄组。但无论史实如何,此处 ἀντισφαιριοῦντας 仅指一种体育比赛,而非年龄组(Lipka 2002:177)。

这个比赛或是球赛,或是拳击赛(因 σφαῖραι = "拳击手套",参柏拉图《法义》830b)。根据一些学者对最古老的铭文所载一种叫 σφαιρεῖς 比赛的研究,推测其时间约在公元 70-75 年,即与古典时期毫无关系(Lipka 2002:177)。

古典时期以及其后时期的斯巴达被证实存在球赛,一种橄榄球比赛,球员们投掷一个球,接到球没丢的人获胜。这种比赛的专业术语应该是 τὰ σφαιρομάχια(《法义》830e、633b,《奥德赛》8.376)。球赛在斯巴达似乎很流行,有些人甚至说是斯巴达人发明了广义的球赛。与之相反,正式的拳击赛不是那么流行。此外,古希腊还有其他类型的各式球赛(Lipka 2002:177)。

[Moore 笺]《斯巴达政制》4.6 已含蓄提到过球赛(sphairai)。长期以来,学者们以为这是一种球赛,Moore 却说它更可能是一种拳击比赛,尤其因为"比赛"是最接近战争的一种激励形式。打上胆小鬼烙印的人不能加入三百长遴选的三百团精英,所以,要是拳击比赛是某种泛军事训练形式的话,胆小鬼被排斥在不这么正规的拳击比赛之外,就没什么好稀奇的了(Moore 1975:112)。

"合唱队(ἐν χοροῖς)":[Lipka 笺]关于斯巴达的合唱队参见《斯巴达政制》4.3。此处 9.5 节说明,队员在合唱队里的位置反映出他们的社会地位如何。

合唱队领队(χοροποιός / choropoios)负责安排队员在队中的位置,站在好位置是荣誉,差位置则是羞辱,很明显,合唱队员不可能反对领队的位置安排(《阿格西劳传》2.17)。此外,不许队员参加合唱队不是切实可行的措施,因为,哪怕是对逃兵也没有这样的惩罚。相反,把胆小鬼安置在令人蒙羞的位置上,让他们的懦夫行为一目了然,这样我们可以猜测,这些懦夫们应该是被迫参加合唱队。《法义》666d 说所有公民都参加合唱队,即便这不是责任,起码也是一条规矩(Lipka 2002:177-178)。

领队的工作是分配合唱队员在队中的位置,他的地位很重要。合唱队领队可能由监察官直接任命,因为监察官负责公众节庆(《希腊志》6.4.16)。我们可以推想,也许监察官就是领队,领导合唱队,然而,按照斯巴达社会特性,他不是雇佣人参加合唱队。在克里特,合唱队中同样也有位高位低之别(Lipka 2002:178)。

[Gray笺]我们推测,合唱队最令人蒙羞的位置是观众能够看到的、队员列队的最后面。合唱比赛在"少年欢舞节"举行(《希腊志》6.4.16,Gray 2007:169)。

[Moore笺]普鲁塔克《吕库古传》21 称,有三支不同年龄组的合唱队,它们吟咏过去、现在和未来的英勇事迹。胆小的人当然不能在合唱队起什么作用,虽然色诺芬所指的不仅是合唱队,而且是更广泛的领域,包括舞蹈(Moore 1975:112)。

"走在街上,他要给别人让路,给比他年纪小的人让座":[Lipka笺]在斯巴达以及其他城邦,年幼者给年长者让座是正常的礼节行为(15.6,Lipka 2002:178)。

"他必须抚养在家里(οἴκοι)的年少的女性亲属":[Watson笺]女性亲属不仅指胆小者的女儿,还有他有责任监护的其他年少的女亲戚。"在家里"说明她们不能参加欧罗塔斯河河岸的体育锻炼(Watson 1914:218 n. 1,n. 2)。

[Lipka笺]Lipka 对此句的理解是,懦夫的女儿在未嫁之前待在父亲家中。这是希腊女性的通例。如果这是一种惩罚措施,说明未嫁之女待在娘家并非斯巴达习俗。假如此句的语词无误(有

些学者提出质疑),则可以推测出,斯巴达女子通常并非在家中(οἶκοι)抚养长大,而是在家以外的地方,这也许与斯巴达的女子体育训练有关(1.4,Lipka 2002:178)。

"她们也因他不勇敢而遭受非议(ταύταις τῆς ἀνανδρίας αἰτίαν ὑφεκτέον)":[陈笺]此句的ταύταις τῆς ἀνανδρίας αἰτίαν ὑφεκτέον有两种识读:

第一,Schneider把ἀνανδρία读为"没有丈夫",在欧里庇得斯悲剧中,ἄνανδρος κόρη不止一次用于指"找不到丈夫的女子"(Watson 1914:218-219 n. 3)。Gray也认为ἀνανδρία读为"没有丈夫"比读为"无男子气的怯懦"更容易接受,斯巴达女人的确会因丈夫不勇敢而蒙羞,且色诺芬想的是未婚的少女(κόρας,Gray 2007:169)。

第二,Sauppe认为第一种解释与后面的短语αἰτίαν ὑφεκτέον"受……的指责"意思不吻合(Watson 1914:218-219 n. 3)。据此,ἀνανδρία还是应该是"怯懦"之意。汉译采纳ἀνανδρία的第二种读解:"怯懦、不勇敢"。

[Lipka笺]名词ἀνανδρία[无男子气概、怯懦]一词在色诺芬作品里仅此处一见,但是此词在古典时期的其他作品里面还出现过。αἰτίαν ὑφεκτέον短语意为"遭受……的指责"(《居鲁士的教育》6.3.16)。值得注意的是,这段话提到斯巴达男性对女亲属的"监护"(κυριεία)。

亚里士多德《政治学》II 1270a 26-29也证实了这种监护制,父亲或男性继承人可以指令女继承人与某人结婚。按色诺芬此处所说,由于父亲或监护人是懦夫,女儿或被监护的女性很难指望有一桩美满的婚姻。除斯巴达以外,社会名望不佳的父母之女也是如此(Lipka 2002:178)。

[Moore笺]色诺芬提到未婚女子的遭遇可能又是一种排斥胆小鬼的社会形式,对胆小者的排斥延伸到其女儿,以及胆小者可

能监护的其他女子。斯巴达人不乐意与这样的家族联姻,这可能是出于优生的目的?胆小者找老婆也有麻烦,而色诺芬这段话的言外之意是胆小鬼的老婆可能弃他而去,他或许受到打光棍的惩罚(Moore 1975：112)。

"他不被允许(οὖσαν περιοπτέον)娶妻回家同时还要为打单身缴罚款(ζημίαν)"：[Lipka笺]περιορᾶν通常作分词,所以Hasse很正确地把οὐ读作οὖσαν。这句话的意思不是说懦夫没有权利结婚,而是说把女儿嫁给懦夫是让人蒙羞的事情(普鲁塔克《阿格西劳传》30.3,Lipka 2002：178-179)。

[Watson笺]Watson采纳Sauppe的识读。斯巴达公民有义务结婚。胆小者因故不得结婚就要为打单身交罚款。Schneider认为ζημία是罚金。Dindorf删掉了此句的οὐ,这样句子就识读为,因胆小者不能结婚,所以他家的炉灶缺少主妇。可是所有的抄本都录有οὐ。Watson非常满意Sauppe的解释(Watson 1914：219 n.1)。

[Lipka笺]色诺芬好像假设罚金的存在,这很奇怪,因为《斯巴达政制》7.6节已经强调金钱在斯巴达不起什么作用。虽说S. Hodkinson的著作《古典时期斯巴达的财产与财富》正确地指出,《斯巴达政制》中的ζημιόω是指一般意义上的惩罚,不一定非是罚金(Hodkinson 2000：439),然而,此句中ζημίαν ἀποτειστέον的表达方式是非常具体地指"打单身的罚金"(参柏拉图《法义》882a,880d,941d)。

进一步地说,值得注意的是,色诺芬好像假设了一种δίκη ἀγαμίον[不结婚的处罚],因为τούτου就是指那些先前提到的,炉灶边没有老婆的人(Lipka 2002：179)。按Hasse的识读,ζημίαν就是指前文提到的无勇气者(ἀνανδρίας)的罚金(Lipka 2002：179 n.30)。普鲁塔克《吕库古传》15.1-3记载了对不婚者的惩罚手段(根本没提到罚金!)。

就历史而言,对不结婚的惩罚在色诺芬时代不再存在,因为像德库利达斯(Dercylidas)这样的不婚者也可以被任命为将军(《吕库古传》15.3)。此外,《斯巴达政制》1.8提到一些人未婚得子,没有受到惩罚。在色诺芬的时代,只要未婚得子是允许的,很难说对不结婚进行惩罚的目的到底是什么(Lipka 2002:179)。以惩罚作为威慑手段来禁止不婚或晚婚,这样严厉的婚姻法律既是实际的措施,同样也是哲学的主题(《法义》721b‑d,774a‑b, Lipka 2002:180)。

[Moore笺]普鲁塔克在《吕库古传》15描写过打光棍的斯巴达人的窘境:

> 他[吕库古]又给执意不婚的单身汉加上了一种公开的耻辱:不许他们观看青年男女的竞技活动。冬天,执政官命令他们只穿着内衣内裤,绕着市场列队而行,边走边唱着指定的一首关于他们单身汉的歌曲,收尾的叠句是说他们因为不服从命令,受到了公正的惩罚等等。长者惯常享受青年的尊敬和谦让,他们的这种权利也给剥夺了。(普鲁塔克1990:104)

"他不得涂了油($λιπαρὸν$)四处闲逛":[Watson笺]懦夫不允许涂了油穿过城邦和战场。涂油膏是战争期间允可的事,而懦夫临阵退缩。普鲁塔克《阿格西劳传》30记载,任何人只要愿意都可以揍胆小的懦夫,他们出门的时候"邋遢又猥琐"(Watson 1914:219 n. 2)。

[6]既然斯巴达人让懦夫这样蒙羞,对我自己来说,我一点也不吃惊,如此含羞受辱地活还莫不如死掉更好了。

[Moore笺]色诺芬所谓的指责非议（ἀτιμία/atimia），主要涵义是蒙羞，也是用于褫夺部分或全部公民权的术语。婚姻是城邦男子责任的一部分，柏拉图的理想城邦对已届婚龄（通常是35岁）的人不结婚有惩罚（Moore 1975：112）。本章最后一句与其说是对斯巴达的评论，不如说是对色诺芬本人的评论（Moore 1975：113）。

[Lipka笺]惩罚临阵脱逃者，从而让士兵情愿战死沙场，这是老生常谈。然而，起码在色诺芬看来，斯巴达人视战死沙场为荣耀之举，战败生还则特别令人感到耻辱（《希腊志》4.5.10，Lipka 2002：180）。

第九章释义

[Gray笺]法律对懦夫的惩罚包括公共领域和私人领域。公共领域有公共食堂、体育场的摔跤比赛和球赛、合唱队比赛，以及市场和街道上；在私人领域，懦夫也被打上了各种各样蒙羞（ἀτιμία）的标志，这些羞辱和孤立说明没人再给他们友谊。但色诺芬把斯巴达与其他城邦对待懦夫的区别说得太大了。索伦的法律也包括对懦夫的惩罚，如禁止其进入圣殿，禁止参加祭仪（Gray 2007：168）。

[Moore笺]第九章对惩罚的描述整体上是模糊的，让人不满意的。别的希腊城邦的懦弱之徒毫无损失，明显是错误的，是色诺芬为了制造鲜明的对比使用的另一种修辞上的夸张。在雅典，胆小懦弱是一项具体的指控，惩罚是部分丧失公民权，包括禁止去市场，禁止参加城邦祭祀——这针对的也是一种违法行为，而非实际的临阵脱逃（Moore 1975：112）。

第十章 年老者和长老会议

[1]我认为吕库古在年老者怎样践行美德这方面也做了很好的规定：入选长老会议的人要年届花甲，他要求老年人也不要忽视嘉德懿行。

"长老会议（γεροντίας/ gerontia/ Council of Elders）"：[Lipka笺]拉哥尼亚地区的 γεροντία［长老会议］一词等同于雅典人的 γερουσία，前者被证实仅在此处出现过。Kahrstedt 在其专著《希腊城邦法·第一部：斯巴达及其战时联盟》中确信 γεροντία 指［元老的职衔］，γερωχία 指［长老会议］（Kahrstedt1922：246；Lipka 2002：180）。

长老会议确认是吕库古的创制，而监察官制度则不是(8.3)。因年代久远，长老会议受人尊敬，它或它的前身在"瑞特拉"时代(Rhetra)既已存在（普鲁塔克《吕库古传》6.8）。长老会议的重要性在于其制衡的作用（柏拉图《法义》692a，亚里士多德《政治学》II 1265b 35-1266a 5，《吕库古传》5.11，《阿格西劳传》4.3）。为了确保长老会议起到最终调停的作用，元老们无需向任何人做出解释（《政治学》II 1271 a 5，Lipka 2002：181）。

[Moore笺]长老会议是斯巴达的主要议事机构，由两位国王

和28位年逾60的元老组成。普鲁塔克《吕库古传》26详细描写了元老的选举办法，又一个"原始社会的"遗存。简言之，元老候选人在斯巴达的公民大会上候选，公民们若赞成其入选就大声呼叫。候选人被隔离在一个离公民大会很近的屋子里，他看不到出席大会的公民，被隔离的评判也不知道是哪些候选人经过会场。最后获得最大呼叫声的人当选。

元老的地位拥有至高无上的荣耀，对日常的非正式议事或许有重大的影响力，尽管他们"理论上"的政治权力没那么重大。长老会议的元老大多年龄已接近衰老，色诺芬无视其衰老的危险，他赞同元老对年轻人的压制是好的。亚里士多德《政治学》1270 b 36 – 1271 a 13意识到了这样的弊端，且不无道理地判定斯巴达人选举元老的办法太"幼稚"了(Moore 1975：113)。

[陈笺]祝宏俊对斯巴达政制的详细研究值得一观，他称斯巴达 γεροντία 为"长老会议"，在吕库古改革中，最重要的事件就是以"大瑞特拉"为主要内容创建了长老会议，其构成为三十人制：两位国王和28名长老。长老的选举方法是在公民大会上，通过呼声选举，从年满60岁的男性公民中选举产生，他们大多是具有丰富行政经验和较高道德水准的人，故长老会议初步摆脱了血缘关系的束缚。长老会议被称作最高法庭，不负责所有的司法事务，只负责王室事务、王位继承、高级官员的渎职罪等重大案件。

斯巴达的四个权力机构中，监察官侧重于监督，国王侧重于军事和宗教，公民大会侧重于立法，长老会议侧重于司法(祝宏俊 2013：105 – 122)。

"他要求老年人也不要忽视嘉德懿行(καλοκἀγαϑίαν)"：[Lipka笺]在色诺芬看来，斯巴达年老的公民过着特别有德性的生活，这让他们赢得了年青人崇高的尊敬，与雅典的情况恰好形成对照

(《回忆苏格拉底》3.5.15)。καλοκἀγαϑία[嘉德懿行、美好的德行]在斯巴达有其特定涵义，公元前 5 世纪后半叶，此词引入雅典，有了一整套涵义，让该词原初的斯巴达涵义黯然失色。而对于色诺芬来说，该词斯巴达的涵义和雅典人使用后的微妙差异都发挥着作用。比如，καλοκἀγαϑία[嘉德懿行、美好的德行]作为军事以及民事上的美德，是形容斯巴达国王阿格西劳的关键性术语(Lipka 2002:180-181)。

至于元老们，"贵族的美德"约摸等于"贵族的地位"，与καλοκἀγαϑία[嘉德懿行、美好的德行]难分轩轾，而元老的选举主要来自于上等贵族阶层(Lipka 2002:181)。

[Gray笺]《回忆苏格拉底》1.2.48 界定了 καλοκἀγαϑία[嘉德懿行、美好的德行]在雅典的涵义，即有能力关心家庭、朋友和城邦，这包含了斯巴达对美德的界定(Gray 2007:170)。

[2]他对年迈的美德之人的关心也令人钦慕。他规定元老们有权审判重大犯罪，所以，他给予年龄老迈的人比年富力强的人更高的荣誉。

"令人钦慕(ἀξιάγαστον)"：[Lipka 笺]ἀξιάγαστον[令人钦慕]的用法在古典时代的文献中仅此一见。通常色诺芬更喜欢用动词表达方式 ἄξιον-ἄγασϑαι(9.1，10.4，Lipka 2002:181)。

"元老们有权审判重大犯罪(κυρίους τοῦ περὶ τῆς ψυχῆς ἀγῶνος)"：[陈笺]κυρίους τοῦ περὶ τῆς ψυχῆς ἀγῶνος 按字面意思是元老"有权负责灵魂的竞赛"。Gray 分析这段话中的 τῆς ψυχῆς[灵魂]和 ἀγῶνος[竞赛]有两层意思：

第一，就"法庭的竞赛"而言，此处是判处死刑的意思；而就"生命"而言，出现"灵魂"是生命处于危险的意思。

第二,当年老者为入选长老会议而竞赛,"灵魂的竞赛"就是下文所说的美德的竞赛(Gray 2007:170)。所以,10.2节应该是从法庭审判的含义去理解"灵魂的竞赛"。

试比较西文的各家翻译:Lipka译为"负责重大犯罪的审判"(Lipka 2002:83),More译为"负责重大犯罪的审判"(Moore 1975:85),Rebenich译为"受委托负责生与死的审判"(Rebenich 1998:71),只有Waston按字面译为"仲裁灵魂条件之优劣的竞赛"(Watson 1914:219)。汉译为"有权审判重大犯罪"。

[Lipka笺]元老们主持死刑和驱逐出境的审判(《政治学》IV 1294b 33,II 1270b 38-40,《吕库古传》26.2),尤其是重罪,但是我们推测元老们审判的是斯巴达公民的案件,对皮里阿西人的审判参《斯巴达政制》8.4。

此外,长老会议的权力多属平常,如监管公共事务、与两位国王一起行使管理职权,而且,人们有时部分错误地把斯巴达长老会议与雅典的最高法院(Areopagus)、罗马元老院对举。斯巴达长老会议偶尔也参议邦内事务,如《原史》5.40.1记述了长老会议与监察官一起商讨国王阿那克桑德里戴斯(Anaxandridas)的再婚问题,色诺芬《希腊志》3.3.5,3.3.8记述的基那敦阴谋(conspiracy of Cinadon,色诺芬 2013:111-114)。长老会议管辖其他国内事务的职能因缺乏史料,多是揣测。

除了斯巴达之外,《居鲁士的教育》描写的理想城邦中,长老会议享有一切司法权,特别是审理重大犯罪和官员的任免(《居鲁士的教育》1.2.14,Lipka 2002:181-182)。

并非只有斯巴达尊敬元老,其他地方亦有,如《回忆苏格拉底》3.5.15所说的一般情况,《居鲁士的教育》8.7.10说到的波斯(Lipka 2002:182)。

[Gray笺]色诺芬对元老权力的描写限定于他们可以审判判处死刑的案件,这是体现元老荣誉的最严肃的惩处手段(Gray

2007:170)。

[3]很自然地,人们最热衷于[入选长老会议的]竞赛。体育竞技很高贵美好,靠的是人的身体;而进入长老会议的竞赛靠的是灵魂的美好。因而,只要灵魂高于身体,灵魂的竞赛就比体力的竞技更值得努力。

"最热衷于(μάλιστα τῶν ἀνθρωπίνων)[入选长老会议的]竞赛(ὁ ἀγών)":[Lipka 笺]此处采纳的是 Stobaeus 的读法 μάλιστα τῶν ἀνθρωπίνων[人们最热衷于],联系前面的 ὁ ἀγών[竞赛]就指的是"人们之间的竞赛"。而下一句的意思则表明,此句中的 οὗτος ὁ ἀγών 即是 ἀγών ψυχῶν ἀγαθῶν[美好灵魂的竞赛],与 ἀγών σωμάτων[身体的竞技]相对照(Lipka 2002:182)。

"进入长老会议的竞赛靠的是灵魂的美好":[Lipka 笺]许多作者强调过入选长老会议的竞赛,如亚里士多德《政治学》II 1270b 24,普鲁塔克《吕库古传》26.2。色诺芬的其他作品也有关于美德的竞赛(agon in virtue),如《阿格西劳传》9.7 中阿格西劳赢得了"救济"和"惩罚"的竞赛,《希耶罗》11.7 谈到了统治者使得城邦 εὐδαιμονία[繁荣幸福]的竞赛(Lipka 2002:182)。

斯巴达竞选元老的方式是,获得公民最大呼声的候选人入选。据《政治学》II 1270b 24 记载,元老是从 καλοὶ κἀγαθοί[高级贵族]中选举,对个人美德只字未提。关于元老选举的其他文献更具有理想化特征,比如说元老的人选要 σωφρόνων[为人审慎],ἀρετῇ/ ἀριστίνδην[具有美德](Lipka 2002:182-183)。不管怎么说,竞选人的出身起着关键的作用。

亚里士多德将元老的选举称为 δυναστευτική[寡头政体](《政治学》V 1306 a 18),同时并非所有的斯巴达公民都有选举资格(《政治学》IV 1294 b 29-31)。除了父母亲的社会地位至关重要之外，财富的多寡也是决定选举人是否有希望的关键要素。在斯巴达，任监察官一职不是进入长老会议的先决条件，这点和克里特一样。然而可以揣测，元老们在入选长老会议之前，必定是社会地位显赫的人士。

此外，伯里克利也曾不无夸张地说到，雅典人谋取公职的资格是靠个人美德，而非靠财富或出身。换句话说，对美德歌功颂德的传统主题——即一切公民都有自由按其德性入选公职——的历史合法性，人们不要评价过高（Lipka 2002：183）。

"只要灵魂高于身体，灵魂的竞赛就比体力的竞技更值得努力"：[Lipka笺]赞赏灵魂的品质优于身体的强壮，这是色诺芬的常见主题，如《齐家》21.8（Lipka 2002：183）。

[4]再者，吕库古下面这些规定怎么能不被极力赞赏呢？他认识到，当人们自愿私下里践行美德时，并不足以提升城邦的善，他强制性颁令所有斯巴达人公开地践行一切美德。在私人生活里追求美德的人胜于那些私人生活中忽视美德的人，所以，在美德方面，斯巴达自然雄踞于所有城邦之上，因为她是唯——个要在公共生活里践行高贵的城邦。

"当人们自愿私下里践行美德时（ἰδίᾳ οἱ βουλόμενοι）"：[陈笺]对此句有截然不同的读法和解释。Watson 将此句读为 οἱ μὴ βουλόμενοι[不愿意践行[美德]]，而非像 Leunclavius、Zeune、Schneider、Dindorf 等人认同的古代读法 ὅπου οἱ βουλόμενοι（Watson 1914：220 n. 1）。Lipka 则采取了 Erbse 更正古读 ὅπου οἱ βουλόμενοι 之后的读法 ἰδίᾳ οἱ βουλόμενοι[自愿私下里践行[美德]]，认为其优点是将 ἰδίᾳ οἱ βουλόμενοι 与接下来的 δημοσίᾳ πάντας πάσας[在公共生活里践行[一切美德]]做鲜明对比

(Lipka 2002:184)。汉译选择了 Lipka 采纳的新读法。

"他强制性颁令所有斯巴达人公开地践行一切美德(δημοσία πάντας πάσας ἀσκεῖν τὰς ἀρετάς/practice all virtues in public)"：[Lipka 笺]双关语 πάντας πάσας 与同型式的 πάσας ἀσκεῖν τὰς ἀρετάς 结合,具有十足的色诺芬风格。色诺芬的风格旨在突出关键术语(如10.7)。

斯巴达人以追求美德而著称。理想的城邦就是所有公民都过着有德性的生活,这在《阿格西劳传》10.2 有记载,因为国王阿格西劳的德性,引导了其臣民的美德生活。

色诺芬并未明言何为他所谓之 ἀρετή[美德],为了补充这个逻辑链条,需要引证柏拉图和亚里士多德。柏拉图将 πολιτική ἀρετή[城邦美德]与 δημοτική ἀρετή[公众德性]区分开来。这两种德性的构成均包括(或者说应该包括) σωφροσύνη[节制]和 δικαιοσύνη[正义](参柏拉图《斐多篇》82a-b)。另一方面,亚里士多德指出了两种(而非一种)城邦德性,治人和被治的能力(参2.10),而好公民则两者兼备(《政治学》III 1277b 11-20,Lipka 2002:184)。

[Gray 笺]吕库古强制性规定斯巴达人践行其他城邦的人只是自愿践行的美德。斯巴达国王阿格西劳表现了更多社会方面的美德,如虔敬、公正与和蔼。(Gray 2007:170)。

[5]其他城邦惩罚那些对他人作恶的人,而[吕库古]他对那些在公共生活中疏于尽可能完善[自我]美德的人,施加的处罚不[比前者]轻,这难道不是也值得赞赏吗？

"那些在公共生活中疏于尽可能完善[自我]美德的人"：[Gray 笺]《居鲁士的教育》1.6.7 要求统治者应该自我完善和提

高。此处指的是公民在法律规范之下的完善(Gray 2007:171)。

[6]因为他相信,那些绑架、抢劫、偷窃的人伤害的只是直接受害人,但品德败坏的人和懦夫出卖的是整个城邦。故此,我相信,他对后者处以最重的惩罚是有道理的。

"品德败坏的人和懦夫出卖的是整个城邦":[Gray笺]《希腊志》5.2.32说,评价一个指挥官的好坏,应该看他是有利于还是有害于斯巴达城邦(Gray 2007:171)。

[7]此外,他强制性颁令,[公民]必须践行所有城邦德性,毫无通融余地。他使那些履行了法律责任的人同等地享有城邦的公民权,不论他们是贫穷或是羸弱。如若某人疏于履行法律责任,他按礼法规定此人就不再被视为平等者。

"他强制性颁令,[公民]必须践行所有城邦美德($πολιτικὴν\ ἀρετήν$/civic virtues),毫无通融余地":[Lipka笺]此句使用了头韵 $ἀνυπόστατον\ ἀνάγκην\ ἀσκεῖν\ ἅπασαν\ πολιτικὴν\ ἀρετήν$ (Lipka 2002:184)。

"他使那些履行了法律责任的人($τὰ\ νόμιμα\ ἐκτελοῦσιν$)同等地享有城邦的公民权,不论他们是贫穷或是羸弱":[Gray笺]除了"不论他们是贫穷或是羸弱"这第一种理解,第二种理解是"吕库古并不认为他们的贫穷羸弱是不守法的借口"。第一种理解强调了吕库古对守法的公民们平等地享有城邦公民权的回报,对不守法的人施加惩罚。第二种理解,《阿格西劳传》7.1可以证实,国王阿格西劳不逃避重活,不躲避危险,不吝惜花费,从不以身体不好、年纪大作为不给城邦出力的借口,但如果斯巴达人有这些借口并不妨碍他获得公民权(Gray 2007:171)。

[Lipka笺]色诺芬只在此处使用过动词ἐκτελοῦσιν[完成]，但该词还见于古典时期的其他作家(《原史》1.32.6, Lipka 2002:185)。

"如若某人疏于履行法律责任(τὰ νόμιμα)，他按礼法规定此人就不再被视为平等者(τῶν ὁμοίων/homoioi)"：[Lipka笺]此句传递的信息是理想化的，非历史史实。有身体缺陷的斯巴达男童若是健康的，的确不会被排除在教育体制之外，但贫穷确实会导致斯巴达人丧失公民权(Lipka 2002:185)。

孩童们逃避责任的描述参见《斯巴达政制》3.3。Lipka认为此处τὰ νόμιμα[法律责任]意含斯巴达的教育，接受教育是获得斯巴达公民权的前提条件，这一事实可以从3.3推测得知。只有家族的男性继承人可以免受斯巴达教育(普鲁塔克《阿格西劳传》1.2-4, Lipka 2002:185)。

τὰ νόμιμα[法律责任]是否也包含必须参加公餐尚有争论：公民权要么体现于给公餐做捐献(这点与克里特的做法相反)，要么是更普遍地体现于拥有一块土地，土地由黑劳士耕作，公民及其家庭所需的生活资料由此获得。

公民权是否取决于出身也存疑：古典时期外国人的确很少获得斯巴达公民资格(《原史》9.35.1,《政治学》II1270a34等)，但这说明不了斯巴达社会内部一些特定圈子被赋予公民资格的情况。我们想到的情形有：收养继子、父母一方有公民权、危机时刻赋予黑劳士公民权。所以，得到证实的斯巴达公民权的获得方式只有两种：通过教育，拥有足够的土地财产(Lipka 2002:185)。

某些情况下公民权可能被褫夺，即赤贫的情况(《政治学》II1270a15、1271a34-37、1272a13-16)。另外，公民权被剥夺的理由还有公民在战场上表现懦弱，虽然实际上没有执行，但起码法律上是如此规定的。被如此这般褫夺了公民权的斯巴达人被称作"下等人"(hypomeiones),然而《斯巴达政制》中色诺芬没有明确提到过他们(参《希腊志》3.3.6,Lipka 2002:185-186)。

《斯巴达政制》3.3明确说起过,若青少年逃避劳动义务,就不再享有任何未来的公民权,然而 Lipka 推测这是一种理想化的衬托,以对比雅典的情况(雅典的教育与公民权没有关系),并非史实:没有史料证实斯巴达教育有排除青少年的例子,而且这种做法本身就行不通,斯巴达的教育与其说是强制性的,不如说是青少年主动热衷于得到的一种特权(Lipka 2002:186)。

同样地,在《居鲁士的教育》的理想城邦里,那些不履行"法律责任"(τὰ νόμιμα)的人会丧失其公民权(《居鲁士的教育》1.2.14)。在柏拉图的理想国里,只有那些"纯粹的"人被任命为监管者和统治者(《王制》413e-414a,Lipka 2002:186)。

"平等者(τῶν ὁμοίων /homoioi)":[Lipka 笺]ὅμοιοι/homoioi[平等者、完全公民权者]是指非皮里阿西人、非奴隶的斯巴达公民的术语。除此处外,色诺芬使用该词的文献出处还有《斯巴达政制》的 13.1、13.7,《希腊志》3.3.5,《远征记》4.6.14。亚里士多德在《政治学》V 1306 b 30 也用过。斯巴达表示"平等者"的另一个词语可能是 δαμώδεις(参《城邦与帝国:古代史文集》Ehrenberg 1965:218)。

色诺芬之前的文献没有出现过仅在政治意义上使用的 ὅμοιοι[平等者],希罗多德和修昔底德书中的双关语表明,他们那个时代已经知晓了该词的技术含义,并且"平等者"的观念(不是这个词本身)在公元前 7 世纪下半叶提尔泰乌斯(Tyrtaeus)时代就已经可以找到了(参 Lazenby 专著《斯巴达军队》Lazenby 1985:75;Thommen 专著《拉刻岱蒙政制:〈斯巴达政制〉的形成》Thommen 1996:51;Ehrenberg 1965:218,135-137;Lipka 2002:186)。

在色诺芬时代，ὅμοιοι[平等者]反映的是一种政治规划，并非公民人人平等的史实，因为，即使拥有完全公民权的人当中，因经济实力和竞争力的不同，也存在着看得见的等级差异（《政治学》V 1316b 9。关于竞争力见《斯巴达政制》4.2，关于经济实力见5.3。另参卡特利奇专著《思考斯巴达》Cartledge2001：73）。

Lipka 认为最为可能的情况是，这个术语并非仓促间的创造，它"存在的理由"在于将ὅμοιοι[平等者]与其他社会群体划分开来。我们可以参看重装步兵的标准装备及其训练。（[陈按]重装步兵，或重装长矛兵乃斯巴达精锐，多为自由民，即"平等者"。参Lazenby 1985：75。）所以ὅμοιοι[平等者]起初用于区隔"斯巴达公民"和皮里阿西人。后来，当皮里阿西人的重装步兵与斯巴达人的重装步兵无法从装备上（以及可能从训练上）区别开时，这个术语顿失去基本义涵，因而在亚里士多德之后就销声匿迹了。

不管怎么样，此处色诺芬的核心论点是平等者成员"同等地"管理城邦。（对该词的政治含义的阐释参见 Ehrenberg 1965：218f；Thommen 1996：135 – 137，Lipka 2002：186。）

类似 homoioi[平等者]，色诺芬还创造了 homotimoi 指称其理想的波斯帝国的"统治阶级"（《居鲁士的教育》1.5.5、2.1.2，Lipka 2002：186）。

[8]这些礼法显然是古制，因为吕库古据[斯巴达人]说生活在赫拉克勒斯[子孙后裔]的时代。[这些礼法]尽管很古老，然而如今[对其他城邦的希腊人而言]却很新鲜。最令人诧异的莫过于[他们]所有人都齐声赞美这些制度习俗，却没有哪个城邦诚心效仿。

"这些礼法（οἱ νόμοι）显然是古制，因为吕库古据[斯巴达人]说生活在赫拉克勒斯[子孙后裔]（κατὰ τοὺς Ἡρακλείδας）的时代"：

[Lipka 笺]希罗多德了解斯巴达国王的谱系,其先祖追溯到赫拉克勒斯,他们就间接成了宙斯的后裔(参《原史》7.204 记载王族 Agiads 的家谱,8.131.2 记载王族 Eurypontids 的家谱)。

色诺芬也了解这个谱系(《阿格西劳传》1.2),而且熟知赫拉克勒斯的子孙后裔归来的故事(return of the Heraclids。《回忆苏格拉底》3.5.10,Lipka 2002:187)。赫拉克勒斯的子孙回到伯罗奔半岛的神话,即此处的 κατὰ τοὺς Ἡρακλείδας［赫拉克勒斯(子孙后裔)］,这个神话最早见于诗人提尔泰乌斯(Lipka 2002:187)。

赫拉克勒斯的子孙后裔在斯巴达显然是最为显贵的王族。希罗多德提到过这些王族,如《原史》4.149.1 记载的 Aegidae 家族,5.72.3 记载的亚加亚人 Cleomenes 家族(非多利斯人 Cleomenes),7.134.1 记载的 Talthybiads 家族,7.173.2 记载斯巴达团首长(polemarchos)通常从王族世家中遴选,8.114.2 将赫拉克勒斯的子孙后裔与拉刻岱蒙人分开。

普鲁塔克《吕山德传》2.1 说吕山德的父亲 Aristocles 不是王族血统的赫拉克勒斯的子孙后裔,24.3-6 则记录了大量的家族以赫拉克勒斯的子孙后裔起名。即便到了罗马时代,斯巴达上层贵族 Euryclids 家族仍把家谱上溯到赫拉克勒斯(Lipka 2002:187)。

"赫拉克勒斯[子孙后裔]的时代":[陈笺]斯巴达编年史上的第一事件,构成斯巴达国家建立基础的历史事件,就是"赫拉克勒斯子孙回归"的故事。王以欣力证,这个故事是通过神话的虚构,将外来的多利亚人的"入侵"编撰成追随英雄赫拉克勒斯"回归"伯罗奔半岛的故乡。斯巴达人是多利亚人的典型代表,"回归"故事是其早期历史传说的核心。"赫氏子孙回归的神话是阿尔戈斯出于政治动机虚构出来的谱系,被斯巴达人承袭下来并加以发展。"(王以欣 2018:336)

诗人提尔泰乌斯的诗歌说宙斯将斯巴达"赐予赫拉克勒斯的子孙",说明"回归"故事在公元前 7 世纪已具有雏形,希罗多德和修昔底德都叙述过"回归"的过程,修昔底德还指出,"回归"发生在特洛伊战争结束八十年后(《战争志》1.12)。伊索克拉底的演说辞完整描述了"回归"故事,说明了多利亚人占领伯罗奔半岛的合法性(王以欣 2018:332-336)。古典时代"回归"故事基本成型,色诺芬完全熟知。

"[这些礼法]尽管很古老,然而如今[对其他城邦的希腊人而言]却很新鲜":[Lipka 笺] παλαιοί....καινότατοι [尽管古老……如今]这是一个略带调侃的词语对照,或许语含讥讽,因为在《斯巴达政制》开篇 1.1,色诺芬自述并不了解斯巴达礼法(Lipka 2002:187)。

"最令人诧异的(θαυμαστότατον)莫过于[他们]所有人都齐声赞美这些制度习俗(ἐπιτηδεύματα),却没有哪个城邦诚心效仿":[Lipka 笺]许多雅典人钦慕斯巴达政制,在外部形式上模仿斯巴达,视斯巴达为"教授[……]的老师"(παιδαγωγὸν ἢ διδάσκαλον。《吕库古传》30.5)。这种钦慕之情必然是更大范围的亲斯巴达(lakonophilia)现象的产物,尤其在公元前 5 世纪末、4 世纪初颇为盛行(Lipka 2002:187)。

《斯巴达政制》1.1 以"惊诧"(ἐθαύμασα)开篇,1.1 以"吃惊"收煞。色诺芬在开篇伊始就宣称了斯巴达 ἐπιτηδεύματα [政制、习俗、生活方式]是其主题(1.1,5.1),此处 10.8 节呼应了开篇。简言之,第一章到第十章首尾呼应圆满结束,第一章到第十章浑然一体(Lipka 2002:187-188)。

Lipka 相信,色诺芬首当其冲想写的是斯巴达的 ἐπιτηδεύματα [政制、习俗、生活方式],这或许是因为他的朋友和恩主阿格西劳(尤其作为斯巴达国王)经历并完成了斯巴达式的教育,又或许是因为色诺芬想要改进雅典的教育体制,或起码是为了自家孩子的教育。ἐπιτηδεύματα[政制、习俗、生活方式]一词在《斯巴达政制》第一章和第十章反复地、有计划地出现(1.1,5.1,10.8),很难说是巧合(Lipka 2002:30)。

[Moore笺]本章结束时,色诺芬指出吕库古的这些礼法源自古代,这是证明其美德的又一个证据。Moore以为,所有这些溢美之词是一种夸张,第十章结束句色诺芬的提醒反而泄露了真相(Moore 1975:113)。

第十章 释 义

[Moore笺]斯巴达的教育对一个人应该做什么无所不包,从童年到老年长达一生,到第十章,色诺芬结束了对斯巴达教育体制的讨论。第十章的基调,比起前面九章更理论化、更有哲学意味。他对吕库古礼法核心的赞美,是承认其严厉,但强调其公正(Moore 1975:113)。

[陈笺]从Lipka提供的希腊原文版本看,第十章和第十一章的两章之间有空行(Lipka 2002:84,Gray提供的希腊原文版本没有额外的空行),似乎是行文到此告一段落。第十一章开始,谈论的是新的主题:军事和战争。

第十一章　军事措施

[1][以上谈论的]这些制度举措对和平时期和战争时期均有裨益。不过若有人感兴趣,也可以了解他们优于别的城邦的军事措施。

"[以上谈论的]这些制度举措对和平时期和战争时期均有裨益":[Lipka笺]色诺芬说吕库古的"制度举措对和平时期和战争时期均有裨益",不无偏见。色诺芬的同时代人都知道,斯巴达的制度偏重军事,柏拉图就将斯巴达政制径直当作军营条例(《法义》666e)。斯巴达的这个特点曾招致柏拉图和亚里士多德的广泛批评(《法义》628e–630d,《政治学》VII 1324b 2–1325a 14、1333b 12–1334a 10、1338b 9–39,Lipka 2002:188)。

[Moore笺]吕库古法律体制的主要目标,或者说唯一的目标,就是生产出最优秀的军事机器,所以很自然,色诺芬在第十一章转向更为具体地讨论斯巴达军队。色诺芬所说的斯巴达军事传统不早于公元前6世纪中叶,此时,监察官是强有力的执政官,控制军队部署。同样,将军队分为军团(morai)是相当晚近的军事革新。

色诺芬文献中的所有军事描写,都与公元前4世纪早期他亲自了解的斯巴达军队有关。有可能他的大量经验来自与斯巴达人的并肩作战,尤其是公元前399—397年,由斯巴达指挥官提布戎(Thibron)、德库利达斯指挥在小亚细亚地区作战,以及公元前396—394年在阿格西劳——色诺芬对其忠心服膺——指挥下作战(Moore 1975:113)。色诺芬描写的诸多细节与我们所知的那个时代的斯巴达军队不吻合,这也是Chrimes攻击《斯巴达政制》不是色诺芬真作的理由之一。

Moore的解释是,色诺芬为了达到他赞美斯巴达优越性的目的,理想化斯巴达,牺牲了局部细节的真实(Moore 1975:114)。([陈按]提布戎乃对波斯作战时的拉刻岱蒙人指挥官(见《远征记》)。在小亚细亚的作战中,他被拉刻岱蒙人任命为总督,指挥了一支五千至八千人的军队,直到后来指挥权被德库利达斯接替,回国后因默许士兵劫掠友邦被罚款并判处放逐(《希腊志》3.1.4-8)。德库利达斯是斯巴达的指挥官,以狡猾、睿智闻名,绰号"西绪福斯"。公元前399—397年,他率领斯巴达军队经色雷斯进抵亚洲西海岸,洗掠比提尼亚等地区,后又曾受命率军横渡达达尼尔海峡,见《希腊志》卷3、卷4的多处描写。)

[2]由监察官们下令征兵,首先是骑兵和重甲步兵的年龄组,然后是技工年龄组。出征的拉刻岱蒙人,各种给养丰富,跟城邦里的人一样。[监察官]下令供给军队需使用的各色工具什物,有的用车运来,有的用牲畜驮来。任何缺漏不可能不被察觉到。

"征兵($προκηρύττειν$)":[Lipka笺]动词 $προκηρύττειν$ [征召、召集]在色诺芬的作品仅此一见,在伊索克拉底的作品和其他人的诗歌中,则不乏见。但惟有在此处,其语义是"征召、召集"的技术性含义。

斯巴达表示"有义务服兵役的"的词语是 ἔυφρουρον (5.7)。斯巴达人须服兵役直到 60 岁(《希腊志》5.4.13,普鲁塔克《阿格西劳传》24.3)。希波战争时期,斯巴达由监察官征兵(参《原史》9.10.1)。但指挥官通常不是由监察官任命,而是由公民大会任命。普鲁塔克说,所有斯巴达人自愿入伍当兵,这明显是理想化描写(《阿格西劳传》17.3,Lipka 2002:188 – 189)。

所有必须服兵役的人(斯巴达公民和皮里阿西人)被划分成八个 5 岁之差的年龄组(《希腊志》3.4.23、5.4.13、6.4.17),这与军队改革后的情况不一样。斯巴达征兵时不需要按名单进行,因为所有的年龄组都在征召之列。斯巴达人公餐时就已经知道,每个成员属于哪个年龄组,所以,逃避兵役是不可能的(Lipka 2002:189)。

[Gray 笺]斯巴达军队分为不同年龄组,以服兵役的青年时期开始每 5 岁为一组,可分为八个年龄组:20—25,25—30,30—35,35—40,40—45,45—50,50—55,55—60。

洛伊克特拉战役征召的是 $μέχρι\ τῶν\ πέντε\ καὶ\ τριάκοντα\ ἀφ'\ ἥβης$ [从青年(hebontes)开始军龄 35 年]的年龄组(《希腊志》6.4.17),即前七个年龄组都在征召之列。区分年龄组在军事行动中有实际作用,年轻的组动作更迅速。《希腊志》4.5.13 – 16 说 $τὰ\ δέκα\ ἀφ'\ ἥβης$ [从青年(hebontes)开始军龄 10 年]的年龄组被派出追杀敌军,因行动需要速度(Gray 2007:172)。

"骑兵($ἱππεῦσι$)":[Lipka 笺]在洛伊克特拉战役之前,《希腊志》6.4.11 描写过斯巴达骑兵,其特征如下:1. 富人出钱养马供公用;2. 骑兵被当作同年龄组的重装步兵被征召;3. 骑兵不是骑马训练,而是作为重装步兵接受训练。《希腊志》4.4.10 还记载,帕希玛库斯(Pasimachus)领导的斯巴达骑兵选择徒步与阿尔戈斯人(Argives)作战;4. 表现差劲的重装步兵去当骑兵。色诺芬没有提到过大的年龄组有资格当骑兵,说明只有年轻的年龄组有资格当骑兵;5.骑兵的装备可由城邦出资提供,也可由马主人提供,骑兵自己无需出资。这也许针对的是皮里阿西人骑兵而言(6.3,《希腊志》5.4.39,Lipka 2002:189-190)。

洛伊克特拉战役中,临时拼凑的斯巴达骑兵溃败逃跑(《希腊志》6.4.13)。直到雇佣军加入,斯巴达才有了真正起作用的骑兵队伍。关于斯巴达骑兵的一般性介绍参 Spence 的专著《古典时期的希腊骑兵》(Spence1993:2-4),关于斯巴达人的马匹喂养和骑术参6.3节(Lipka 2002:190)。

[Moore 笺]尽管有三百长领导的所谓三百骑兵,但是,斯巴达在公元前424年之后才有常规骑兵,此前骑兵不受重视,在军队里微不足道,只是临时用用而已(Moore 1975:114)。

"技工(χειροτέχναις/cheirotechnai)年龄组":[Lipka 笺] χειροτέχναις[技工]有皮里阿西人,可能还有丧失公民权的斯巴达人,以及(较少可能)某些斯巴达公民,因为有少数斯巴达公民从事商贸(7.2)。技工到底由哪些人组成不太清楚。色诺芬的措辞说明,技工也像骑兵和重甲步兵一样按年龄组划分(Lipka 2002:190)。

技工是军队的技术补给单位。可以推测,他们并不包括《斯巴达政制》13.7提到的占卜师、医生、吹笛者,这些人在军队中占据着更重要的、世袭的地位。后勤技工队伍随车队行军。色诺芬在《希腊志》7.4.20中提到"斯巴达公民"组成的小队,稍后(7.4.27)又提到斯巴达人旁边皮里阿西人组成的小队,后者应该就是伴随军事小队的技工队伍。技工队伍的长官可能就是 *οἱ τοῦ στρατοῦ σκευοφορικοῦ ἄρχοντες*[辎重车长官](13.4)。

在居鲁士的理想城邦,技工根本不是军队的组成部分,这点跟斯巴达截然不同(《居鲁士的教育》6.2.34,Lipka 2002:190)。

"军队需使用的各色工具什物":[Watson笺]Weiske列举的这些什物有斧子、手工磨、揉面钵、磨刀石等(Watson 1914:221 n.1)。

"有的用车运来,有的用牲畜驮来。任何缺漏不可能不被察觉到":[Lipka笺]斯巴达城邦是否给军队士兵提供食物给养仍然存疑,但是,《希腊志》3.4.3记载城邦给军队提供过六个月的谷粒给养,4.5.4记载每个士兵无需自己扛食物,这说明军队集中供应食物。

在居鲁士和雅典人的军中,士兵自行携带食物。《希腊志》5.4.17记载过军中驮重物的驴,也许还有马车(Lipka 2002:190)。用马车和牲畜驮运军队装备,比士兵个人携带更能保证装备完整无缺。居鲁士的军队由"辎重车长官"检查驮运装备是否齐全(《居鲁士的教育》6.2.35,《斯巴达政制》13.4)。出征第一天往往行进不远,以便将缺漏的什物补送到军中(《居鲁士的教育》6.3.1,Lipka 2002:191)。

[Moore笺]很难判断斯巴达的军队后勤要比其他希腊人好多少。色诺芬是经验丰富的士兵,故他在这个部分说的话值得认真对待。然而,他只是说斯巴达的后勤队伍组织得如何有效率(如辎重车队比其他希腊人管理得更好),并没有提到比其他军队好多少(Moore 1975:114)。

[3]在战斗装备方面,他有如下规定:[斯巴达士兵]他们要披一件深红色斗篷,因为他以为红色跟女性服饰最不沾边,却最有尚武之风;他们要拿一面铜制盾牌,[铜质]可最迅速地擦亮,最慢失去光泽。他还允许那些已过青春期的人蓄长发,认为这样他们显得更高大,更有男子气概,更能威慑敌人。

"在战斗装备方面他有如下规定":[Lipka笺]统一着装、统一武器装备说明斯巴达是集中制作战袍武器，统一分配，参 S. Hodkinson 的专著《古典时期斯巴达的财产和财富》(Hodkinson 2000:221f,Lipka 2002:191)。

"[斯巴达士兵]他们要披一件深红色斗篷(στολή μὲν ἔχειν φοινικίδα)，因为他以为红色跟女性服饰最不沾边，却最有尚武之风"：[Lipka 笺]古代文献经常提到斯巴达人穿着红斗篷，但据 Lipka 所知，只有两份相互独立无影响的文献记录的是亲历者所见，其一是色诺芬此处所记，其二是阿里斯托芬喜剧《吕西斯特拉特》1140 行。

亚里士多德曾提到斯巴达人的红斗篷，不知道他是实地观察，还是来自对色诺芬文献的阐释。可亚里士多德却又成为其他很多文献的来源。拉哥尼亚人可能把红斗篷称作 πυρόν (Lipka 2002:191)。([陈按]《吕西斯特拉特》1138-1146 行记录的是公元前 5 世纪美塞尼亚人起义，斯巴达国王珀利克里德斯去雅典求援一事，当时他身披红色大氅。见阿里斯托芬 2007:257。)

按《阿格西劳传》2.7 所载，武器闪着光泽，士兵身披深红色大氅(στολή)，这是斯巴达密集型方阵的典型特色。在色诺芬的其他著述中，στολή [斗篷]主要指波斯外衣(《希腊志》4.1.30,《远征记》1.2.27,《居鲁士的教育》1.3.3)，有时也指雅典骑兵的穿着(Lipka 2002:191)。

据 S. Hodkinson 推测，斯巴达人盔甲下面的短上衣和盔甲外面的斗篷均为红色(Hodkinson 2000:233 n.30)。普鲁塔克《吕库古传》27.2 记载，所有战死沙场的斯巴达士兵均身披深红色大氅下葬，但也有人说只有最勇敢的士兵才如此穿着下葬，普鲁塔克的说法应该更可信(Hodkinson 2000:247f,Lipka 2002:191-192)。斯巴达也允许把作战穿的斗篷染成紫色，但不可用于私人用途(《吕库古传》13.6)，斯巴达的紫色染料是本地出产(Lipka 2002:

192)。

并非只有斯巴达人穿深红色衣服,史诗中已出现过红色衣服,弗基斯人(Phokians)也穿(《原史》1.152.1),科罗福尼人(Kolophonians)、雅典长官、克罗托(Kroton)的执政官以及希腊其他地方的人也穿红色(参 Reinhold,《紫色在古代作为地位象征的历史》,Reinhold1970:22-28)。

《远征记》1.2.16记载,希腊万人军在节庆时穿着红色的羊毛长袍,皮里阿西人和斯巴达的同盟军作战时,同样也穿红色,以便跟敌军区别(Lipka 2002:192)。

[Moore 笺]Moore 猜测,斯巴达全军(包括皮里阿西人和同盟军)故意穿着红色,不仅有区分敌我的作用,或许还想以斯巴达式穿着震慑来敌?(Moore 1975:114)

斯巴达人战斗时身披深红色斗篷,因为希腊女人不穿深红色,而且,士兵穿深红色衣服,受伤流血不那么显眼。或许还有辟邪的原因,原始时期的希腊护身符和其他驱邪的法器都是红色(Moore 1975:114)。把船首涂成红色同样具有辟邪作用(《原史》3.58.2)。

[Gray 笺]红色染料最昂贵的取自海螺,还有的取自昆虫的染料,如胭脂虫,便宜的用茜草根作红染料。羊毛织物最好着色,其次是亚麻衣物(Gray 2007:172-173)。

"他们要拿一面铜制盾牌(ἀσπίδα),[铜质]可最迅速地擦亮(λαμπρύνεται),最慢失去光泽":[Lipka 笺]λαμπρύνεσθαι τὰς ἀσπίδας[擦亮盾牌]是典型的色诺芬式表达(《希腊志》7.5.20)。盾牌是"重甲兵的首要装备",关于盾牌的式样,参保罗·卡特利奇的文章《重甲兵与英雄:斯巴达对古代战争技术的贡献》(Cartledge 1977:12,20)。

在雅典市场(agora)的考古发掘发现,雅典人在公元前425年的 Sphakteria 半岛战役中斩获的一面斯巴达盾牌,铭文有清楚的

第十一章　军事措施

说明(参 Shear,《一面从皮洛斯出土的斯巴达盾牌》,Shear1937),这面盾牌的尺寸是 95×83 厘米,盾面是铜质,或许加入皮革、木头等其他材料。到色诺芬的时代,这种样式的盾牌已经使用了好几个世纪,就像深红色斗篷一样,非斯巴达特有。斯巴达还出现过褐色的小型盾牌(Lipka 2002:192-193)。

[Moore 笺]铜盾牌是那个时代希腊军队的标配,怎么理解色诺芬这段话,就产生了困难,有可能是斯巴达人前不久才刚放弃了古代使用的尺寸更大的皮盾牌。若是如此,色诺芬说斯巴达人采用铜盾牌,附带评价他们为勤拭盾牌而感到骄傲就说得通,尽管这已经老套过时(Moore 1975:114)。

"那些已过青春期($ἡβητικὴν\ ἡλικίαν$)的人":[Lipka 笺]$ἡβητικὴ\ ἡλικία$"已过青春期的人"相当于$δέκα\ ἀφ'\ ἥβης$,即从 20 到 30 岁的年青斯巴达男子(4.1,4.7,Lipka 2002:193)。

"他还允许那些已过青春期的人蓄长发":[Lipka 笺]12 岁左右的斯巴达男童头发剪得很短,直到服兵役即 20 岁之前都是短发,20 岁后须留长发(普鲁塔克《吕库古传》16.11)。考古学的材料参 E. David 的文章《斯巴达社交场合的发式》(David1992:12 n.7)。斯巴达诗人阿克曼(Alcman)的诗歌残篇说,斯巴达人 20 岁之前不仅剪短发,而且蓄短髭须。拉哥尼亚人对一名蓄胡须的战士的描写,参看 Sekunda 的专著《斯巴达人》(Sekunda1998:12,18,Lipka 2002:193)。

《原史》1.82.8 将斯巴达战士蓄长发的习俗归于他们与阿尔戈斯人争夺土地的战争:

> 最后是拉刻岱蒙人得到了胜利。在这之后,先前按照一定的习惯留长发的阿尔戈斯人便剃光了自己的头,并且规定

了一条加上了咒诅的法律,约定他们在收复杜列亚以前,永远不再留头发并永远不许他们的妇女戴金饰。同时拉刻岱蒙人却制定了一项与之相反的法律,那就是从此以后他们要留长头发,因为直到那时,他们是不留长头发的。(希罗多德1978:42[为保持统一,译名有改动])

这个事件虽然可能是虚构,却说明斯巴达的长发在希罗多德时代已是众所周知。根据普鲁塔克《吕库古传》22.2 记载,斯巴达人从青年时期开始蓄长发,因为按吕库古的说法,长发让勇者显得更英俊,让懦夫显得更可怖。

> 他们一旦成年,就蓄起长发,尤其在危险时刻,更是煞费苦心地使头发保持光亮和整洁。他们都记着吕库古说过的这句话:一头秀发使英俊的面庞越发俊秀,使丑陋的脸更加可怕。(普鲁塔克 1990:114)

《原史》7.209.3 记载,斯巴达人在打仗之前梳理头发(Lipka 2002:193)。从古风时代起,长发就被视为自由民/贵族的象征(亚里士多德《修辞学》卷一,1367a 29 - 31;Sekunda1998:24)。长发还是男子气概的象征(David1992:15f)。

卡特利奇的文章《斯巴达妻子:解放还是放荡》中强调了一个突出的事实,斯巴达的男童剪短发,成年男性战士留长发,女孩子留长发,已婚女子剪短发(Cartledge 1981:101)。关于斯巴达女子的发式参《吕库古传》15.5(Lipka 2002:194)。

在亚里士多德时代,斯巴达人蓄长发还十分司空见惯(《修辞学》卷一,1367a 29 - 31)。公元 2 世纪后半叶开始流行短发,因此普鲁塔克《吕山德传》1.1 等文献提到的斯巴达长发是古风遗俗。斯巴达的长发一直到公元 4 世纪还有记载。

关于不同的发式参 Sekunda 的《斯巴达人》(Sekunda1998：24f，Lipka 2002：193－194)。古风时代的拉哥尼亚雕塑、陶瓶上刻画有长发的重甲步兵(Sekunda1998：5，8－11，David1992：14f)。不过长发的重甲步兵其他地区(如雅典)也有(Lipka 2002：194)。

阿里斯托芬嘲笑过斯巴达人的长头发(《鸟》1282 行)，其他作家也嘲笑过斯巴达人的胡须(Lipka 2002：193)。

[Moore 笺]对那些年过 30、平时被管束甚严的男人，战时蓄长发不啻是一种巨大的放松。普鲁塔克曾说，新娘要剪短头发，这样显得像一个年青男子。柏拉图的一个残篇里记载过一位喜剧家揶揄斯巴达人作战时的长发(Moore 1975：114)。

"这样他们显得更高大，更有男子气概(γοργοτέρους)"：[Lipka 笺]γοργός[高贵的；男子气概的]及其派生词在古典时期之前没有出现过，而且它们出现时只用于诗歌，唯一的例外是出现于色诺芬作品(《会饮》1.10，《居鲁士的教育》4.4.4)。《居鲁士的教育》4.4.3、6.4.4 与此处的措辞大体上类似(Lipka，2002：193)。

[4]他把这样装备好的士兵分作六个军团的骑兵和重装步兵。每个公民军团有一名[陆军]团首长，四名百夫长，八名连长，十六名排长。命令下达后，军团的前锋并排排列[一个]排，有时排列三个排，有时六个。

"军团(μόρας / morai)"：[Watson 笺]一个"军团"(mora)最初由四百人组成，后来人数有所增加。色诺芬提到过六百人组成一个团(《希腊志》4.5.11－12)。埃孚鲁斯说是五百人，珀律比俄斯说是九百人。普鲁塔克提到过"骑兵团和步兵团"。古代文献记载过一个步兵团配一个骑兵团(最多一百人)，但真确性不明(Watson 1914：221－222 n. 2)。

[Lipka笺]Lipka认为斯巴达军队改革后,骑兵团和步兵团共计六个团,这从色诺芬《希腊志》6.1.1、6.4.17可见。6.1.1记载国王克列奥姆布洛图斯(Cleombrotus)率领本邦四个团向忒拜进发,6.4.17记载洛伊克特拉战役后"仅余的两个团"出征。所以,我们在古代文献听到的军团数目是六个,不是十二个。

汤因比等相当多的现代学者把色诺芬此处的文字误解为六个骑兵团和六个重甲步兵团,即共计十二个军团,是不准确的(Toynbee1969:374,Sekunda1998:47,Lipka 2002:194)。

[Gray笺]Gray仍然坚持认为此处说的是六个骑兵团和六个重甲步兵团(参《希腊志》3.3.10-11,4.5.11-12),可能每个重甲步兵团600人,每个骑兵团120人左右(《希腊志》4.5.12,4.2.16)。有人说,洛伊克特拉战役后的军事结构改革取消了军团建制,但修昔底德使情况又变得扑朔迷离起来,他写伯罗奔半岛战争时用的是营(lochoi)而非军团(morai)的军事单位(《战争志》5.68.3,Gray 2007:173)。

"骑兵和重装步兵(ἱππέων καὶ ὁπιλιτῶν)":[Watson笺]Schneider认为,ἱππεῖς是一个政治名称,不一定指骑兵,所以,此处只是说分作若干团(Watson 1914:221-222 n.2)

"公民军团(τῶν πολιτικῶν μορῶν)":[陈笺]Stobaeus将此处的文字读为ὁπλιτικῶν[重甲兵],早期的笺释者Leunclavius、Morus、Zeune、Weiske、Watson等人以及晚近的Gray都采纳了,他们认为,这个读法比读作πολιτικῶν更容易理解(Watson 1914:222 n.1)。按此识读,本章色诺芬余下的讨论严格限定在重甲步兵团,可能是考虑到骑兵不是斯巴达的传统军事力量(Gray 2007:173)。

而Lipka按照1335年的梵蒂冈抄本和Harpocration的识读,将此处读为πολιτικῶν μορῶν[公民军团],而非Stobaeus读解的

ὁπλιτικῶν[重甲兵]。很可能是前文的 ἱππέων καὶ ὁπιλιτῶν[骑兵和重装步兵]这一短语让某个抄录者在抄写时把此处的 πολιτικῶν 误抄为 ὁπλιτικῶν 了。军团是斯巴达军中人数最多的军事单元,若军团全数由斯巴达公民组成,该军团称作 πολιτικῶν μορῶν[公民军团](civic battalions),故而不同于兼有斯巴达公民与皮里阿西人组成的军团。这方面的表达方式参《希耶罗》9.5(Lipka 2002:87,194)。([陈按]Valerius Harpocration 是约公元 2 世纪生活在亚历山大的希腊文法家。)

"有一名[陆军]团首长(πολέμαρχον/polemarchos),四名百夫长(λοχαγούς/lochagoi),八名连长(πεντηκοστῆρας/pentekosteres),十六名排长(ἐνωμοτάρχας/enomotarchoi/captains)":[陈笺]πολέμαρχος[团首长、团长]统领约 600 人,百夫长统领约几百人(参 11.10 注释),πεντηκοστῆρας[连长、五十夫长]统领约 160 人。通常认为 ἐνωμοτάρχας[排长]带领约摸 32 人(参《古希腊语汉语词典》)。

Watson 提出另一种可能性:一个排(enomotia)最初似乎由 25 人组成,包括排长(enomotarch,Watson 1914:222 n.2)。

"命令(παρεγγυήεως)":[Lipka 笺]παρεγγυήεως[命令的传达],古典时期的文献中,该词的名词形式仅此处一见。不过,色诺芬常用相应的动词 παρεγγυάω[传达命令](《居鲁士的教育》3.3.42)。该词在此处语境中指列队行进时的命令传达(Lipka 2002:195)。

"团的前锋并排排列[一个]排([εἰς]ἐνωμοτίας/enomotia)":[陈笺]"(一个)排"中"一个"这个数字原文中佚失,Moore 认为最可能是"两个排",也不排除"一个(排)"的可能性(Moore 1975:87)。Lipka 和 Rebenich 译为"一个排"(Lipka 2002:87;Rebenich

1998：137)。Watson 的译文此处缺失，只有后文的三个排和六个排(Watson 1914：222)。汉译选取"一个"。

"有时排列三个排，有时六个"：[Watson 笺]此处颇让笺注者困惑。Watson 认为 Hasse 的解释最佳：团前面布阵"一个排"(εἰς ἐνωμοτίας)时成单行一排，排长为首；布阵"三个排"(εἰς τρεῖς)时，八人一列并列三排([陈按]Watson 的例示共 24 名重甲兵，不是通常所说的 32 名。)，布阵"六个排"(εἰς ἕξ)时，四人一列并列六排(Watson 1914：222 n. 3)。

[5]多数人以为，[武装好的]拉哥尼亚军队编队错综复杂，但事实与他们的想法恰恰相反。在拉哥尼亚军队里，由第一排的队长发令指挥，每个纵队独立[作战]。

"在拉哥尼亚(Λακωνικῇ / Lakonian)军队里，由第一排的队长发令指挥(οἱ πρωτοστάται ἄρχοντες)"：[Gray 笺]οἱ πρωτοστάται [队长、领队]是归属排的那些纵队队长(file-leaders)，他们受排长直接命令指挥(Gray 2007：174)。

[Lipka 笺]纵队的 πρωτοστάται [队长]曾出现在各种不同的军事环境中，可参《希腊志》2.4.16，《居鲁士的教育》3.3.41、3.3.57。斯巴达军队中，纵队队长几近于 δέκα ἀφ' ἥβης [从 20 到 30 岁的年青男子](4.1)，他们应是这个年龄组的人。除了排在第一排的 πρωτοστάται [队长]，排在纵队最后一排的人也很重要：按《回忆苏格拉底》3.1.8，最优秀的战士被排在第一排和最后一排(另参《居鲁士的教育》3.3.41、3.3.57)。

如果是骑兵，最后一排是最资深、最有经验的骑兵压阵。重装步兵方阵是军队打头阵的第一条战线，之后才是持矛兵、弓箭手(《居鲁士的教育》6.3.24)，所以，打头阵的重装步兵领队面对敌人的攻击首当其冲(Lipka 2002:196)。

[Rebenich 笺]πρωτοστάται 这个术语指重装步兵方阵右翼第一排的队长(Rebenich 1998:127)。

"每个纵队独立[作战]"(ὁ στίχος ἕκαστος πάντ' ἔχων ὅσα δεῖ παρέχεσθαι.)":[陈笺]此句因词语位置可能有错讹,歧义重重。Moore 认为,此句的原文涵义有点拿不准(Moore 1975:87)。Schneider 则坦承,他不明白这些词语放在一起的意思。Weiske 和 Morus 识读为:每一队前面的队员怎么做,后面的队员如法炮制,然而,他们的识读无法解释,为什么分词是主动态,为什么不定式在中间(Watson 1914:222 n. 4)。

Rebenich 理解为,每纵队的队员按应该做的去做(Rebenich 1998:127-128)。Lipka 的识读是,现在分词+εἶναι 代替了动词。因而,其意思是每个纵队形成一个独立的战术分队,队长在前面指挥他身后的人。故而,战斗中当横排被打散时,纵队必要时可独立战斗(Lipka 2002:196)。

[6]这种编队很容易搞清楚,但凡士兵能认清两个不同的人,就不会弄错。因为一些人负责指挥,一些人[仅需]服从[命令]。排长传口令,像传令官那样⟨……⟩部署方阵战斗线的纵深窄一些或厚一些。要搞清楚这些战线变化没什么困难的地方。

"但凡士兵能认清两个不同的人,就不会弄错,因为一些人负责指挥,其他人[仅需]服从[命令]":[Lipka 笺]前文 11.4 的 παρεγγύνησις[命令的传达]是指一个军团的士兵列纵队行军时传递口令,而此处的 δήλωσις 是指排长在前队前面发出口令。战争中第三种远距离传令的形式是放信号(《居鲁士的教育》7.1.23,Lipka 2002:196)。

[Gray笺]认识人往往是指认清好坏的品性(《远征记》1.7.4)。品性好的人负责指挥,品性不那么好的人服从指挥,《回忆苏格拉底》3.1.9说让士兵投入战斗,就能区分勇敢的人和怯懦的人(Gray 2007:174-175)。

"排长(ἐνωμοτάρχου)传口令(δηλοῦνται),像传令官那样〈……〉部署方阵战斗线的纵深窄一些或厚一些(ἀραιαί τε καὶ βαθύτεραι αἱ φάλαγγες γίγνοται)":[Lipka笺]这句的形容词ἀραιαί[细的、窄的]之前有语词佚失,各笺注家补充的字句不同:Zeune补入καί,Morus补入καὶ οὕτως,Schneider补入αἷς,可能都较为武断。

史诗诗人常用形容词ἀραιαί。公元前5世纪的悲剧家、希罗多德、修昔底德和柏拉图无人使用该词,但希波克拉底常用。战术家用它指方阵的纵深。色诺芬作品中βαθύς[深的]一般指称方阵的深度(《希腊志》2.4.34)。

φάλαγξ[战斗线]之意的用法见于早期诗歌,希罗多德和修昔底德均不使用,这个词的复数单指一个团的战线的情况,很值得注意,是荷马用法的遗留。可能色诺芬用以指称部署成一条直线的军队。

当排成纵队(column formation)的各排要向前行进形成一个方阵时,通过纵队(files)向前进和向后退调整横排的纵深和宽度。这种行进战术称作παραγωγή[纵队转横队](参《希腊志》7.5.22)。在洛伊克特拉战役中,斯巴达军队排成三个纵队。而通常各排排成四个纵队,每纵队八人(Lipka 2002:197)。

[7]而不容易的反倒是当战斗线被打乱后,怎么跟[随处碰到的]敌人作战,只有那些由吕库古法律调教出的士兵才能胜任。

"怎么跟[随处碰到的]敌人作战":[Gray笺]这里说的阵形打

乱后在附近碰到的人，不是纵队的队友(Gray 2007:175)。

[8]拉刻岱蒙人轻而易举地完成那些连军事教练们都觉得困难重重的阵形变化。方阵列纵队行进时，一队紧接着一队。若纵队行军时前方遭遇敌军，每个小队得令向[持盾的]左[前方]行进部署成防御队形，[一队接一队]，直到整个方阵形成与敌军对峙的战斗线。若列纵队行进时敌军在后面出现，每个纵队就掉头[转一百八十度]向后行进，以保证总是最精锐的[重甲]士兵面对敌军。

"军事教练们(ὁπλομάχοις / hoplomachoi)"：[Lipka 笺]在色诺芬著述中，ὁπλομάχος[(重甲兵)军事教练、战术教官]被证实仅此一见，《远征记》2.1.17 出现了ὁπλομαχία[重甲兵战术]一词。公元前4世纪之前没有出现过与此相关的复合词和派生词。

色诺芬和柏拉图都对军事教练的能力表示怀疑(见《回忆苏格拉底》3.1 和《居鲁士的教育》1.6.12-14)。这里可能针对一位名叫迪奥尼索多鲁斯(Dionysodurus)的战术教官，柏拉图说他是重甲兵战术教官，还是懂修辞、文字和法庭辩论的演说家。《斯巴达政制》11.8 也许是色诺芬回应此人对战术的看法。在斯巴达，没有证实军事教练是教授兵法的教师，不过，也许有骑兵战术的教师称作ἡνιοχαράτης(Lipka 2002:198)。

"若列队行进时敌军在后面出现，每个纵队就掉头[转一百八十度]向后行进(ἐξελίττεται/counter-march)"：[Watson 笺]Weiske 将ἐξελίττεται识读为"掉头行进"(countertitur)，Schneider 采纳了这个解释(Watson 1914:223 n.2)。

[Lipka 笺]斯巴达军队列纵队(ἐπὶ κέρως)行进。每队队尾(κατ᾽ οὐράν)接下一队。若敌军阵线在纵队前面出现，军令传给(παρεγγυᾶται，参 11.4)各排长，各排长带领其小队一队接一队向

左前方(即左手持盾方向)排列到阵线前面,即各小队形成正面对敌的第一排(εἰς μέτωπον, Lipka 2002:198)。这种阵形部署(manoeuvre)是正常变化,色诺芬多次提到(《远征记》4.3.26,《居鲁士的教育》2.4.3 等,Lipka 2002:199)。

若军队以密集方阵排列,敌军从后面进攻时,每纵队掉头向后行进(countermarch),即第一排的士兵转一百八十度,移动到最后一排位置,纵队中的其他士兵同向转移,这一战术阵形变化即ἐξελιγμός[掉头向后行进],其优点在于每个纵队重甲兵的顺序保持不变,最强壮的重甲兵总是站在第一排面对敌军(Lipka 2002:266 图 3a - c)。

据说,阿格西劳在打完科罗尼亚战役(battle of Koroneia)之后,敌军从后面袭击其辎重车辆,他采用了这种战术阵形变化迎敌(《希腊志》4.3.18,Lipka 2002:199)。

"那些最精锐的[重甲]士兵(οἱ κράτιστοι)":[Watson 笺]Weiske 将 οἱ κράτιστοι[最精锐的士兵]理解为 ἄρχοντες[首领],或者 11.5 提到过的第一排的队长(πρωτοστάται)。关于拉刻岱蒙军队这方面的描述模糊不清(Watson 1914:223 n.3)。

[9][完成掉头向后的阵形变化后],[斯巴达]军队长官位于队伍左翼,在他们看来,军官[在左翼]的位置并非不利,有时反而更占优势。因为倘若敌人试图从侧翼包抄他们,敌军包围的不是无保护的侧翼,而是[持盾]受到保护的那侧。但如果长官出于某种理由认为据守在右翼是有利的,阵形变化则是前队掉头向后行进,直到长官在右翼,后卫部队在左翼。

"[斯巴达]军队长官位于队伍左翼,在他们看来,军官[在左翼]的位置并非不利,有时反而更占优势":[Lipka 笺]长官的位置在队伍左翼的不利之处是，士兵左手持盾的同时还必须向左看听长官传令。倘若无盾牌保护的右边受敌，士兵要伸出左边的盾牌保护自己，自然背对站在左边的长官，所以无法同时迎敌和听左侧的长官下令。但长官位于左翼的优势也很明显，假如敌人从左边包围，长官首当其冲迎敌，他有盾牌护身，同时还可以对右侧的士兵发号施令（Lipka 2002：199）。

"因为倘若敌人试图从侧翼包抄他们，敌军包围的不是无保护的侧翼，而是[持盾]受到保护的那侧（τὰ ὡπλισμένα）"：[陈笺]占优势的情况应该是完成 ἐξελιγμός [掉头向后行进] 的战术动作后，左翼受敌，此时敌人以为攻击的是无防护的侧翼。

《希腊志》汉译者徐松岩推测"斯巴达重装步兵作战时，一只手持盾牌，一只手持短剑。有盾牌的一面是有防护的，敌人往往进攻无防护的一面。当调换布阵位置后，敌人也许会上当。"（徐松岩 2013：390 注 2）

"但如果长官（ἡγεμόνα）出于某种理由认为据守在右翼是有利的，阵形变化则是前队（τὸ ἄγημα/agema）掉头向后行进（ἐξελίττεουσι），直到长官在右翼，后卫部队在左翼"：[Lipka 笺] Boucher 曾将此段解释为一个小队（ἐνωμοτία）的掉头向后行进，Lipka 从三点反驳之：

其一，色诺芬此处未提及各小队，而是说更普泛意义上的长官（遣用 ἡγεμών 一词两次）；

其二，他用的是 ἄγημα [前队] 一词，没用 ἐνωμοτία [排]；

其三，如果色诺芬指的仅仅是各小队的阵形变化，高级将领的位置则悬而未决。若各小队调转一百八十度，虽然转变阵形后排长仍然位于队列右翼，但是比排长军衔更高的军官（如连长）的位置就不在原队列的右翼，而是左翼，而且是该队列最远端的左翼，即位于两个小队队列中间(Lipka 2002:200)。

　　Lipka 对此阵形变化的解释为:斯巴达军队采取战斗阵形时,长官站在其所属队伍的右侧,若军队后面遇袭,第一排[精锐](ἄγημα)向右转,第二排跟在第一排后面右转,那么,呈战斗阵形(φάλαγξ)的战术单位——一般是营(lochos),而非整个军团,那样人数太多——最终是一整个行进的方阵先向右、再向后、再向左转过来。转向完成后,行进方阵的最后一排在相应战术单位的左翼,所有长官仍在其所属队列的右翼(Lipka 2002:200,267－268 图 4a－c)。

　　[10]另外,如果军队列纵队行进时敌军出现在右翼,他们直接让每个营[右转]正面敌军,像三层桨战舰的船头[正面向前]一样,后面的营[再一次]转为右翼。敌军若是从左翼进攻,他们也不让敌人靠近,他们[快速]向前移动,或者让各营[左]转面对进攻的敌人,原方阵尾部的战团变成军队的左翼。

　　"营(λόχον / lochos)":[陈笺]《古希腊语汉语词典》译 λόχον / lochos 为"小队",并且注解为:小队的人数不等,24 人到 100 人,一个小队＝1/4 或 1/5 个团(μόρα)。然而,其他资料却显示,古希腊不同时期 lochos 的规模从一个纵队到 640 人不等。色诺芬在《远征记》和《斯巴达政制》中的描述是现存对 lochos 的最好文献记载,但需注意它们只是公元前 5 世纪斯巴达军中的情况。

　　lochos 的长官被称作"百夫长"(lochagos)。当 lochos 指人数较多的战团时,几乎相当于 1/2 个军团(mora),下面有 4 个连长(pentekosteres)各带 160 人,各连长之下有 4 个排(enomotia)各带约 40 人。但是,作战时 lochos 的实际人数往往只有 300 人。

　　所以,汉译会根据人数情况将 lochos 译为"排、营",营指若干"排"(enomoties)组成的战术单位。

第十一章 军事措施

[Gray 笺]当敌袭来自右翼,色诺芬叙述的军事单位变成了比排更大的营,各营右转九十度迎敌(Gray 2007:176)。

"像三层桨战舰的船头[正面向前]一样":[Gray 笺]《希腊志》7.5.23 也用过船的形象,形容伊巴密浓达率军杀入敌阵,如同一艘三列桨战舰乘风破浪(色诺芬 2013:324,Gray 2007:176)。

"他们[快速]向前移动":[陈笺]此一小句 Moore 译本与 Rebenich 译本有,且意思接近,Rebenich 译为"他们小跑着前进"(Rebenich 1998:77)。Watson 译为"他们击退敌军"(Watson 1914:223)。Lipka 译本无此句。不过 Moore 本注明该句涵义不确定(Moore 1975:88)。

"或者让各营[左]转面对进攻的敌人([ἡ] ἐναντίους [ἀντιπάλους])":[Lipka 笺]《斯巴达政制》的 A 本,即梵蒂冈抄本(Vatican Gr. 1335,Lipka 2002:56)传下来的读法是 ἡ ἐναντίους ἀντιπάλους [对面的敌人],Köchly 和 Rüstow 读为 τοῖς ἐναντίοις [对面的人、敌人],Marchant 和 Pierleoni 认为 ἐναντίους 为讹传,但保留了文本中的 ἡ。

Lipka 提出一个解释,ἡ ἐναντίους 的位置最初可能是在手稿文字的上面或页边,是对 ἀντιπάλους [敌人]另一种可选择的识读。色诺芬用过 ἀντίπαλος 一词,而且总是用作名词,把它解释成形容词"敌对的"解释不通。若是这样,此处的原文就应该是 ἐναντίους [敌人],而非 ἡ ἐναντίους ἀντιπάλους [对面的敌人](Lipka 2002:201)。

"原方阵尾部的(οὐρά)团变成军队的左翼(παρ' ἀσπίδα)":[Lipka 笺]与右侧来敌的应对变化类似,若敌军从左侧来,各营(lochoi)就转向左侧。这样的话,原来作战方阵的尾部成为左翼

(Lipka 2002:201,268 图 5 b)。

［Gray 笺］色诺芬讲述了四种变换阵形迎敌：分别是敌军从前方来（ἐκ τοῦ ἐναντίου）、从后方来（ἐκ τοῦ ὄπισθεν）、从右翼来（ἐκ τῶν δεξιῶν）、从左翼来（κατὰ τὰ εὐώνυμα）。从前、右、左来敌时的阵形变化清楚易懂，敌军从后方袭扰军队时的阵形变化比较复杂。

Anderson 在其专著《色诺芬时代的军事理论与实践》中说，拉哥尼亚的"掉头向后行进"与其他地区有所不同（Anderson 1970：106）。这种掉头方式的好处是斯巴达人是朝前进（不是后退着）迎敌（Gray 2007：175-176）。

［陈笺］11.8-10 节，色诺芬分别描述了当斯巴达方阵列纵队（ἐπὶ κέρως）行进时，前方、后方、左翼和右翼遭遇敌军时的军事对策，各队如何调遣转换阵形，军官在作战军团中位置如何，说明色诺芬的确是富有经验的军事行家。

第十一章释义

［Gray 笺］本章内容属于传授技术内容这样一个文学指南传统，色诺芬的《论骑术》（De Re Equestri）、《论骑兵指挥》（Hipparchicus）和《论狩猎》（Cynegeticus）也是如此（Gray 2007：172）。

［Lipka 笺］直到第十一章之前，色诺芬一直谈的是斯巴达的内政。第十一章转向军事主题，之前并非没有铺垫，除了 10.8 提到的赫拉克勒斯的子孙武力重新收复伯罗奔半岛，在第九章广泛讨论的、第十章也略有涉猎的"惩罚懦夫"的主题，就是《斯巴达政制》第一部分（第一章到第十章）与第二部分（第十一章到第十五章）之间的接榫（Lipka 2002:188）。

然而，色诺芬在引入"邦内-［邦际］战场"的二分结构时，加入了之前没有提到的一种新的结构要素。色诺芬故意只在《斯巴达政制》第一部分(1.1,5.1,10.8)使用过关键的术语 $\dot{\epsilon}\pi\iota\tau\eta\delta\epsilon\dot{\nu}\mu\alpha\tau\alpha$ [政制、习俗、生活方式]，它在结构上具有重要的位置，这就提醒我们，第一章到第十章初稿时本是自成一体的(self-contained)整体(Lipka 2002:188)。

Lipka 对文本结构的推测如下：色诺芬为最初的《斯巴达政制》初稿写了关键的一章，即第十四章作为收结。此后不久，也许是受到阿格西劳在小亚细亚地区军事胜利的鼓舞，他又写了一个小篇幅的文章，即第十一到第十三章的军事，这时还没有第十五章。总之，色诺芬扩展了初稿，他在页边空白处标注，定稿要以第十四章作为结束(比如说在第十三章之后)，这样第十四章就不会突兀地出现在书的中间部分。

后来，当色诺芬了解到斯巴达国王和民众之间的 $\sigma\nu\nu\vartheta\tilde{\eta}\kappa\alpha\iota$ [协约、条约]后，他最后撰写了这个主题作为补充，此即第十五章。证据是在《斯巴达政制》11.1 色诺芬即宣称要处理的是军事方面的内容，第十一章到第十四章均符合，但第十五章却谈的是和平时期的国王。

色诺芬死后，编辑者是严格按照其手稿上的亲手标注安排篇章顺序，即把第十四章从第十章之后挪到色诺芬要求的第十三章之后(Lipka 2002:30-31)。

第十二章 宿　　营

[1]我解释一下，吕库古如何规定宿营。营地若是正方形，四个角没什么用，所以他规定，除非军队依山、依河或背靠着城墙，否则就围成圆圈宿营。

"围成圆圈宿营"：[Gray笺]《希腊志》3.4.24记载过阿格西劳的圆形宿营地(Gray 2007：177)。

[Lipka笺]色诺芬解释了为什么宿营地几乎清一色是圆形，当然，除了练兵场，军营很少恰好是正圆形。长方形营地的四角，尤其没有修筑防御工事的，很难防守，敌军可同时从两边夹击这些凸角。

斯巴达人的营地照惯例是不修防御工事的，Pritchett在其专著《战争中的希腊城邦》第二部中列出了公元前480-197年的军事防御工事，共计55个工事中仅有5个是斯巴达的工事(Pritchett1974：136-138)，而且这5例也是因为特殊原因，如在城墙内，如有天然的壕沟等。公元前390年之前，斯巴达人很少修筑工事，在这之后，通常是在防御工事可长期使用时才修筑。相反的，在斯巴达以及古典时期的其它希腊地区，军队安营扎寨时，更为通行的做法是不修筑工事，特别是敌军还在行军路上，没有到达战场时

(参 Anderson 著《色诺芬》一书，Anderson 1974:60, 63 - 66)。

希腊人多利用地形的自然状态布置防御(与罗马军队形成对照)，而非修筑工事。此外，公元前 317 年之前连斯巴达城邦亦不修筑防御工事(《阿格西劳传》2. 24，《希腊志》6. 5. 28)，亚里士多德指责色诺芬犯了时代错误(《政治学》VII 1330b 32 - 35)。那时波斯人在军事营地前修筑壕沟作为防御，这与希腊人不同(《居鲁士的教育》3. 3. 26，Lipka 2002:202)。

[2]白天他设哨，由一队哨兵看护着大军军营，哨兵朝里看，因为哨兵提防的不是敌军，而是盟军。骑兵观察敌军，若敌人逼近，从他们站岗的据点远远地就可以察看到。

"由一队哨兵看护着大军军营(παρὰ τὰ ὅπλα)"：[陈笺]大军(παρὰ τὰ ὅπλα)，许多抄本上是 παρὸς 而不是 παρὰ (Watson 1914:224)。τὰ ὅπλα 是指整个军营(《居鲁士的教育》7. 2. 5)，还是指军营中囤放武器之地，尚无确论。Sturz、Schneider Leunclavius 认可前一种理解(Watson 1914:224)。如果是后一种理解，那么比较可能只指的是轻武器，因为斯巴达士兵总是重武器不离身。

此外，对应行军时的武器存放地，在斯巴达城邦中有"铁库"(ὁ σίδηρος / iron store)，里面似乎也只存放轻武器(Lipka 2002:203)。

[Lipka 笺]军队中的高级军官不站哨，总督德库利达斯不遵守此规定亲自全副武装站哨，受到吕山德的惩罚(《希腊志》3. 1. 9，Lipka 2002:202 - 203[陈按]关于德库利达斯做总督的情况，参《斯巴达政制》14. 4 的注释)：

德库利达斯向来以足智多谋著称，事实上他有一个绰号，叫作"西绪福斯"……由于受到法那巴佐斯诋毁，德库利达斯被迫带着盾牌去站岗放哨——这是用于惩罚叛逆行为的,而在拉刻岱蒙人看来是一桩有失体面的事情。(色诺芬 2013：94[为保持统一,译名有改动])

"哨兵朝里看,因为哨兵提防的不是敌军,而是盟军(οὐ γὰρ πολεμίων ἕνεκα ἀλλὰ φίλων)"：[陈笺]此句汉译据 Moore 和 Gray 的识读译出,即哨兵提防的是盟军(Moore 1975：88；Gray 2007：177)。

Moore 注疏云："斯巴达军队日夜设哨不仅出于军事考虑,即便是行军宿营时,斯巴达人也不信任那些伴其左右出征的黑劳士和非斯巴达人。这是从军队的集中屯驻和哨兵防卫可得出的唯一推论。"而且,夜晚的防卫应该和白天一样,不可能让黑劳士携带武器睡觉(Moore 1975：116)。Gray 更具体地指出,"盟军"(φίλων)就是宿营地里的黑劳士,这带有十足的讽刺意味,但不是施特劳斯所说的那种讽刺(Gray 2007：177)。

Lipka 却认为,很难断定此句的 φίλοι 到底指的是下文 12.5 所说的盟军,还是下文 12.4 所说的黑劳士。假如色诺芬所指是黑劳士,φίλοι 的表述就具有强烈的讽刺意味(Lipka 2002：203)。

Watson 的翻译正好相反："哨兵设岗的位置不是为敌军起见,而是为盟军起见"(Watson 1914：224)。Watson 注疏云："此句话无意义。所有的哨兵都是兼顾敌人和盟军,也就是保障盟军不受敌军的袭击"(Watson 1914：224)。

鉴于《斯巴达政制》通篇的讽刺基调,汉译倾向于同意斯巴达哨兵提防盟军的观点,以突出斯巴达人多疑之性,这与后文(12.5)色诺芬谬赞其"面容高贵"构成绝妙反讽,Watson 的理解不仅没有领悟色诺芬的深意,更以现代人的自作聪明低估色诺芬说了句废话。

"骑兵观察敌军":[Lipka笺]在崎岖地带和夜晚,哨兵步行巡逻,斯喀里特人也同样如此(《希腊志》2.4.4,Lipka 2002:203)

[3]他下令规定,夜晚由斯喀里特人担任军营外围的前哨,如今[的做法]则是若有雇佣军就由雇佣军执勤。

"夜晚由斯喀里特人(Σχιριτῶν/Skiritai)担任军营外围的前哨":[Watson笺]此句Watson的译法是"若任何士兵夜晚从军营外出,他下令,必须由斯喀里特人监管外出士兵。"斯喀里特人来自阿卡迪亚(Arcadia)山区的城镇Scirus,拉刻岱蒙人减少了他们的数量,并让他们在军队里担任骑兵,而骑兵是最危险的兵种(Watson 1914:224)。

[Moore笺]斯喀里特人来自斯巴达疆域北端,是吃苦耐劳的山地人。虽无具体说明,但斯喀里特人可能擅长轻武器(参13.6;Moore 1975:116)。

[Gray笺]《居鲁士的教育》4.2.1将斯喀里特人的强健与骑马的赫卡尼亚人(Hyrcanians)做对比。《希腊志》5.4.52-53记载他们与骑兵一起上山,这说明他们携带轻武器(Gray 2007:177)。

[Lipka笺]斯喀里特人来自斯巴达西北部,据推测与σχῖρος[灌木丛生的坚硬地带]有关。斯喀里特人并非一直归属于斯巴达疆域。《希腊志》6.5.24-26描写了洛伊克特拉战之后,阿卡迪亚人袭击了斯喀里特人的首都奥昂(Oion),这说明直到这场战役之后,起码斯喀里特斯的某些部分还掌握在斯巴达手里(Lipka 2002:203)。公元前364年之后,斯巴达人好几次出征攻打Karyai和(可能)斯喀里特人(Lipka 2002:204)。

在军队里,斯喀里特人组成的部分人员有600人(也许是一小队?),行军时他们充当先锋,作战时他们是左翼前锋。Lipka推测他们是步兵，可能携带轻武器装备，与玻俄提亚人的 ἄμιπποι 相似。之所以推测他们是步兵，是因为他们负责夜间守卫，以及他们与骑兵是分开论及（Lipka 2002：204 n. 39）。（［陈按］：但 Watson 直接说他们是骑兵。未断。）

还有资料说斯喀里特人是与国王关系亲近的精英战队，但可能是误把斯喀里特人与三百团混淆了。斯喀里特人与皮里阿西人不同，他们被视为盟军（《希腊志》6. 5. 26，Lipka 2002：204）。

很明显，斯喀里特人是斯巴达军队的一个组成部分。在《斯巴达政制》写作的时代，他们的军事任务亦可由雇佣军完成。斯喀里特人曾列队在斯巴达军队左翼，那么很可能在洛伊克特拉之战中，他们没有被彻底消灭（此战中国王所在的军队右翼被彻底摧毁，《希腊志》6. 4. 14）。然而，斯喀里特人也损失惨重，乃至阿卡迪亚人后来对斯喀里特人首都奥昂发起了一次成功的袭击，随之击败了斯喀里特人。

公元前 369 年，斯喀里特人的首都奥昂城可能加入了矛头针对斯巴达的麦加罗联盟（synoicism of Megalopolis）。（［陈按］麦加罗联盟即阿卡迪亚联盟，公元前 371 - 368 年忒拜的伊巴密浓达建立阿卡迪亚联盟，首府设在麦加罗。因此在公元前 364 年，斯喀里特人与斯巴达是敌对的。参《希腊志》7. 4. 21。）

所以，洛伊克特拉一役之后，斯巴达军队里不可能还存在斯喀里特人组成的部分，同样不可能的是，色诺芬用 Σκιριτῶν 一词指最初仅由土生土长的斯喀里特人组成的战队，而后来却用它指称其他地区的雇佣军士兵组成的战队，因为色诺芬在 12.3 明确区分了斯喀里特人和其他雇佣军士兵（Lipka 2002：11n. 69）。

"前哨（προφυλάττεσθαι）"：[Lipka 笺] προφυλάττειν 一词是"夜间前哨"的正式军事用语，还出现于 12. 6，及《远征记》2. 4. 15（Lipka 2002：204）。

"雇佣军(ξένων)":[Lipka笺]ξένοι一词要么是指斯巴达的盟军(σύμμαχοι),要么是指雇佣的军队。以ξένος[雇佣军]代替σύμμαχος[盟军]未见先例也不匹配,因此不太可能。假如色诺芬指雇佣军,他想到的应该特别是阿卡迪亚人和色雷斯人雇佣军(轻装步兵)(Lipka 2002:204)。除了用雇佣军作重装兵和轻装步兵队伍,他们尤其被雇佣以加强骑兵(Lipka 2002:204 n. 40)。

[Moore笺]伯罗奔半岛战争时期,斯巴达人首次使用了雇佣军(参修昔底德《战争志》3. 109. 2),相比公元前4世纪的其他希腊城邦军队,雇用雇佣军成了斯巴达军队的特色(Moore 1975:116)。

[4]他们无论走到哪里总是长枪不离手,看到这样的事实人们就该明白,他们是出于同样的理由不让奴隶碰兵器。大小便时他们不离兵器和军营太远,去不碍着他人的地方[解决],这并不是匪夷所思的事。他们这么做也是出于安全的考虑。

"他们无论走到哪里总是长枪不离手":[Gray笺]这句话是ὅτι从句的主题,强调了斯巴达人对安全的极度关注(Gray 2007:177)。

[Watson笺]其他古代作家没谈到过拉刻岱蒙人枪不离手的习惯。拉刻岱蒙人擅长使枪(参《回忆苏格拉底》3.9.2)。Watson猜测拉刻岱蒙人出征时枪不离手是防奴隶,因为奴隶的数量远远超过拉刻岱蒙公民,一旦奴隶发生骚乱,他们可用随身携带的武器轻松制服奴隶(Watson 1914:224)。

[Lipka笺]随身携带武器是一种士兵美德(《居鲁士的教育》7. 5. 79)。除了斯巴达人践行这样的美德,还有色诺芬带领的万人大军(《远征记》7. 4. 14 - 16)。据说斯巴达人连吃饭也枪不离手。这样做的理由不仅是对付内部可能的骚乱,最主要的是抵御外敌

袭击，尤其是在敌军地盘时（Lipka 2002：205）。

"他们是出于同样的理由不让奴隶碰兵器"：[Moore笺]12.4句是辩解的语调，或许很多希腊人嘲笑斯巴达人哪怕是在自己的营地里也过于小心谨慎了，但是这段话是有利于斯巴达人的态度和立场的证据（Moore 1975：116）。

[Gray笺]"不让奴隶碰兵器"这一句区分开了自由人与奴隶。作为奴隶的黑劳士不得碰重装士兵的武器，这说明黑劳士是不带武器的军营工匠或是带轻武器的士兵，他们在希波战争中协助过重装的斯巴达士兵（《原史》7.229.1、9.10、28.2、29.1），在伯罗奔半岛战争中，带武器的黑劳士与斯巴达人并肩作战（修昔底德《战争志》5.57.1、5.64.2），《希腊志》6.5.28-29记载黑劳士装备了武器参加了重装士兵的战斗（Gray 2007：177）。

[Lipka笺]希罗多德似乎不知道斯巴达人害怕黑劳士，虽然他了解斯巴达人与美塞尼亚人之间的紧张（《原史》9.64.2），而修昔底德却谙熟斯巴达人对黑劳士的担忧，如他所描述的黑劳士叛乱（《战争志》1.102.3），尤其是派遣700黑劳士随伯拉西达（Brasideiloi）出征（《战争志》4.80）。

除了《斯巴达政制》，色诺芬在别的书里也轻描淡写过斯巴达人担心黑劳士（《希腊志》3.3.6、6.5.2）。再后来的文献描绘的画面就骇人听闻了：据亚里士多德一个残篇的记录，斯巴达年青人的秘密行刑队过去往往会杀死他们在晚上遇到的随便哪个黑劳士，而监察官则每年都对黑劳士宣战（Lipka 2002：205）。

斯巴达人害怕黑劳士，这在多大程度上是历史事实？古代和现代史家经常提到，黑劳士多次起义威胁到了斯巴达城邦自身的安危，史家们还猜想，斯巴达人和黑劳士间的关系通常是极不信任对方，但这些观点和猜想也遭到了某些学者（如J. Ducat）的反驳。

然而Lipka认为，古代诸多文献（希罗多德、克里提阿斯、色诺芬、修昔底德）证明了斯巴达人害怕黑劳士是属实的。至于在所谓的害怕黑劳士和黑劳士参加了部分斯巴达军队这两种情况之间该如何调和，是一道难题。最可能的理由，是因为黑劳士可以胜任军中所有役务，他们随侍主人左右、给主人提供给养、当守卫、任轻装步兵甚至任重装步兵（Lipka 2002:205）。

倘若斯巴达人和黑劳士之间经久不断的敌视是虚构的，部分原因可能是雅典人搞的宣传。卡特利奇在其著作《阿格西劳与斯巴达的危机》中说，这种相互的敌意甚至是一种阶级冲突（Cartledge 1987:13）。雅典人的宣传有可能混淆了美塞尼亚人与拉哥尼亚黑劳士（Lakonian helots），这种混为一谈要么是出于无知（Lipka 2002:205），要么是刻意想达到的修辞效果。

此外，雅典的宣传一再强调斯巴达人对黑劳士的压制，目的是突出斯巴达政权的专制，如亚里士多德《政治学》II 1269a 38 以及伊索克拉底的说法（Lipka 2002:206）。

值得指出的是，色诺芬在文中并不认为需要捍卫斯巴达人对黑劳士的立场（正如 2.12-14 他对待斯巴达的男童恋一样），Lipka 推测，也许色诺芬想在沉默中回避这个引起争议的事（但为何又提及此事？），或者，更为可能的是，因为他与大多数雅典同胞持相对立的观点，即他同情斯巴达人的所作所为（Lipka 2002:206）。

"大小便时他们不离兵器和军营太远"：[Gray 笺]大小便也枪不离手违反了日常的社会行为规范，足以表明斯巴达人警惕黑劳士的安全意识到了何种程度（Gray 2007:177）。

[5]他们频繁转移营地，迷惑敌人，协助友军。行军时所有拉刻岱蒙人听从律令操练，如此，他们自认比别人更显得有男子气概，面容更高贵。士兵不允许在军团范围可及之外做步行或跑步

操练,就不会远离自己的武器。

"他们频繁转移营地,迷惑敌人,协助友军":[Lipka笺]居鲁士曾经频繁换军营营地,以保证充足的给养,并袭扰敌军(《居鲁士的教育》3.3.23)。按常理,经常换营地并不必然有利于盟军的城邦,因为每次宿营住处周围的树林都被砍倒了。除了战术的考虑,出于卫生的理由(宿营地被秽物弄脏),也应常换营地(Lipka 2002:207)。

"行军时所有拉刻岱蒙人听从律令操练":[Lipka笺]《原史》7.208.2已记载过斯巴达人在军营壁垒外面做日常训练,这种操练通常在上午和晚上。军队的操练对军事部署是有意义的。

色诺芬赞美过阿格西劳的一个重要优点,就是备战时训练斯巴达和盟军的联军(《阿格西劳传》1.25)。普鲁塔克在《吕库古传》22.2却有相反的记载,斯巴达人行军打仗时的操练比平时的操练轻松,这只不过隐藏了一个理想化的信息,斯巴达人在军队里才得到唯一的放松娱乐(Lipka 2002:207)。

"他们自认比别人更显得有男子气概($μεγαλοπρεπεστέρους\ μὲν\ αὑτοὺς\ ἐφ'ἑαυτοῖς$)":[陈笺]此短语各家译法不同,Moore译为"体格强健"(Moore 1975:88),Watson译为"更有男子气概"(Watson 1914:224),Lipka译为"更为自己自豪"(Lipka 2002:207),Rebenich译为"更卓越"(Rebenich 1998:79)。$μεγαλοπρεπής$原意为[宏大的、崇高的],根据上下文,汉译为"更有男子气概"。

"面容更高贵":[Lipka笺]色诺芬在《回忆苏格拉底》3.10.5强调过"高尚"和"自由精神"在容貌和举止上显现出来(Lipka 2002:207)。

"士兵不允许在军团范围可及之外做步行或跑步操练（περίπατον οὔτε δρόμον）"：[Lipka笺]此句存疑。首先是出现μόρα[军团]字眼处，似乎应是头衔具体的军官，其次是ἐφήκω[可达到]一词被推测应该是ἐπέχη[管辖、控制]。若此句确凿无疑，可能意味着每个军团都有自己的武器库（τὰ ὅπλα，Lipka 2002：207）。

根据《居鲁士的教育》2.3.22等文献，περίπατος可能指的是一种军队体能训练。而更为可能的是，色诺芬使用περίπατος仅指夜间的夜行，他的其他作品亦有提及（《远征记》2.4.15，《会饮》9.1）。若然，δρόμος指的就是相对应的、出于锻炼目的的跑步操练，也许与狩猎有关（Lipka 2002：208）。

[Watson笺]Watson译为："他们留出步行或跑步锻炼的空间，[不大]不小于一个军团可留出的空间大小"（Watson 1914：225）。

[6]操练结束后，第一个团首长让传令官传令[士兵们]坐下，目的是[点名]检查。然后，传令他们用早餐，立即换掉[斯喀里特人担任的]前哨。之后是娱乐消遣，直到晚操时间。

"第一个团首长（ὁ πρῶτος πολέμαρχος / first polemarchos）"：[Lipka笺]第一个团首长可能是率领军队方阵中第一军团的长官。这个位置许是军中仅次于国王的高级将职（《希腊志》4.2.22），在洛伊克特拉战役中，第一军团的团首长由狄浓（Deinon）担任，《希腊志》突出描写了狄浓之死（《希腊志》5.4.33、6.4.14）。《原史》7.173.2提出了假设，斯巴达的团首长们通常是从王室成员中任命（Lipka 2002：208）。

"第一个团首长让传令官传令[士兵们]坐下，目的是[点名]检查"：[Lipka笺]色诺芬显然说的是早操后的点名。实际战争中，伯罗奔半岛同盟的军队在出征前,曾在不同地方集合点名,最有名的是在 Phleious(Lipka 2002:208)。

"立即换掉[斯喀里特人担任的]前哨":[Lipka 笺]色诺芬指的应是在军营前放哨的夜哨,如斯喀里特人,骑兵哨位减轻了斯喀里特人的工作(12.2)。士兵晨起和用餐时段是最有利于突袭的时段(《居鲁士的教育》1.6.36)。晨袭并不少见,这就是为什么要频繁换哨兵的原因。从正午到傍晚,因为夏季酷热,不可能进行军事训练(Lipka 2002:208)。

"之后是娱乐消遣,直到晚操时间":[Moore 笺]斯巴达人的日常军营生活与人们料想的差不多,可能比和平时期的生活方式稍显松懈。出征行军反而比平时轻松,这在希腊是独一无二的(Moore 1975:116)。

[陈笺]普鲁塔克在《吕库古传》22 中描写过斯巴达人军营生活比平时艰苦训练的生活更为闲适,并突出了这种做法在全希腊独一的特征:

> 战争时期,斯巴达人也放松了对青年人的严格的纪律管束,准许他们美化发式,装饰自己的武器和衣服。……在出征的日子里,他们的健身锻炼也没有平时那么严格了,在其他方面,年轻战士们的生活待遇也没有平时那么苛刻严厉了,所以,斯巴达人是世界上唯一的、只有战争才使其从备战的训练中得到喘息机会的人。(普鲁塔克 1990:114)

[7]晚操后下令士兵们吃晚餐,那时他们唱起颂神的歌,敬献给那些祭祀时显现吉兆的神明,之后他们靠着武器休息。请不必诧异我写得如此详尽。因为你们会发现,军事事务方面,拉刻岱蒙

人在需要小心谨慎的地方事无巨细一概不遗漏。

"那时他们唱起颂神的歌,敬献给那些祭祀时显现吉兆的神明":[Lipka笺]相比其他希腊人,斯巴达人不出征时也习惯于参加合唱队的合唱(4.2)。在军营中,他们或是唱颂神的歌,或是当军队遭遇未预见到的险境时唱歌。一般可能由 οἱ ἀπὸ δαμοσίας 开始领唱(公餐时也是由他们起头唱赞美歌)。

据说阿格西劳的一个优秀品性,是但凡唱歌必称颂神明(《阿格西劳传》11.2)。还有文献略带夸张地说,每个斯巴达士兵晚上必吟唱一段诗人提尔泰乌斯的诗篇,各军团的团首长为吟唱最佳者颁奖。([陈按]关于提尔泰乌斯见2.2的注释。)

[Moore笺]色诺芬强调斯巴达人在军营生活中的宗教虔诚是自然之举,终其一生,色诺芬对传统的希腊宗教一直表现出特别的虔诚(Moore 1975:116)。

"请不必诧异我写得如此详尽……拉刻岱蒙人在需要小心谨慎的地方事无巨细一概不遗漏":[Gray笺]第一人称"我"的插入,证明详细讲述军队宿营细节的理由,证明斯巴达人在这方面是行家。接下来的 Λακεδαιμονίοις [拉刻岱蒙人]是与格,说明他们是 παραλελειμμένα [最少忽视(细节)的](Gray 2007:178)。

第十二章释义

[Gray笺]本章主题是军队的宿营和宿营时的日常操练,但不断强调黑劳士首当其冲的危险,禁止他们接近武器。军队的很多规定都是以保证安全为前提。而斯巴达人与黑劳士的关系是其中一大着眼点(Gray 2007:176-177)。

第十三章 出征打仗时国王的权力与荣誉

[1]我还要说明,吕库古赐予出征行军的国王的权力和荣誉。首先,城邦给出征作战的国王及随从提供给养。团首长们随国王驻扎共餐,他们近在咫尺,需要时更容易随时[为国王]参谋。另外三个平等者与[国王和团首长们]他们一起驻扎共餐,并照应[国王等]人的一应所需,这样[国王]他们除了战事无需为杂事操心。

"出征行军的国王($βασιλεῖ$)":[陈笺]从此句开始,全书始出现"国王"($βασιλεῖ$)一词,此处用的是"国王"的单数。

[Lipka笺]希罗多德《原史》5.75记载,大约公元前525年,两位斯巴达国王在领兵出外打仗时发生了争执,随后城邦通过了只让一名国王领兵打仗的法律

有人质疑此事非史实,因为必然会有一位国王留在城邦内主持祭祀仪式(15.2),主持一些政务和法律事务。不派两位国王去打仗,是出于实际原因而非法律规定,《希腊志》5.3.10-17亦可证实此说,当时阿格西波(Agesipolis)和阿格西劳(Agesilaus)两位国王可以同时领兵作战,虽然二人率领的不是同一支军队。

此外,色诺芬要么是不知晓希罗多德的故事,要么是故意隐而不发,因为在《斯巴达政制》第十五章,他指出,自从建立王权以来,

王室特权不可改变(《阿格西劳传》1.4)。因为只有一位国王领兵打仗,故涉及军事的第十三章国王是单数,而第十五章则不然($βασιλεῖς$, Lipka 2002:209)。

"城邦给出征作战的国王及随从提供给养":[Moore笺]无论何时,惯例是国王由公帑供养(《原史》7.57),色诺芬在这里大概要说的是,公帑供养的不仅是国王,还有他随军的参谋会(council, Moore 1975:117)。参谋会最重要的成员是六位团首长。下文(13.7)详细陈述了其构成。

[Lipka笺]《原史》6.56已经提到出征的国王由公帑供养,其中部分是公餐的富裕部分。希罗多德说出征的国王获得了献祭后祭牲的脊骨和兽皮,这暗示其余的肉给了陪同国王共餐的人,跟和平时期一样。希罗多德还记载,国王出征时有权决定什么时候举行祭祀。献祭时使用的牲畜肉类是城邦给国王及其随同共餐的人提供的给养(Lipka 2002:210)。

"团首长们随国王驻扎共餐($συσκηνοῦσι$),他们近在咫尺,需要时更容易随时[为国王]参谋。另外三个平等者($τῶν ὁμοίων$)与[国王和团首长们]他们一起驻扎共餐":[Lipka笺]国王的共餐者($σύσκηνοι$)通常有团首长(polemarchs)、三位管事(可能就是提及的三个平等者),可能还有监察官们(13.5),因此他们也是战时参谋会成员。团首长也有随从,打仗时其随从随同主人战斗,当团首长与国王商议战事时,随从与军团保持联系。

和平时期与两位国王共餐的有团首长、四位皮提奥伊(Pythioi,参15.5),以及一名不确定的管事(普鲁塔克《吕库古传》12.5)。一位国王或者一位团首长担任"分肉者"($κρεωδαίτης$),"分肉者"在共餐前举行日祭、分肉、宣布那些为公餐献祭者的人名(Lipka 2002:210)。

[2]我应该回溯一下国王带兵出征[时的仪式]。第一,当他尚在斯巴达城时,向众神的主宰宙斯以及和宙斯一起的神明献上祭礼。若得吉兆,取火者就从神坛上取下火,[携火种]领路走到斯巴达城边。[在城邦边界处]国王又向宙斯和雅典娜献祭。

"我应该回溯一下(ἐπαναλήψομαι)":[Gray笺]ἐπαναλήψομαι [回溯]是另一个编辑插入语(参12.7),是指回到开始行军时(Gray 2007:179)。

[Lipka笺]对ἐπαναλήψομαι[回溯]有多种解释。Marchant和Rebenich等译注者解释为"回到作品开头",似乎行不通。还有解释为"回到色诺芬的另一部作品",但色诺芬其他作品没有可资比较的类似内容。

所以Lipka认为更有可能的是,《斯巴达政制》第11—13章起初是为另一部作品而写,然而后来纳入此作时,色诺芬粗枝大叶地忽视了内容的不一致。还有的说法认为ἐπαναλήψομαι一词代表的是ἀναλήψομαι[拿起来做检查],常见于柏拉图著述,是苏格拉底式语言,但此说未经证实(Lipka 2002:210)。

"众神的主宰宙斯(Διί Ἁγήτορι/Zeus Agetor)":[Gray笺]"众神的主宰宙斯"(Zeus the Leader)的说法其他地方未见,但宙斯与斯巴达国王关系紧密,王系血统源自宙斯(Gray 2007:179)。

[Lipka笺]宙斯为众神之首的概念在希腊司空见惯。然而,斯巴达人的"众神的主宰宙斯"(Zeus Agetor)是一个很难捉摸的神,有些文献把"主宰宙斯"与赫拉克勒斯的先知Carnus联系在一起。理由也许仅仅是因为,人们相信行军时宙斯及其先知行进在军队之前。或许"众神的主宰宙斯"的说法形成了一种和希腊诸地崇拜的"领袖阿尔特弥斯"(Artemis Hegemone)平行的说法(Lipka 2002:210-211)。

"第一，当他尚在斯巴达城时，向众神的主宰宙斯以及和宙斯一起的神明献上祭礼"：[Lipka笺]此处的献祭地点是斯巴达城区的一个神殿，用于祭拜宙斯和其他神明。与宙斯一起的神明是指哪些神或英雄，尚有疑问。

学者们经常提到可能是宙斯之子狄俄斯库里（Dioskouroi），这个推测合乎情理，虽然在《斯巴达政制》及色诺芬其他作品中，双数形式应该是由两个组成部分组成的独立单元。因此，此处也可认为是狄俄斯库里与墨涅拉俄斯（Menelaus，Lipka 2002：211）。

（[陈按]狄俄斯库里（Dioskouroi）是双生子卡斯托耳（Castor）与波吕丢刻斯（Pollux or Polydeuces）的合称，意思是一胎所生。他们的母亲都是丽达，卡斯托耳是凡人，父亲是斯巴达王廷达瑞俄斯，波吕丢刻斯是神，父亲是宙斯。）

军队出征之前可召唤诸多的神明（如《居鲁士的教育》1.6.1，大军出发前向赫斯提娅、宙斯和其他神明献祭），其中也许有狄俄斯库里。不管怎么说，对斯巴达人，作战时狄俄斯库里与墨涅拉俄斯似乎具有至高无上的重要性（《原史》5.75.2，Lipka 2002：211）。

"取火者（$\dot{o}\ \pi\nu\varrho\varphi\acute{o}\varrho o\varsigma$）"：[Watson笺]取火者乃传令官，或许是首席传令官，其工作就是在这样的场合取火和携带火种（Watson 1914：226）。

[Gray笺]取火者乃辅祭。火在古代祭仪中非常重要（Gray 2007：179）。

"若得吉兆，取火者就从神坛上取下火，[携火种]领路走到斯巴达城边。[在城邦边界处]国王又向宙斯和雅典娜献祭"：[Moore笺]献给"主宰宙斯"（Zeus the Leader）的祭祀不仅是献给父宙斯的，也特别献给战争之神，斯巴达传统上与战争之神相关的名称可能有狄俄斯库里，即卡斯托耳和波吕丢刻斯，因为这些神

(尤其是卡斯托耳)是守护斯巴达城邦的战争之神。

至少在一种斯巴达崇拜仪式里,雅典娜与宙斯联系在一起,色诺芬谈到的祭祀可能是献给作为斯巴达守护神的雅典娜,被称作"铜屋雅典娜"(Athena of the Brazen House)。将某次特别祭祀的火种保存下来以备后续使用,并非斯巴达独有的风俗,特殊火种被视为特别神圣、圣洁(Moore 1975:117)。

[Lipka笺]实际的献祭不是由国王举行,而是由国王的随从(见下文13.7)。像居鲁士和色诺芬这样的军官熟谙献祭占卜之事(《居鲁士的教育》1.6.2,《远征记》5.6.29,Lipka 2002:210)。

献给宙斯和雅典娜的祭礼即越过城邦边界时的祭祀,别处的祭礼称作diabateria,如《希腊志》3.4.3谈到阿格西劳的祭礼。这种祭礼只严格限定在斯巴达举行,哪怕是祭礼完毕后到波斯帝国境内再查看兆头。国王是跨过边境的第一个人,是离开敌国的最后一人(《原史》6.56,Lipka 2002:211)。

在斯巴达,合献给宙斯和雅典娜的祭礼证实有三次,如"客旅神宙斯"(Zeus Xenios)的雕像与"客旅神雅典娜"(Athena Xenia)的雕像曾一同被祭拜。"瑞特拉"(Rhrtra)提到过为宙斯和雅典娜建造神庙(普鲁塔克《吕库古传》6.2),如果色诺芬在这里暗示的是普鲁塔克提及的"苏拉尼宙斯"和"苏拉尼雅典娜"(Syllanian Zeus and the Syllanian Athena),就能证实两位神明在斯巴达具有突出的重要性。他们可能是斯巴达边界的建造者和保护者,恰与"瑞特拉"的内容吻合。宙斯是边界线的保护神,这在希腊是惯常之见。

近来在斯巴达北部四公里处发现一座神庙,其位置恰好标识出皮里阿西人土地和斯巴达公民土地之间的界线。至于雅典娜作为边界保护女神的证据则很罕见(Lipka 2002:213)。

[3]倘若他向两位神明献祭得到的仍是吉兆,他就跨过城邦的

边界[出征]。献祭时取下的火种在[他]前面领路,经久不熄灭,各种祭献的祭牲跟在后面。国王无论什么时候举行祭典,要在黎明天未破晓前开始,因为他想先于敌人最早获得神明庇佑。

"倘若他向两位神明献祭得到的仍是吉兆,他就跨过城邦的边界[出征]":[Lipka笺]这个祭礼要么是在拉刻岱蒙与外邦间的边界举行,要么是在斯巴达城邦与皮里阿西人土地间的边界举行。但不管是哪种情况,边界的确切情况未详陈。略可确定的是,塞拉西亚(Sellasia)位于皮里阿西人地盘,在斯巴达城邦范围内的边界处,尚不清楚的是,献给宙斯和雅典娜的祭礼是否在某个特定神庙举行(Lipka 2002:214)。

"献祭时取下的火种在[他]前面领路,经久不熄灭":[Lipka笺]随军携带的火种代表着某人的家庭中心临时挪到敌国。火种禁止熄灭。军中火种取自母邦,因为外邦的火不纯洁:当波斯人入侵过希腊后,皮提亚(Pythia,[陈按]皮托神庙女祭司)下令熄灭希腊的所有火种,另从德尔菲神庙的公祭炉中新取火种。此外,献祭祭牲时,火是必不可少的,所以为了随时询问神谕,也必须传递火种(Lipka 2002:214)。

"各种祭献的祭牲($\sigma\varphi\acute{\alpha}\gamma\iota\alpha$)跟在后面":[Watson笺]即将开战前献祭的是山羊(参 sect. 8 和普鲁塔克《吕库古传》22);用计谋战术击败敌人后,将牛祭献给战神;在战场上取得无可争议的胜利后,给战神祭献公鸡(Watson 1914:226)。

[Lipka笺]色诺芬使用了$\sigma\varphi\acute{\alpha}\gamma\iota\alpha$[祭牲]一词。献祭一群祭牲并非斯巴达独有之风俗,可比较希腊圣殿的"神兽群"(sacred herds)。斯巴达人出征时,绵阳和山羊随侍国王左右,以便随时向神祭拜,在战前求问吉凶。通常献祭的是绵羊、山羊,偶尔献祭牛、

猪。国王决定献祭羊群的数量(Lipka 2002:214)。

"要在黎明天未破晓前(*κνεφαῖος*)开始,他想先于敌人最早获得神明庇佑":[Gray笺]*κνεφαῖος*[黑夜、未破晓]诗歌用语。阿尔克曼(Alcman)的作品也提到过在黎明前献祭可以早得到神明垂顾(Gray 2007:179)。

[Watson笺]神明为阿波罗(Watson 1914:226)。

[Moore笺]色诺芬描写的祭祀时间有点不同寻常,通常向奥林波斯神明献祭是在一天的清晨,然而没他说的凌晨这么早。色诺芬解释说,这是斯巴达人想在敌人献祭之前率先取得神明的恩宠,这有可能,然而这有点像是他自己把宗教虔诚与实际用途结合在一起,或许是色诺芬对古代习俗的个人猜想(Moore 1975:117)。

[Lipka笺]人们显然认为神明们在上午情绪更好一些。一次地震后,斯巴达国王阿格西波没有在晚上献祭,而是等到第二天早上(《希腊志》4.7.5)。另一个解释是色诺芬设想的是在安营扎寨后开战前的祭祀,开战通常在上午或约摸正午时,若是如此,破晓前举行祭礼是为了在敌军献祭前获得神明垂顾(Lipka 2002:215)。

[4]参加祭典的有团首长们、百人长、连长、雇佣军首领、辎重车长官以及希望出席祭典的其他城邦的军事长官。

"雇佣军首领(*ξένων στρατίαρχοι*)":[Lipka笺]*ξένων στρατίαρχοι*可能有两种解释:或者是指斯巴达军官所监视的盟军征集的队伍,斯巴达人对其小分队发号施令,或者是指雇佣军首领。

*ξένων*这个词是斯巴达专用的词,色诺芬也不忌讳用一些其他

斯巴达的词。倘若把 ξένων στρατίαρχοι 这个不那么专门的词组做恰当分析,那么,虽然 ξένος 的意思是"非斯巴达"或"非希腊",也就是"蛮族",但它从来不会用来指"盟军",盟军一般叫作 σύμμαχοι, ξένοι 向来指[外国雇佣兵](《远征记》1.1.10),正如 ξενικόν 指[雇佣军](《远征记》1.2.1,《希腊志》4.3.15)。故,Lipka 识读 ξένων στρατίαρχοι 倾向于指"雇佣军首领"(Lipka 2002:215)。

[Moore 笺]出席祭祀的人员中,"外国雇佣军首领"值得说一下,他们可能是伯罗奔半岛同盟派出的代表团首领,也可能是皮里阿西人(Perioikoi)分队首领(对他们色诺芬没有使用正式的术语,且皮里阿西人与斯巴达军队彻底整合了),而更有可能的是指率领雇佣军的斯巴达人首领(Moore 1975:117-118)。

"辎重车长官":[Lipka 笺]斯巴达的辎重车装有军队装备和食物,由马车装载或牲畜驮负,军队出发前辎重车长官要检查有无遗失。其长官数量视情况而变(Lipka 2002:216)。

"希望出席祭典的其他城邦(ἀπὸ τῶν πόλεων)的军事长官":[Watson 笺]城邦似乎意指斯巴达的皮里阿西人(perioeci)的城邦(Watson 1914:227)。

[Lipka 笺]但 Lipka 提出异议,因为皮里阿西人已混编入斯巴达军队,很可能没有他们自己的长官,因此该句唯一可选的解释是盟军城邦委派的军事长官(Lipka 2002:215)。

此句没有提排长(enomotarchs)并非巧合,我们不知道雇佣军首领和辎重车长官的数量,如果排长参加祭典的话,陪同国王的军官就有 78 人之多,恐怕祭坛周围没有足够的空间。或许参加祭典的军官们组成了一个扩大的战事参谋会,祭典结束后,国王可与之商议战事。

《希腊志》3.5.22 记载,国王波桑尼阿斯(Pausanias)在吕山德战死后与团首长、连长开会议事，4.5.7记载国王阿格西劳听闻列凯昂（Lechaion）一地战败后召集了战事参谋会，《居鲁士的教育》3.3.11记载了居鲁士的战事参谋会。打仗时军令向他们一起下达，不按军衔高低（Lipka 2002：215）。

（［陈按］斯巴达国王波桑尼阿斯与监察官摩擦不断。因为吕山德给国王的信件被截，公元前395年，他未能与吕山德大军会师，被判处死刑，其子阿格西波一世取代为王。《希腊志》3.5.22记载："波桑尼阿斯召集手下诸位团首长和连长，和他们一起商讨，以决定是立即开战，还是签订休战和约，以收回吕山德以及和他一同阵亡将士的尸体"（色诺芬2013：129）《希腊志》4.5.7记载阿格西劳"命令传令官召集诸位团首长、连长和各盟邦军队首领前来集合"。（参色诺芬2013：161。［为保持统一，译名有改动。］）

［5］此外，两位监察官也出席祭典，没有国王的请求，他们不会干预典礼的进程。监察官监察每个人的举止，确保参加祭典的人行为符合礼仪。祭典结束后国王传唤所有［参加典礼的］人，颁布［接下来的］指令。所以，目睹这些话，你会认定其他希腊人在军事上不过是外行，只有拉刻岱蒙人才是地道的军事行家。

"确保参加祭典的人行为符合礼仪"：［Watson笺］Watson此句译为："使参与祭典的人行为举止更严肃庄重"（Watson 1914：227）。

"两位监察官（ephors）也出席祭典，没有国王的请求，他们不会干预典礼的进程。监察官监察每个人的举止，确保参加祭典的人行为符合礼仪"：［Gray笺］哪怕军队在外行军时，监察官也行使监督公民的职权（Gray 2007：179）。

［Lipka笺］《原史》9.76.3首次写到军中的监察官，这是国王

可信任的人。《希腊志》2.4.3 记载陪同国王波桑尼阿斯出征的监察官是他的拥护者。

监察官随军出征到底是监督军队，还是监督国王，色诺芬语焉不详：监察官在国王和军队中代表的是斯巴达城邦。对国王列欧美涅斯（Cleomenes）和波桑尼阿斯的审判应该是根据监察官的证言（《原史》6.82），这只是一种推测。

还有一种已被废弃的假设，声称是两位监察官跟随两位国王出征，而证据显示只是跟随一位国王。不清楚其他与国王一起议事的人在多大程度上会限制国王做决定，特别是公元前 418 年在阿尔戈斯作战的国王阿吉斯（Agis）失败之后，但不应过分强调其影响（Lipka 2002：216）。（［陈按］斯巴达有多位名叫阿吉斯的国王。根据年代，这应该是阿吉斯二世［Agis II］，他与国王波桑尼阿斯一起领军参加了伯罗奔半岛战争。）

"其他希腊人在军事上不过是外行，只有拉刻岱蒙人才是地道的军事行家"：[Moore 笺]第十三章 1 节至 5 节清楚呈现了斯巴达的指令结构顺畅高效，无关的琐事不会让国王这样的总指挥分心，一旦高层做出军事决定，马上顺利传达下去（参修昔底德《战争志》5.66.3）。

第十三章余下的部分都是如此的主题：整个军事过程是全面有效的，因为事先做好了军事部署和安排，每个士兵都清楚职责所在（Moore 1975：118）。

[陈笺]关于斯巴达军队的传令情况，可以参修昔底德的原话：

> 当国王亲临战场时，由他发布全部命令。他向波利马克斯（polemarchos，[陈按]即团首长）下达命令，波利马克斯向大队长传达命令，大队长向中队长传达命令，后者再向小队长传达命令，小队长把命令传达给属下战士。总之，所有命令都

要以同样的方式快速地传达给部队。拉刻岱蒙的军队,除一小部分以外,其军官都是分级隶属的,命令的下达和传递是层层下达,由许多人完成的。(修昔底德 2004:303[为保持统一,译名有改动])

[Lipka 笺]《阿格西劳传》1.27 说,三个因素决定了军事上的胜利:敬畏神、军事操练、服从。《斯巴达政制》第十一章到第十三章格外突出军事操演和敬畏神明,服从则是在第二章提及。

色诺芬对斯巴达人精通军事的结论并非独此一家。他笔下的苏格拉底曾说雅典的将领是军事外行(《回忆苏格拉底》3.5.21)。色诺芬称斯巴达人是最优秀的重装士兵。斯巴达人比其盟军在军事训练上表现更优秀是因为他们无需为日常事务分心,那些事情由黑劳士打理。柏拉图《王制》374a-d、395c 建议建立一支专门的战士队伍,这与传统的由公民组成的希腊军队形成鲜明对照。对比雅典人宿营时的放纵生活,以及其他城邦军队的无组织无纪律,色诺芬的同时代人以及后来的作家对斯巴达人军事操练的积极评价并不让人吃惊。

不过,对斯巴达军队也不无批评之声:如指责斯巴达是军队政体(military regime),而非军事政体(militaristic regime),对后者而言,军事生活方式只是达到目的的一种手段,而非生活目的本身(Lipka 2002:217)。

[6]行军无敌情出现时,国王在军队的最前列[坐车]领军行进,只有斯喀里特人和侦查骑兵位于国王前面。若遭遇敌军,国王带领第一团的[三百团骑兵]前队迅速转到右翼,直到他的位置处在两个团之间、两位团首长之间。

"只有斯喀里特人和侦查骑兵位于国王前面":[Lipka 笺]一

般是骑兵和轻装队伍在前面侦查敌情。斯巴达军队行军时的队伍结构很可能与《居鲁士的教育》中的描述一样。《希腊志》5.4.52中记载过骑兵和斯喀里特人攻占一个山腰时一起协作,不是搞侦查时协作(Lipka 2002:218)。

"国王带领第一团的[三百团骑兵]前队(ἄγεμα/agema)":[陈笺]ἄγεμα/agema 一词,几家的译法不同:Lipka 译为 leading unit(Lipka 2002:91);Gray 译为 leading part(Gray 2007:180);Watson 译为 the foremost troop(Watson 1914:227);Moore 译为 the first company(Moore 1975:90),Rebenich 译为 ersten Abteilung(Rebenich 1998:81)。该词在此处的确切所指不清楚,笺注者们均推测为三百团骑兵(Rebenich 1998:134),甚至是王室御林军(Gray 2007:180)。

"若遭遇敌军,国王带领第一团的[三百团骑兵]前队迅速转到右翼(στρέψας ἐπὶ δόρυ),直到他的位置处在两个团之间、两位团首长之间":[Moore 笺]打仗前,据说国王取得了第一军团的精锐团(agema)的指挥权,agema 这个词有可能指"指挥"(尽管可能性不大),另一种可能 agema 是军团的一个分支。

而 Ollier 颇有说服力地指出,agema 一词后来指马其顿军队的王室御林军,而且,像很多其他术语一样,agema 是马其顿人从斯巴达借用的一个术语,由此推知,在斯巴达,它应该也是指相似的特别组织,即保护国王安全的三百团骑兵。

Moore 说译为"精锐团"(the first company)是赋予其优秀杰出之意。国王转向右翼的位置,相对而言是保护最好的、安全的位置,国王可以从右翼最大程度地控制军队的战线。国王不控制后备队(reserves),色诺芬注意到,控制后备队是国王军事参谋会的高级成员的职责,故而推测他们也是军团高级指挥官。重装步兵参与的战争不太复杂,无需指挥官亲自指挥后备队的部署(Moore 1975:118)。

［Lipka笺］关于 ἄγεμα 参见《斯巴达政制》11.9。ἄγεμα 在斯巴达军中的确切所指尚不清楚,可能不是军队的一个特指部分,而是列队行进时的领队单元(leading unit),或者是前队(如 11.9 所指),或者如此处极可能指三百团(4.3,Lipka 2002:218)。

色诺芬描写了遭遇敌情时列队前进的斯巴达军队的队形调整,国王转向右翼,同时军队向前行进转到右侧。色诺芬没有确定后来国王的位置位于哪个军团,这可能取决于队伍的部署。所以,有时国王是在队伍中心,如公元前 418 年的曼提尼之战(Mantineia,《远征记》1.8.21-23)。波斯指挥官通常的位置也是在队伍中心。而按惯例,斯巴达国王在右翼作战,如洛伊克特拉战役(Lipka 2002:218)。

(［陈按］公元前 418 年的曼提尼之战是伯罗奔半岛战争中最大的一次陆战,雅典指挥官 Laches 阵亡后,雅典及其盟军被击溃,而斯巴达一方的得胜据说是因为军中高涨的士气。)

［Gray笺］ἐν μέσῶι δυοῖν μόραιν καὶ δυοῖν πολεμάρχοιν［两个团之间、两位团首长之间］双数的使用强调了围绕着国王两个团、两位团首长的密切协作,这个位置让国王不暴露于危险,同时便于交流战况(Gray 2007:180)。

［7］国王公餐房的高级参谋安排那些驻扎在［国王公餐房］后面的人,这些人均具有完全公民权,他们是(与国王)共餐者、占卜师、医生、吹乐手、军队长官、［自愿前来的］客友(若有的话)。所以没有人对必须该做的事生疑,因为凡事都已未雨绸缪。

"国王公餐房的高级参谋(ὁ πρεσβύτατος τῶν περὶ δαμοσίαν)":［陈笺］Gray 说这是拉哥尼亚术语,指年纪大而享有权威的最年长者(Gray 2007:180)。但 Lipka 却认为该词是表示一种军衔的术语,非指年长者(Lipka 2002:219)。

"那些驻扎在[国王公餐房]后面的人":[Gray 笺]Gray 的识读中,"那些驻扎在[国王公餐房]后面的人"就是后面列举到的与国王共餐的人:具有完全公民权的人照应国王的个人需要(13.1 提过),占卜师为国王的祭祀做占卜,医生负责医治国王(可对照《远征记》1.8.26-27 照料波斯国王的希腊医生 Ctesias),吹乐手吹奏的音乐确定军队行军的节奏,他们在重装士兵队列之间随军行进,其他军队长官和自愿前来的客友也有特殊地位,如《希腊志》5.3.9 中随阿格西波出征的大批志愿者(色诺芬 2013:209-210,Gray 2007:180)。

[Lipka 笺]色诺芬接下来描绘的画面让人极为困惑。词语的排列在释义上很容易产生歧义,如与国王共餐者($\sigma\acute{\nu}\sigma\kappa\eta\nu o\iota$)与后面列举的人是同位语关系,还是并列的关系?13.1 曾列举国王的共餐者有团首长,三位管事和两位监察官,这些人铁定属于国王的小圈子,却根本未在此处名单中列出,我们也不确定在城邦中与国王共餐的皮提奥伊是否在军中也与国王共餐。

此外,根据 13.1 所述,在国王的公餐房(syssition)共餐的主要任务是商讨军事任务。如果说占卜师、医生和吹乐手也是通常与国王共餐的人员,就有太多非军事人员参与军事参谋会了。不过吹乐手有时偶尔会参与指挥官的共餐(13.7,Lipka 2002:219)。

"他们是(与国王)共餐者($\sigma\acute{\nu}\sigma\kappa\eta\nu o\iota$)":[陈笺]此句的翻译和理解出现较大分歧,分歧点之一是,与国王共餐者跟后面的占卜师等人是同位语解释关系,还是并列关系;分歧点之二是,这些人是否乃国王参谋会成员。

Moore 将此句译为"国王参谋会的高级军官安排补给给养的

队伍。参谋会由平等者组成,他们是共餐者、占卜师……"(Moore 1975:90),Watson 译为:"国王公餐房随从的年长者安排那些驻扎在旁边的人,这些有平等权的公民驻扎在一起,还有占卜师……"(Watson 1914:227)。Rebenich 译为:"斯巴达国王公餐房中年长的扈从安排那些必须在后面驻扎的队伍。那些有平等权的人与国王公餐房驻扎在一起的人有占卜师……"(Rebenich 1998:81)。Gray 的识读较为简单,没有提到参谋会(Gray 2007:180)。

此处的汉译较多采纳了 Lipka 的意见,即与国王共餐者是前面 13.1 提及的参谋会人员,而非此处的占卜师等人。

"占卜师(μάντεις)":[Lipka 笺]斯巴达国王举行日常祭典时有占卜师出席(《希腊志》3.3.4),阿格西劳出征亚洲时举行的一次特别祭礼也有占卜师出现(普鲁塔克《阿格西劳传》9.6)。在顺序上,三百团最靠近国王,占卜师肯定是紧随三百团之后的一部分人员,因为战前献祭时,由占卜师主持献祭一头山羊(13.8,Lipka 2002:219)。

"医生(ἰατροί)":[Lipka 笺]希腊军医首次出现于《伊利亚特》2.731。给士兵提供医疗被视为军事领袖的一项美德,《居鲁士的教育》1.6.12 提到 15 位医生,他们是理想的波斯军队的重要组成部分,《居鲁士的教育》8.2.24 叙述居鲁士建立了一个卫生委员会,有全套医疗设备。《希腊志》6.1.5 中,来自 Pherai 城的伊阿索(Iason)为了提升士气,承诺为伤者治疗,以此作为对其手下雇佣兵的激励之一,居鲁士也这么做过(《居鲁士的教育》5.4.17,8.2.25)。

在色诺芬之后,曾有一种带有理想主义色彩的观点认为古典时期的斯巴达人不在意医疗,《斯巴达政制》13.7 证明这种观点是错误的。至于斯巴达医师的治疗水平,此处的文本把医生排在占卜师旁边并非偶然(《奥德赛》17.384 亦如此)。占卜师与医师这两种职业范围有颇多重叠之处。

另一方面,在色诺芬的时代以及更早,也有将医学建设为一门客观的"科学"的强烈倾向。柏拉图就承认,医学是发现人体"真实"状态的方式(《高尔吉亚》Grg. 464 b - 465 d)。一个成功的医师可以期望赢得巨大的声誉。罗马时期斯巴达医师享有很大的名声(Lipka 2002:220)。

"吹乐手($αὐληταί$)":[Lipka笺]修昔底德说,合着整齐的乐律行进,可保证军队行进时严整,行列不易变形打散,这是修昔底德在澄清对合乐行军的五花八门的解释。按照修昔底德和《斯巴达政制》13.7所说,吹乐手的位置固定在三百团之后,没有打散到各斯巴达军团里。吹乐手不可能打头阵,因为他们是非武装人员。他们在军中是固定的部分,便于相互跟上节奏,也便于观察国王的步调。

吹乐手的数量可变化(13.8),而各军事单位的士兵数量固定不变,这说明各军事单位里没有固定数量的吹乐手(Lipka 2002:220)。

根据普鲁塔克《吕库古传》22.4记载,进攻时,吹乐手吹奏赞颂战神卡斯托耳的曲调,然后国王亲自领唱起进军的凯歌。这些曲调应该如《吕库古传》21.4所说:

    蕴含激情,振奋精神,唤起热诚,具备效能。其风格古朴,毫无矫揉造作,主题皆是严肃的教诲。(普鲁塔克1990:112)

斯巴达人引入的乐器是阿夫洛斯管(Aulos),而非在色诺芬时代军中更为常见的喇叭(salpinx)。([陈按]阿夫洛斯管是一种木制的簧管乐器,管上开孔,双管,竖吹。)据说,士兵进军时叩着阿夫洛斯管的节律是由赫拉克勒斯发明,而据说军中无吹乐手是导致洛伊克特拉战役惨败的一个原因,这揭示出,后来理想化的传统认为阿夫洛斯管即斯巴达特色。

吹乐手的官职是荣誉官职,更早时就是世袭职位(《原史》6.60)。根据《斯巴达政制》13.7所示,吹乐手在斯巴达享有很高声望。所以《希腊志》4.8.18记录了一名叫德桑达(Thersander)的吹乐手与指挥官提布戎(Thibron)共餐,虽然他并非土生土长的斯巴达人。

希罗多德之后,吹乐手频繁出现于文献中,且与军事相关时并不限于斯巴达。在一些陶瓶画中,他们出现于科林斯和克里特,也出现于忒拜军中(Lipka 2002:221)。

"军队长官($οἱ\ τοῦ\ στρατοῦ\ ἄρχοντες$)":[Watson笺]Watson直言,不清楚$οἱ\ τοῦ\ στρατοῦ\ ἄρχοντες$[军事长官]到底指何人(Watson 1914:227)。

[Lipka笺]Zeune在$οἱ\ τοῦ\ στρατοῦ\ ἄρχοντες$[军事长官]之前加入$καί$是必需的,因为这些"军事长官"即13.11提到的那些人。不清楚为什么色诺芬没有提到传令官。传令官是世袭职位,与吹乐手一样,且传令官在色诺芬时代仍至关紧要。若我们赞成插入$καί$,那么也可假设,佚失的词不只$καί$,还有"传令官"(Lipka 2002:221)。

"[自愿前来的]客友(若有的话)($ἐθελούσιοι\ ἤν\ τινες\ παρῶσιν$)":[Lipka笺]$ἐθελούσιοι$是客友,指挥官发出邀请随军,客友接受这样的邀请,可能是想结交新的朋友:玻俄提亚人普罗克西努斯(Proxenus)加入其朋友居鲁士一伙为的是名誉、权力和财富(《远征记》1.1.11),他还请朋友色诺芬加入,好认识居鲁士(《远征记》3.1.4)。此外,无疑是因为普罗克西努斯与斯巴达国王阿格西劳的交谊,才使得色诺芬在放弃万人大军的指挥权后成为阿格西劳"自愿的"跟

第十三章　出征打仗时国王的权力与荣誉　　241

随者。阿格西劳尤其擅长建立这样的友谊纽带(《阿格西劳传》6.4、9.7、9.11，Lipka 2002：221－222)。

[Moore笺]13.7的名单不是按重要顺序排列，色诺芬把那些总是与国王一个营帐的人首先列出，所以连吹乐手也被列出，还有那些用餐时需要服侍的人。"客友"可能是任何人，这让人推想，色诺芬自己就是阿格西劳国王扈从的一员(Moore 1975：117)。

[8]吕库古还引入了以下与军事有关的做法，我以为十分有用处。当敌军已赫然可见时，献祭一头山羊，按照习俗，所有随军的吹乐手吹起阿夫洛斯管，所有拉刻岱蒙人一律戴上花冠。他们得令，将武器擦亮。

"吕库古还引入了以下与军事有关的做法"：[Gray笺]13.8似乎离开了国王在军中的职责主题，实则仍在描写国王的另一个职责：战斗的开始。此节的重点在于军事行动之前提升士气(Gray 2007：180)。

"献祭一头山羊"：[Lipka笺]从《希腊志》4.2.20看，战前祭礼是献给阿格罗特拉的阿尔特弥斯女神(Artemis Agrotera)，而且是在两军相距仅有一斯塔德(stade)时献祭([陈按]斯塔德乃古希腊丈量单位，约合607英尺)。阿格罗特拉的阿尔特弥斯女神最突出的一面是狩猎女神，而狩猎与战争联系紧密。

在马拉松战役前，雅典人郑重发誓，每杀死一个波斯人就给阿格罗特拉的阿尔特弥斯敬献一头山羊，这个做法一直延续到亚里士多德时代。除了斯巴达人，其他希腊人在战前也献祭祭牲(Lipka 2002：222－223)。

[Moore笺]第十三章8—9节色诺芬荡开一笔，描写打仗前的祭祀仪式。一年生的公山羊献祭给可能是阿格罗特拉的阿尔特弥

斯女神,这是一种交感巫术(sympathetic magic)的形式,诅咒其敌人遭遇同样的命运。

吹乐手吹起阿夫洛斯管,阿夫洛斯管的基本原理与双簧管不无相似,吹奏阿夫洛斯管以及军队士兵此时的穿着,均是要提升此时此刻的庄严神圣感,据说有提振士气之效。斯巴达军队的战阵有一个显著特点,战阵向前行进时合着严谨有序的阿夫洛斯管乐声。斯巴达士兵具有充分的自信和技能,不像很多其他希腊军队那样让重装士兵快速向前冲取得阵前优势,斯巴达士兵战斗时也不靠呐喊互相鼓劲(Moore 1975:118)。

"所有拉刻岱蒙人一律戴上花冠":[Lipka 笺]《原史》7.209.3记载,斯巴达人每逢临上战场以命相搏时都要梳头美发,如色诺芬所说的戴花冠。此处色诺芬的文本可能是普鲁塔克《吕库古传》22.4 的原型。

在战斗中戴花冠可能有辟邪作用,或者代表着神的正义。Lipka 认为斯巴达士兵在战场祭祀中只戴一会儿花冠,正如日常祭礼程序的习惯(《远征记》7.1.40,《居鲁士的教育》3.3.34)。祭司代表军队向神求问战争的胜利归属,在象征意义上,祭司主持的祭礼就变成了每位士兵的祭礼(Lipka 2002:223)。

"将武器($ὅπλα$)擦亮":[陈笺]$ὅπλα$ 一词,Lipka、Watson、Rebenich 均译为"武器"(Lipka 2002:93;Watson 1914:228;Rebenich 1998:81),Moore 却译为更为具体的"盔甲"(Moore 1975:90)。

[9]青少分队甚至被允许头发上抹油[梳理整齐]上战场,模样精神抖擞。他们把振奋士气的话大声传给排长,每个排长站在小队最外侧,不可能听到整队人的声音,团首长的职责则是负责全军

井然有序。

"青少分队（τῷ νέῳ）"：[Lipka 笺]Wade-Gery 认为 νέος [青少分队]一词可能是专指 20 岁到 44 岁士兵的专门术语（参 Wade-Gery 论文《普鲁塔克〈吕库古传〉第六节所述的斯巴达瑞特拉》，Wade-Gery1958：73，82），然而 Lipka 却提出，该词指的就是 ἡβῶντες(=ἕκα ἀφ' ἥβης)，即年届 20 岁到 30 岁之间的年轻男子（参 4.1）。这与《回忆苏格拉底》1.2.35 和柏拉图《法义》760c 的说法吻合，即 νέος [青少分队]的年龄段介于 30 岁左右，所以 νέος = ἡβῶντες = δέκα ἀφ' ἥβης。

此外，这也说明了色诺芬在此处的说法，他们站在军队的第一排，其鲜明的军容外貌对于挫败敌军锐气尤为重要（Lipka 2002：223）。

"青少分队甚至被允许头发上抹油[梳理整齐]上战场"：[陈笺]整句的情态 Lipka 和 Moore 都译为"年轻人得到允许……"，而 Watson 译为"人们期待年轻人上战场时……"。关于抹油的细节，惟独 Lipka 译文里没有"头发"，只有"抹了油"，Moore 译为"在头发上抹油"，Watson 根据 Schneider 的希腊文校订后译为"把头发梳理整齐"，但没有"抹油"（Watson 1914：228）。

[Gray 笺]καὶ κεχριμένοι[抹油]修饰外貌的目的是改善公开场合的形象。人们在体育馆锻炼时抹油很常见。在打仗前，士兵抹油修饰外貌是为了提高士气（Gray 2007：180）。

"他们把振奋士气的话大声传给排长（παρακελεύονται δὲ τῷ ἐνωμοτάρχῃ /enomotarches）"：[陈笺]此句文意不确定。Moore 的译法完全异于 Lipka、Watson、Rebenich，连主语都不同，"排长说出鼓舞士气的话，每队士兵不是所有人都能听见旁边一队的排长说的话"(Moore 1975:90)。而 Lipka、Watson、Rebenich 的译文中，主语则是青少分队的士兵。

除了主语不确定之外，παρακελεύονται 有"传令"和"(传递)振奋士气的话"两种识读。

第一，Lipka 提出，此处的动词 παρακελεύονται 不可能是其通常意思"高兴、振奋"，因为文意不通。Lipka 相信，这个动词是"传令"(= παρεγγυάω，参 11.4)。《原史》8.93 中过去分词 παρακελεύεσθαι [被传达了命令]与 παρακελεύονται [传令]一词相似。13.9 这段文本的异常可能是使用了方言，或者措辞的粗心，或者文本佚失。παρακελεύονται [传令]的主语是 τῷ νέῳ [青少分队]，色诺芬构想的画面如下：连长(pentekoster)通常站在连队右边，即他指挥的两个小队(enomoties)右边。当连长下令时，军令不容易传达到最左边的小队，因为小队与小队之间有一定距离。所以，站在最前面的青少分队把军令直接传到连长左边，即他看不到的第二个小队那里(Lipka 2002:224)。

第二，Gray 把 παρακελεύονται 理解为"振奋士气的话"，同样也提到该词的主语未明确。军中一般是士兵之间相互鼓劲，但此处鼓舞士气的话传给了排长。有学者提出军队中团、营的指挥官负责监督这些鼓舞士气的话传达到更基层的连、排。Gray 不同意 Lipka 把 παρακελεύονται 识读为"传令"的理由是，该段的重点在于提高士兵斗志(Gray 2007:181)。

汉译采纳了 Gray 晚近的识读。

"每个排长站在小队最外侧，不可能听到整队人的声音"：[Moore 笺]第 9 节的"传令"写得很模糊。色诺芬可能指的是军队两翼并在一起之前，由于乐声和战场的喧嚣声，军令难以听见。即便如此，令人惊讶的是，一个小队(platoon)由 8 人 4 纵队的 32 名士兵组成，他们会听不到自己长官的声音。也许是另一小队的排长听不见,所以要由邻近一队最把角的士兵把口令传过去(Moore 1975:118-119)。

[10]扎营的时候,由国王统领在何处安营扎寨。然而派遣使节不是国王之责,无论是向友军还是敌军派遣。但任何事务的处理,必须从[请教]国王开始。

"然而派遣使节不是国王之责($τοῦτ'\ οὐ\ βασιλέως$)":[陈笺]Watson、Rebenich 和 Gray 将此句译为肯定句,"国王负责派遣使者"(Watson 1914:228;Rebenich 1998:83;Gray 2007:181),Moore 和 Lipka 采用了否定句"国王不负责派遣使者"(Lipka 2002:93;Moore 1975:90)。关键在于是将原文读为 $τοῦτ'\ οὐ\ βασιλέως$ 还是如 Weiske 所示读为 $τοῦτ'\ αὖ\ βασιλέως$。晚近 Gray 专门提到不同意 Lipka 的否定性识读(Gray 2007:181),但论证并不充分。

汉译采纳"派遣使节不是国王之责"的否定性识读,理由详见下面 Lipka 笺注。

[Lipka 笺]《希腊志》4.5.3 也记载,国王负责选择军营驻扎的营地和士兵的健康(Lipka 2002:225)。

此句将 οὐ 读为 αὖ 可以得到诸多语言学上的支持,比如色诺芬从未合用过 $τοῦτ'\ οὐ$ 两个词,相反 $τοῦτ'\ αὖ$ 则很常见(《回忆苏格拉底》3.5.8,《居鲁士的教育》4.4.6,5.5.20 等)。而且色诺芬引导此句的 μέντοι,后面大多不引起相反情况的对照。虽然如此,从语言学角度看,值得争论的是,此处两个句子的对比明显是军务(选择营地)和外交事务(派遣使节)的对照,而非国王可以做还是不可以做的事情的对照。而且,$τὸ\ μέντοι$ + 不定式的用法两次在《斯巴达政制》出现,两次都是对上一句的主语行为的否定或限定(2.14,尤其是 11.7)。

Lipka 并不认为这些语言学的分析足以解决问题（Lipka 2002:225），转而求助于古代文献证据和疏通文意。国王是不是负责派遣使节，历史上出现的证据正反二者都有。有大量国王派出使节和接见外来使节的例子（参《原史》5.49-51、《希腊志》2.4.31、3.4.11、4.5.6），也有监察官而非国王负责外交事务的例子（《希腊志》2.2.12、3.4.25），监察官主持例行的外务工作（《希腊志》3.1.1）等。所以很难区分国王和监察官谁有负责外交事务的资格。

一般而言，作为军队总指挥官，国王直接处理与军务相关的事情，如军饷、军需品和士兵招募，国王做这些决定不会长久地影响斯巴达城邦。而所有那些会长期影响到斯巴达城邦的事宜则由监察官和公民大会分别处理（Lipka 2002:225-226）。根据上下文，关于国王的职责，色诺芬并不谈论琐碎的日常事务细节，所以，Lipka 将此句识读为"不负责派遣使节"（Lipka 2002:226）。

"无论是向友军还是敌军派遣（καὶ φιλίας καὶ πολεμίας）"：[Lipka 笺]此句可有两种识读，一种是国王无权给予外邦使节友好的抑或不友好的回复，另一种是国王不负责任命使节出使友邦或敌邦。色诺芬语焉不详，他关心的是国王在多大程度上受到城邦权威（监察官首当其冲）的钳制，而非在意国王在多大程度上影响斯巴达外交（Lipka 2002:226）。

"但任何事务的处理，必须从[请教]国王开始"：[Moore 笺]Moore 译为"处理任何事情，一切需遵从国王的权威"（Moore 1975:90）。

[11]若有人来国王这里寻求公正，国王让他去找军事法庭法官，找国王要军饷的让他去找财务主管，带战利品做买卖的交给商

贩。各项事务的安排井井有条，[行军打仗时]国王的职责只需担当神的事务的祭司，人的事务的将军，再无其他[职责]。

"军事法庭法官(ἑλλανοδίκας/Hellanodikai)"：[Watson 笺] Weiske 把军事法庭称作 Lacedaemoniorum castrenses，即拉刻岱蒙人营地的法官，可把他们与罗马护民官做对比（Watson 1914：228）。

[Lipka 笺]色诺芬作品中，ἑλλανοδίκας[军事法庭法官]一词仅此一见。斯巴达军中的军事法庭法官可能只审理全是（或部分是）非斯巴达人的纠纷，其作用类似 kytherodikes。在行军打仗之际，不能指望每项审判都留待回斯巴达城邦审理。尽管《斯巴达政制》是高度概括性的，然而我们可推测，军事法庭法官不负责斯巴达公民的纠纷，此类纠纷由国王负责，但不好区分国王与法官的权限。

此处文本所说的军事法庭法官（Hellanodikai）可能与奥林匹克竞技会的裁判 διαιτητῆρες 直接有关，διαιτητῆρες 是双关语，意为"公正无私"，在公元前6世纪的铭文中，该词作为军事法庭法官出现。这几乎成为泛希腊的制度和一种象征（Lipka 2002：227）。

"财务主管(ληίδα)"：[Lipka 笺]"财务主管"在斯巴达负责战时金库，与波斯、雅典一样（《希腊志》3.1.17,《居鲁士的教育》4.5.20）。至于斯巴达邦内，直到希腊化时期才出现财政主管（Lipka 2002：227）。

"战利品(ληίδα)"：[Lipka 笺]ληίδα[战利品]一词是诗歌用语。此处指的是单个士兵或一群士兵从敌军手中夺取的，继而卖给商贩的战利品（Lipka 2002：227）。

据《远征记》6.6.38、7.7.56记叙，部分战利品被当作公共财产卖掉，部分留作士兵私人财产，可由士兵自行卖掉。士兵单独抢获的战利品可个人留存,而军队一起作战获得的战利品则是公共财产(Lipka 2002：227－228)。

但是,斯巴达的做法与此相反,任何时候战利品均被视为国库财产,由此保证平等者成员的平等。从文本中可推测,抢劫对于补充士兵给养是必不可少的。《远征记》中的雅典士兵每天都干抢劫(Lipka 2002：228)。

"商贩($\lambda\alpha\varphi\upsilon\varrho o\pi\omega\lambda\alpha\varsigma$)":[Lipka笺]小亚细亚和色雷斯是特别适合战利品贩卖活动的地方,沿海岸线散布着许多希腊的贸易点,商贸活动活跃。斯巴达似乎是唯一一个雇佣官方的战利品商贩的希腊城邦(Lipka 2002：228)。

第十三章释义

[Gray笺]本章的笔墨集中在国王作为大祭司和战争总指挥的角色。色诺芬的叙述是按行军打仗时的顺序展开(Gray 2007：178)。

[Moore笺]第十三章第10至第11节,色诺芬回到了本章的主题:行军打仗时国王的地位,全章结束时是稍嫌随意的解释,以及分析国王如何从不必要的琐务中抽身。这里提到的处理特殊事务的官员涉及到一些更为微妙的、可能产生纷争的事情,尤其是在斯巴达人和盟军之间。

国王发挥的是纯军事的、宗教上的作用,这无论如何不是对国王角色的贬损,而是强调其尊严:那时候所有真正重要的事情都交托给国王了(Moore 1975：119)。

第十四章　斯巴达的衰落

关于第十四章的位置

［Watson笺］Weiske、Schneider和Dindorf都把第十四章放在了括号里,他们认为此章或是伪作,或是放错了位置(Watson 1914:228)。

［Moore笺］第十四章最初的位置,不可能像抄本那样,是位于第十三章和第十五章之间。抄本中第十四章的位置像强行插入,因此极有可能是后人添加所致(Moore 1975:91)。

本章的基调突然大变,以明显谴责的口吻谈到斯巴达的衰落,而整部作品的其余部分充斥着溢美之辞,简直是不加区别的一味夸赞。假设第十四章是真迹——之所以有这种可能,是因为作假者断然不可能如此笨拙地把明显不一样的一章横插进来——那么Moore以为或许是色诺芬已经写好,但生前较早时期未发表,所以第十四章是《斯巴达政制》正文的一个"附言",补充说明斯巴达后来衰落的原因(Moore 1975:121)。

据此,Moore把第十四章的译文放在了所有译文之后。他对第十四章的讨论见其"导言"。

[Lipka笺]只有第十四章为《斯巴达政制》的创作时间提供了一些蛛丝马迹。但是这一章的位置以及它与作品其余各章的时间先后顺序历来众说纷纭。

它的位置很可疑,在第十三章和第十五章中间横插了一杠子(Lipka 2002:9)。这一章对当代斯巴达的批评口吻与其余各章的一片赞美公然自相矛盾。于是出现了两个问题:第十四章原来是不是在第十五章之后?第十四章是否是后来篡入的?(Lipka 2002:10)如果是这样,第十四章和第十五章顺序就该颠倒。

关于写作时间,第十四章应该写于公元前371年斯巴达与忒拜的洛伊克特拉战役之前,以及斯巴达分别在Haliartos吃败仗(前395夏末)、在Knidian吃败仗(前394年夏末)后,吕山德将斯巴达在小亚细亚的殖民总督们(Harmosts)驱离这段时间。色诺芬可能是在阿格西劳从小亚细亚返回希腊后写作此作品(Lipka 2002:12)。

《斯巴达政制》是色诺芬的早期作品,如果推算的写成日期准确的话,有可能是他最早写成的作品,其文风之简练超过色诺芬的其他任何作品。色诺芬在作品中对非斯巴达读者说话,主要是对雅典读者说话。这说明作品应该作于前394年的科罗尼亚战役(Koroneia)之前,即色诺芬被雅典驱逐之前。另一方面,色诺芬对斯巴达由衷的赞美很可能是他被驱逐的理由之一(Lipka 2002:13)。

[Gray笺]第十四章看起来打断了第十三章与第十五章之间的连贯性,但也另有对照的妙处:在城邦中的国王仍然持守律法与城邦之外的总督不守法的对照,希腊人拒绝斯巴达的统领与斯巴达人没有拒绝国王的统领的对照(Gray 2007:217)。

Gray的核心论点是,整个《斯巴达政制》的大主题是颂赞吕库古创制了斯巴达礼法,主题不在于歌颂斯巴达人服从律法,所以第十四章对他们不守法的批评,就与大主题不矛盾,毋宁说它提供了对主题进一步的修辞上的证明(Gray 2007:217-218)。

《居鲁士的教育》尾声也有相同风格的言论，要说色诺芬在两部作品中写着写着就转变了心意，像 Tigerstedt 说的那样，第十四章是对前面的翻案，故《斯巴达政制》全篇没有统一口吻，很难让人接受(Gray 2007:218)。

贯穿整个作品中的礼法是属于斯巴达过去的律法，不是现在的律法。前十三章描写的吕库古创制的礼法都是过去的事情，所以14.1节谈到了这些礼法至今仍在发挥的效力。甚至在主文本12.3节，色诺芬也对照了过去与现在的做法。

需要解释的是，色诺芬谈论过去的礼法有时却用的是现在时态，Gray 说明其理由，其一是证明这些礼法持续在流行，如4.3节吕库古曾激励男青年的美德竞赛（过去时），为此，检察官遴选三百团（现在时），1.9节用现在时解释吕库古过去的法律措施；其二，现在时可能是对过去生活的逼真重现，或是作者瞬间坠入了梦中的理想状态(Gray 2007:218)。

[1]设若有人问我，是否坚信吕库古的礼法至今仍旧兀自岿然未变，凭宙斯起誓，我再也不能信心满满地坚称这一点。

"设若有人问我(εἰ δέ τίς με ἔροιτο εἰ)"：[Lipka 笺]εἰ+τίς+动词，采用了对一个假想对话者说话的形式，这在色诺芬的作品中不常见，特别是作品行将收煞之际（参《居鲁士的教育》8.8.27,《论骑术》11.1,《苏格拉底的申辩》34,《回忆苏格拉底》4.8.11, Lipka 2002:229)。

"吕库古的礼法至今仍旧兀自岿然未变(ἀκίνητοι)"：[Gray 笺]"岿然未变的"礼法应该指的是8.5节由德尔菲神庙认可的律法，德尔菲神庙是诗人和史家希罗多德主要描写过的圣殿(Gray

2007:182)。

[Lipka笺]当城邦公民遵纪守法,不改变现存秩序,城邦的繁荣富庶就得到保障(《阿格西劳传》7.3)。人们都说斯巴达礼法从来不改变,但不是所有人都肯定这一点,科林斯人就曾有所批评(Lipka 2002:229)。

亚里士多德《政治学》II 1269a 7-28 曾对变革礼法提出过警告:

> 变革实在是一件应当慎重考虑的大事。人们倘使习惯于轻率的变革,这不是社会的幸福;要是变革所得的利益不大,则法律和政府方面所包含的一些缺点还是姑且让它沿袭的好;一经更张,法律和政府的威信总是一度降落,这样,变革所得的一些利益也许不足以抵偿更张所受的损失。(亚里士多德 1965:81)

[2]因为我了解,以前拉刻岱蒙人宁可居留[斯巴达]家中以适度的财产彼此一道生活,而不是殖民外邦被谄媚之辞腐蚀败坏。

"而不是殖民外邦(*ἁρμόζοντας*)":[Lipka笺] *ἁρμόζω* 是指"总督"(harmosts)殖民活动的专门术语。色诺芬常常在不同涵义上使用此词,但他一向用该词的阿提卡词形 *ἁρμόττω*。"总督"负责统治的不仅是外国属邦,还包括整个地区,他们的统治很严苛(Lipka 2002:229-230)。

[Moore笺]公元前 404 年之后,许多斯巴达人出国,甚至在外邦长期居留以管理斯巴达在希腊新攫夺的疆土。更糟的是,作为殖民总督被派出的斯巴达人,在当地城邦就类似于独裁者,比起斯巴达邦内生活的种种限制,邦内邦外两种生活的差异不啻于霄壤之别(Moore 1975:121)。

第十四章 斯巴达的衰落

[Rebenich笺]斯巴达的总督制度始现于伯罗奔半岛战争末期,自吕山德开始实施(Rebenich 1998:137)。

[3]我也了解,以前他们怕被人瞧见有钱,而如今有些人以拥有金钱为傲。

"以前他们怕被人瞧见(φαίνεσθαι)有钱,而如今(νῦν)有些人以拥有金钱为傲":[Lipka笺]这句话有两种阐释法,全赖如何识读φαίνεσθαι[使人知道]:第一种,"以前斯巴达怕让人知道有钱"(不特别强调φαίνεσθαι);第二种,"以前斯巴达人怕在公共场合表现出有钱","公开场合"对照的是"私下里"。根据前一种解释,斯巴达禁止拥有钱,根据后一种解释,斯巴达禁止的仅仅是炫富。尽管晚近的研究捍卫了后一种解释(N. Humble, S. Hodkinson),Lipka认为还是前一种解释令人信服,否则无法解释《斯巴达政制》7.6所讲述的非法藏金匿银的人会受罚。

当然色诺芬描绘的是一幅涂抹了理想化色彩的景象,因为很久以来,斯巴达人就惯于私下里拥有钱财。色诺芬自己也承认这点。

《斯巴达政制》之后,或许就是由此书开始出现了一种传统的文学主题,把斯巴达的衰落解释为伯罗奔半岛战争末期外国钱财的涌入所致。值得指出的是,有些古代文献指责外国钱财的涌入使大量希腊城邦衰落(参 S. Hodkinson 的系列研究)。有些学者不太令人信服地说,此处暗示的只是那些居住在外邦的"总督"对钱财的贪婪,但是,第十四章的主语明显是不限指的全体拉刻岱蒙人,即并非专指总督(Lipka 2002:230)。

[Rebenich笺]柏拉图作品曾提到,希腊没有任何一个地方拥有斯巴达那么多的金银。柏拉图《王制》8548a 说,贪财是斯巴达人本性之标志。据色诺芬所叙,阿格西劳利用公元前390年左右

小亚细亚的远征，分得较丰厚的战利品（《阿格西劳传》1.17，Rebenich 1998:137-138）。

［Gray笺］νῦν［在这个时代］的使用和本章希腊人拒绝斯巴达人领袖群伦，是文本中可以确定《斯巴达政制》写作时间的唯一信息。

《居鲁士的教育》的尾声也使用了νῦν［在这个时代］，色诺芬同样对比了波斯过去的优秀与当下的衰落，恰如他此处所为，这说明νῦν［在这个时代］只是非常模糊指向"现如今的时代"（Gray 2007: 42）。νῦν在《居鲁士的教育》中所指的年代大概是四十年光景，这也大致是《斯巴达政制》中νῦν［在这个时代］的时间跨度。

其他希腊城邦请斯巴达统领希腊是伯罗奔半岛战争时期，而斯巴达人的堕落是在战争末期，从吕山德对外派出总督时开始，根据Gray的推测，应该是在公元前395年科林斯战争（Corinthian War）时，希腊人开始正式结盟反对斯巴达，持续到前371年的洛伊克特拉战役。

据此，Gray推测《斯巴达政制》的写作时间可能是公元前360左右（Gray 2007:43）。

［4］据我所知，以前［斯巴达］有排外法令将异邦人驱逐出去，禁止［斯巴达人］在外邦旅行居留，所以公民不会被外邦人腐化而堕落。而如今，我知道，那些公众瞩目的［城邦］头面人物孜孜以求的却是继续在属邦稳坐总督的交椅，度过余生。

"以前［斯巴达］有排外法令将异邦人驱逐出去"：［Lipka笺］亚里士多德《政治学》II 1270a 34-36曾言："传说斯巴达往古的列王常常以公民名籍授给外来的人"（亚里士多德1965:87），由此可推出，斯巴达曾有不"排外"（xenelasiai）的历史阶段。

《吕库古传》9.4说是吕库古下令把"不必要和浮夸的艺术"从斯巴达驱逐出去，以使得"美妙的艺术运用到了耐久而实用的物品上去"(普鲁塔克 1990：97)。历史证实斯巴达在前 6、5 世纪驱逐过外邦人。《原史》3.148 记载,五监察官(而不是国王)发出驱逐外邦人的通牒,即排外法令(Lipka 2002：230)。

但我们不宜过多估计斯巴达外邦人的数量,极有可能主要是生意人受到排外的影响。少数斯巴达名门望族反而一向是与外邦贵族保持接触的。此外,外邦人来斯巴达主要是庆祝节日(Lipka 2002：231)。

[Moore 笺]斯巴达的地位让她不得不容许较多外邦人入境斯巴达,因而更加背离驱逐外邦人的古训。排外法令一直没有严格执行,但在紧张时期可防止斯巴达公民接触到煽动性思想(Moore 1975：121)。

"禁止[斯巴达人]在外邦旅行居留":[Lipka 笺]好几种文献证实了斯巴达禁止邦民到外邦旅行,按色诺芬所叙,此禁令是不分具体情况普遍实施的。但伊索克拉底声称此禁令只适用于那些服兵役的人(Isoc. 11.18),柏拉图《普罗塔戈拉》342c-d 说禁令禁止的是"斯巴达年轻人"。

有些文献说斯巴达人排外是防止军事泄密,这倒是与斯巴达人一直担忧外邦人窥探军事机密颇为吻合。斯巴达人禁止出外旅行的目的是避免让保密信息在外泄密,大概也为了不减少邦内的军事人手。据说斯巴达公民移居外邦会被处以死刑:一个公民移居,城邦就失去一名战士,且有泄露军事机密的危险。此外,排外法令还阻挡使人堕落的外邦习俗的涌入。《原史》3.148 提到,外邦人用赠杯腐化斯巴达人的公正廉洁(希罗多德 1978：260)。

斯巴达设置的"异邦人保护官"(proxenoi)不是由异邦任命,而是由斯巴达国王任命,这也是对外邦人的担心导致的结果(Lipka 2002：231)。

[Rebenich 笺]旅行禁令很可能是公元前 5 世纪斯巴达城邦

内部的一项纪律措施。但斯巴达对外政治的野心日益违背了旅行禁令(Rebenich 1998:138)。Rebenich 还假设，斯巴达的旅行禁令可能是后期雅典文献的杜撰(转引自 Lipka 2002:231)。

[Gray 笺]《希耶罗》1.11-13 称有能力在国外消磨时光是自由的表现，但是此处却认为这样做会带来腐化堕落。柏拉图《法义》949e-953e 称外邦人移入和本邦人移出，对城邦都是问题所在，但是彻底排外和禁止邦民出外游访不是明智之举(Gray 2007:182)。

"而如今，我知道，那些公众瞩目的[城邦]头面人物(τοὺς δοκοῦντας πρώτους)孜孜以求的却是继续在属邦稳坐总督(ἁρμόζοντες/harmosts)的交椅，度过余生"：[Lipka 笺]色诺芬理解的 πρῶτοι 是高贵的上层阶级，然而他带有轻蔑口吻的措辞 τοὺς δοκοῦντας πρώτους[头面人物]指的是那些通过恩赐，而非通过有德行的行为获得军事殖民权的人。这或许是对吕山德一种含蓄的抨击。

事实上，很少有因美德被任命的"总督"，一般是根据邦内或邦外的政治联系，或者是家族姻亲关系，由国王或者总司令提起某个总督的任命。总督在属邦几乎权力无限。选上总督，尤其年轻人被选上总督常常是其军事生涯的起步。

一些罕见的文献揭示出对外邦发令一般掌握在斯巴达最重要的名门望族手里，与外邦的联系是获得斯巴达之外的行政管理权的一个重要因素(Lipka 2002:232)。

这句话还非常可能是对德库利达斯(Dercylidas)的一种含蓄的批评，《希腊志》4.3.2 也提到过他([陈按]《希腊志》卷 3、卷 4 多处描写了足智多谋的德库利达斯的指挥作战)。公元前 411 年至 394 年之间，德库利达斯连续担任色雷斯和小亚细亚的几任总督。Lipka 曾提到，色诺芬在前 399 年与 394 年在小亚细亚追随阿格西劳，这样的话，他肯定与德库利达斯有个人接触，极可能是同时与阿格西劳、德库利达斯这两个人接触。

从前395年开始,在阿格西劳的命令下,一个称作 Derkylideioi 的军事团体出现,大概是由万人大军的剩余人员组成。据普鲁塔克《吕库古传》15.2 记载,德库利达斯无子嗣,如属实,就违背了色诺芬理想中的斯巴达人的观念,这可能也是色诺芬对其怀恨的原因所在(Lipka 2002:232)。

[5]曾经,他们操心的是自己配得上领袖群伦,而现如今他们费更大的力气去当领袖,而不是证明自己配当领袖。

"他们操心的是自己配得上领袖群伦(ἐπεμελοῦντο ὅπως ἄξιοι εἶεν ἡγεῖσθαι),而现如今他们费更大的力气去当领袖(πραγματεύονται ὅπως ἄρξουσιν),而不是证明自己配当领袖":[Gray笺]此处色诺芬将"他们配得上领袖群伦"和"他们费更大的力气去当领袖"这两种行为做对比。亚里士多德《政治学》1271b 7-10 论说过斯巴达人将夺取帝国荣誉置于悉心赢取美德之上(Gray 2007:183)。

[6]故此,过去希腊人请拉刻岱蒙人统领[希腊]去反对看来是倒行逆施的人,但是,如今许多[希腊]人相互鼓劲,阻止拉刻岱蒙人再次统领[希腊]。

"请拉刻岱蒙人统领[希腊]去反对看来是倒行逆施的人(τοὺς δοκοῦντας ἀδικεῖν)":[Lipka笺]"看来是倒行逆施的人"说的是谁?可能是波斯。公元前490年,雅典派遣使者赴斯巴达请求援助对抗波斯(参《原史》6.106),但色诺芬的措辞是"他们看来是倒行逆施的人"(τοὺς δοκοῦντας ἀδικεῖν)而非"倒行逆施的人"(τοὺς ἀδικοῦντας),要知道波斯在希腊人眼中绝对是头号"倒行逆施者",色诺芬若对此有所怀疑,就难逃亲波斯(medism)之嫌。此外,色诺芬可能指的是前400年小亚细亚寻求希腊帮助反击波斯,斯巴达最终参与了战争(《希腊志》3.1.3)。

倘若"看来是倒行逆施的人"指的是雅典，这话出于一个欣赏斯巴达的雅典人之口，倒是可以想象的，尤其考虑到伯罗奔半岛战争初期的一些具体例子(Lipka 2002:232)。

"但是，如今许多[希腊]人相互鼓劲，阻止拉刻岱蒙人再次统领[希腊](ἄρξαι πάλιν αὐτούς)"：[Lipka笺]既往的文献对这句话有两种识读：

1. πάλιν意谓"相反"，针对的是διακωλύειν[阻止；阻挡]，整句的意思是色诺芬写第十四章时斯巴达人仍掌握统治权，"相反，许多希腊人互相鼓劲阻止斯巴达人统领希腊"，持此解释者有19世纪的Fuchs，20世纪的Chrimes等人。

2. πάλιν意谓"再次"，针对的是ἄρξαι[统领]，整句的意思是，色诺芬写第十四章时，斯巴达人不再有统治权，"现在许多希腊人互相鼓劲阻止斯巴达人再次统领希腊"。πάλιν在《斯巴达政制》中仅此一见，参考色诺芬的其他著作，πάλιν多和动词一起，意为"返回、再次"，也有较少时候指正在发生的事情的不同方面。

据Lipka的统计，色诺芬280例πάλιν的使用中，没有一例是单单用πάλιν表示"相反"之意(Lipka 2002:232)。此外，πάλιν一向位于它所指向的词旁边，顶多有小品词隔开。所以两种解释中Lipka取第二种(Lipka 2002:233)。

[Moore笺]Moore译为"防止斯巴达的力量东山再起"(Moore 1975:92)。色诺芬写作第十四章时，显然斯巴达城邦的统治者们大部分都腐化堕落了——若他们是社会的富裕阶层，就更合情合理了。这种变化的悲剧，在色诺芬看来浓缩于如下的事实：以前希腊人仰仗斯巴达人做道德统领，而如今他们联合起来阻止斯巴达东山再起。

色诺芬唯一能安慰自己的是，错误并非在于他十分钦慕的良风美俗(Eunomia),而在于那些拒绝良风美俗的人。然而,如此灾难性的崩溃引出对斯巴达整个政治体系的质疑:这种政制不能逐步培养出具有足够人格力量和献身于城邦政制理念的人,以对抗与斯巴达城邦政制理念不同的、长期存在的其他政制标准(Moore 1975:121)。

[7]所以,他们指责斯巴达人公然悖神,违反吕库古的礼法,就丝毫不令人吃惊了。

"他们指责($\dot{\epsilon}\pi\iota\psi\acute{o}\gamma\omega\nu$)斯巴达人公然悖神":[Watson笺]神指阿波罗,他经常被称作 ὁ θεὸς κατ' ἐξοχήν,如 8.5 节。参 Weiske(Watson 1914:229)。

[Lipka笺]没有指名道姓的神最有可能是阿波罗,对应了 8.5 节吕库古去德尔菲神庙求问神他制定的法律是否最为神所喜悦之事,所以,不太可能是泛指的神,如《齐家》7.25、27、29,且泛指的神一般用复数(Lipka 2002:234)。

到底是有人"指责"斯巴达人,还是斯巴达人是"该受指责的",取决于如何识读 $\dot{\epsilon}\pi\iota\psi\acute{o}\gamma\omega\nu$。除了此处,$\dot{\epsilon}\pi\acute{\iota}\psi o\gamma o\varsigma$[该受指责的]一词在古典时期仅出现一例,相应的动词 $\dot{\epsilon}\pi\iota\psi\acute{\epsilon}\gamma\omega$ 在古希腊文献中似乎没有出现过。

Lipka 认为此处应取主动的"指责"的涵义,因为 θαυμάζειν+分词第二格要求一个人称宾语,所以"不让人惊讶"的主语只能是主动态的"他们指责……",才解释得通(Lipka 2002:234)。

第十四章释义

[Gray笺]第十四章起到的作用是修辞证明中常常使用的夸张,力证吕库古立法的优秀卓绝,所以不一定符合史实。色诺芬自己的作品中就有斯巴达人一直到很晚仍然守法如初的证据(《希腊

志》7.1.8,《阿格西劳传》7.3)。

总督给斯巴达城邦带来腐化堕落也是夸张之辞,以达到修辞上的夸张效果。比如长期在海外的德库利达斯是受人爱戴的、未腐化堕落的阿卑多斯(Abydus)的总督(《希腊志》4.8.3-5)。《希腊志》5.4.1谴责了斯巴达人对待希腊人不尊敬、不公正,但这并不是总督腐败造成的后果(Gray 2007:219)。

第十四章的观点是司空见惯的,并非新见。斯巴达国王波桑尼阿斯(Pausanias)是希波战争胜利者,是斯巴达在海外的榜样,他却废弃了已制定的礼法,疏远斯巴达的同盟,他们就不再接受斯巴达的统领(修昔底德《战争志》1.130.1)。伊索克拉底(Isocrates)的作品也曾用修辞学语言、夸张的口吻把斯巴达的衰落总结为帝国在海外的扩张野心(Gray 2007:219)。

我们不应把第十四章解读为对现实的严谨陈述。修辞学为了有说服效果的普遍性,不惜牺牲真实细节。第十四章的新鲜之处在于,首次用斯巴达的衰落这个老生常谈来强化作品对吕库古典范的颂赞。这个典范是更高的真实,所以色诺芬爽快地牺牲了具体的真实,正如所有的说服艺术一样。

Gray建议要认识到这种修辞的积极力量,否认了施特劳斯主张的对色诺芬的反讽式阅读(ironic readings,Gray 2007:220)。

[Lipka笺]有的学者说,色诺芬写了批评斯巴达人的第十四章后,就不可能在科罗尼亚战役中支持斯巴达。Lipka的辩解是,《斯巴达政制》的第一到第十章,以及第十四章是对雅典听众而非斯巴达听众发言,或许是他自己也想要讨好雅典人。

此外,色诺芬是阿格西劳的朋友,支持其保守派政治,他自然不会在第十四章反对所有的斯巴达人,很难想象色诺芬无论何时反对一切斯巴达人,哪怕是迟至公元前360他已经写完了《阿格西劳传》之后。色诺芬只反对那些与之敌对的政治团体,例如吕山德的心腹党羽(Lipka 2002:30 n.134)。

第十五章　国王在城邦内的特权

[1]我还想解释一下,吕库古制定的在国王和城邦之间的协约。因为这是唯一从制定之初沿用至今的统治体制;而人们会发现,其他[城邦]的法规体制已然改变了,甚至到如今仍在改变中。

"协约($συνϑῆκαι$)":[Lipka笺]$συνϑῆκαι$[协约、条约]一词十分醒目,因为在《斯巴达政制》的其他地方,色诺芬用$ἐπιτηδεύματα$[政制]或$νόμοι$[礼法](1.1,1.2)。此处选择用$συνϑῆκαι$[协约、条约]并非偶然,它预设了两方的对立,在本章的语境里指的是国王和人民(色诺芬不太精确地表述为"城邦")的对立,而$ἐπιτηδεύματα$或$νόμοι$是基于习俗,派别存不存在不重要(Lipka 2002:234)。

[Gray笺]这节色诺芬考虑的是被统治者推翻统治者的情况,如他在第十四章所聚焦的斯巴达国王与人民的关系,或如其他城邦的寡头执政者与其臣民的关系(Gray 2007:184)。

"这是唯一从制定之初沿用至今的统治体制($ἀρχή$)":[陈笺]$ἀρχή$有[王权、统治权、职务]之意。Lipka、Watson、Moore的英译不尽相同,Lipka和Gray译为office,Watson译为government,Moore译为royal authority,Rebenich的德译为Herrschaft。根

据上下文应该指的是在王权和民权之间保持平衡的"统治样式"，即本章的核心议题，偏重君主制的"政制"。所以，紧接着，色诺芬在下一句也提到"其他的法规体制"（πολιτείας）。"体制"之类的汉译太具有现代色彩，属不得已而为之。

从色诺芬在本章下文的描述看，"体制"多数时候涉及的是国王们的生活，仅仅在 15.6 – 7 谈到了现代意义上的政治生活，即国王与监察官之间权力关系的制衡。

"而人们会发现其他［城邦］的法规体制（πολιτείας / constitutions）已然改变了"：［陈笺］Gray、Lipka、Watson、Moore 都把 πολιτείας 译为 constitutions，Rebenich 的德译为 Verfassungen。

［2］吕库古规定，国王因其神圣的血统代表城邦，主管所有的公共祭典，无论城邦把军队派往何处，国王统帅军队。

"国王因其神圣的血统（ἀπὸ τοῦ θεοῦ）代表城邦（πρὸ τῆς πόλεως）"：［Watson 笺］"国王的血统源自朱庇特"（Watson 1914：229）。

［Rebenich 笺］斯巴达国王是赫拉克勒斯的后裔，血统可追溯到众神之父宙斯。关于国王神的血统，可参希罗多德《原史》6.56，修昔底德《战争志》5.16（Rebenich 1998：139）。

［Lipka 笺］神只能是宙斯。《原史》7.204、7.220.4、8.131.2 说斯巴达王室血统源自赫拉克勒斯（希罗多德 1978：546、553、613），赫拉克勒斯是宙斯之子，斯巴达王室与宙斯就有了家族联系（Lipka 2002：236）。色诺芬的观点参《斯巴达政制》10.8。

并非偶然的是，除了斯巴达王室，《居鲁士的教育》1.2.1、4.1.24、7.2.24 说居鲁士是珀耳修斯的后裔，具有神的血统（色诺芬 2007：6、187、369），故意与其他历史学家唱反调。此外，色诺芬在《阿格

《西劳传》1.2 还明说,阿格西劳是赫拉克勒斯的后裔,不过很难断定这是色诺芬的确凿之论,还是颂扬之辞(Lipka 2002:237)。

"主管所有的公共祭典(δημόσια)":[Lipka 笺]根据《原史》6.56、57.2,两位国王是拉刻岱蒙宙斯(Zeus Lakeaimon)祭司和乌拉尼奥宙斯(Zeus Uranios)祭司,也是阿波罗祭司(希罗多德 1978:423-424)。国王可能是定期祭典的主祭,尤其是担任出征前(13.2)、战事前(13.8)的特别祭祀仪式的祭司(Lipka 2002:235)。"代表城邦"意味着这是祈愿祭,而非赎罪祭,赎罪祭是让神清除邪恶,获得救助(Lipka 2002:236)。

亚里士多德《政治学》III 1285 b 13-19 里论称,除了战争中的军事领导权之外,祭祀权是斯巴达国王以前的绝对权力中硕果仅存的一项权力:

> 这种王室具有[三项]统治的权位:战时为统帅;祭时为主祭,除另有祭司职掌的宗教事务外,他们主管这氏族的祀典;遇有法律上的争端也由他们作最后的判决。(亚里士多德 1965:160)

亚氏还暗示,斯巴达不像其他希腊城邦那样,各色崇拜团体林立,它们彼此独立,各有各的祭司,斯巴达的祭司等级制度如同其军事等级制度,其顶端是国王。在这个祭司等级制度中,皮提奥伊(Pythioi)可能扮演了一个特殊角色([陈按]关于皮提奥伊的解释见 15.5。Lipka 2002:236)。

"无论城邦把军队派往何处,国王统帅军队":[Gray 笺]国王是其城邦的军事总指挥(Gray 2007:184)。

[Lipka 笺]传统上,斯巴达国王指挥陆军,不指挥海军。

色诺芬的原话与《原史》6.56 有冲突,希罗多德说"[国王]他们可以随便对任何国家开战而任何斯巴达人都不能加以阻止,否则就会受到咒诅"(希罗多德 1978:423),这引起学界议论纷纷(Lipka 2002:237)。希罗多德的意思是:由国王决定是否对外作战,国王率军离开斯巴达去征战;而色诺芬却说是城邦宣战并派国王出征。

Lipka 的解读是,色诺芬的说法应该没错,因为色诺芬是斯巴达军队的目击者,此外也有其他证据的证实,如《希腊志》1.6.1,所以,到底希罗多德说的是否正确,他描述的是否是更早的情形,或是否他表述欠准确,还有讨论余地。希罗多德在《原史》6.56 的措辞显然有些草率。事实上是由民选大会宣战并正式派出军队,监察官征兵后,国王负责一应军事上的大小事。而《原史》给人的印象是,国王离开斯巴达城邦后,无需监察官的支持,国王也可以指挥军队(希罗多德 1978:377,Lipka 2002:238)。

[3] 他赐予国王祭牲的上等部分,在毗邻的[皮里阿西人]城镇中划给国王精选的[最好的]土地,分量上让国王既不短缺适度的收入,又不至于财富过剩。

"他赐予国王祭牲的上等部分":[陈笺]Watson、Moore、Rebenich、Gray 此处均译为单数的"国王",但 Likpka 译为复数的"国王他们"(Lipka 2002:95),希腊原文省略了这个宾语。

[Lipka 笺]据《原史》6.56、6.57.1,国王出征时有权得到祭牲的皮和脊肉,但在平时只有权得到祭牲皮(希罗多德 1978:424)。公共祭典的祭牲不从王室出,而是公帑支出。斯巴达国王主持祭典公宴,分配祭祀肉食(Lipka 2002:238)。另参《阿格西劳传》(普鲁塔克 2009:1087)。

第十五章 国王在城邦内的特权

"在毗邻的[皮里阿西人]城镇中划给国王精选的[最好的]土地(ἐξαίρετος γῆ)"：[陈笺]Lipka 和 Rebenich 均译为"在皮里阿西人的城镇(perioikic cities/ Periolikenstädte)中"(Lipka 2002：95，Rebenich 1998：85)。

[Gray笺]此处是斯巴达王室土地拥有特权的最早记载，也是皮里阿西人的城镇属于城邦的最早记载之一。这项王室特权是人民献给国王们土地习俗的遗留，荷马史诗中有大量例证(《伊利亚特》6. 194 - 195，9. 574 - 580，12. 310 - 314，20. 184 - 186；Gray 2007：184)。

[Lipka笺]Lipka 对色诺芬的话中之意有如下推测：1. 国王只在一些(而非全部)皮里阿西人的城镇中得到土地。2. 色诺芬假设吕库古有能力主宰皮里阿西人领土的割让，换句话说，斯巴达曾经干预了皮里阿西人城镇的土地财产的分配。3. 在古典时期，皮里阿西人的城镇不仅拥有一定的财政和法律上的自主权，也有地理上界定清晰的城邦领土，这些领土除斯巴达国王外，只有皮里阿西人拥有土地权。反过来说，斯巴达公民不拥有皮里阿西人的土地。

ἐξαίρετος γῆ[王室精选土地]对照的是κλῆρος[分派的土地]。色诺芬的文字还意味着国王从特定领土获得收益，但收益并不来自所有的皮里阿西人的城镇(如推测 1)。很可能国王把他的土地拨给皮里阿西人，或让奴隶、黑劳士耕作，他也许收取固定地租或从总收成中收取固定实物租(Lipka 2002：239)。

[Rebenich笺]皮里阿西人围绕政治中心斯巴达居住，是拉刻岱蒙城邦的属民。他们居住在拉刻岱蒙和美西尼亚(Messenien)的许多小村镇。据说他们的村镇数量在 100 左右，其中 80 个有名字。

有争议的是皮里阿西人的源起：他们是像斯巴达人那样的多利亚移民(dorischen Einwanderern)，还是像黑劳士是定居者？众多解释分歧颇大。传说皮里阿西人村镇的外交政策受制于斯巴达

(Rebenich 1998:139)，但在内政上有很大的自治权。某种程度上，监察官对皮里阿西人掌有不必经审判程序的生杀大权。皮里阿西人的村镇有自己的上层社会，从中选出管理的官员，经济上自给自足。皮里阿西人从事手工业和商贸，多数人为了获得生活资料也从事农耕(Rebenich 1998:140)。

"分量上让国王既不短缺适度的收入，又不至于财富过剩"：[Rebenich笺]色诺芬所说的可能是皮里阿西人耕种皮里阿西边境属于国王的土地，交给国王的土地税或佃租(Grundsteuer oder Pacht)，划给国王的是"精选的"(ausgewähltes)土地(Rebenich 1998:140)。

[4]国王们不应该在宫中进餐，为此他给国王设立了一个公餐房，他给国王们进餐时双份餐食的荣誉，不是说他们吃得比别人多，而是让他们有权把富余的一份赏赐给随他们喜欢的人。

"国王们(οἱ βασιλεῖς)"：[陈笺]色诺芬第一次用到复数的"国王们"。

"公餐房(σκηνὴν δημοσίαν/ syssition/ öffentliches Zelt)"：[Lipka笺]σκηνὴ δημοσία[公共食堂、公餐房]是阿提卡用法，对应的拉刻岱蒙词是δαμοσία(13.7亦见)。色诺芬遣用目的从句也许说明，当时国王参加公共用餐是强制性的，但对此假设也存疑。
据普鲁塔克《吕库古传》12.5所言：

> 国王阿吉斯有次远征雅典，凯旋而归，想同妻子在家共享晚餐，就派人去取回他的份额，团首长拒绝了他的要求；第二天阿吉斯一气之下，忘了举行照例的献祭，他们就罚他一笔

款。(普鲁塔克1990:100[为保持统一,译名有改动])

团首长们希望国王在公餐房进餐,但国王阿吉斯显然认为他有权在家用餐,这说明他并不知道要求他出席公餐的规定,即国王参加公餐并非强制性的。有时国王去别的城邦,以及参加节庆和宗教活动时,也不出席公餐。

Lipka提出质疑,斯巴达国王必须出席公餐是基于一种理想化、却过于简化历史的观念:斯巴达所有公民甚至国王都过一种统一的生活(Lipka 2002:240)。

[Gray笺]国王在公餐房进餐可以控制饮食,正如斯巴达公民在公共食堂进餐(Gray 2007:185)。

"他给国王们进餐时双份餐食的荣誉,不是说他们吃得比别人多,而是让他们有权把富余的一份赏赐给随他们喜欢的人":[Lipka笺]据《原史》6.57.3,斯巴达国王只有出席公餐才有双份餐食,在自己宫中进餐仅得一份,色诺芬对这个情况避而不谈。Lipka推测这是因为色诺芬想给人这样的印象:国王一向在公餐房用餐。《斯巴达政制》说国王的公餐及分配是吕库古制定的一项制度,所有国王均受其约束。但《阿格西劳传》5.1中记叙,公餐制并不确定是否由吕库古制定,餐食如何分配由国王阿格西劳自主支配。Lipka把两部作品说法的矛盾解释为色诺芬用不同的文学手法阐释同一个历史史实,一种手法是歌功颂德式的(《阿格西劳传》),一种是理论/哲学式的(《斯巴达政制》)。而历史本身似乎是,正常情况下,国王有权参加公餐,他们可以分配食物,阿格西劳就因分配食物享有声名(Lipka 2002:241)。

[Rebenich笺]《原史》6.57记载了国王不参加公餐、在宫里进餐的可能性。希罗多德与普鲁塔克《吕库古传》12.5记载的信息有分歧,大概反映出强制国王参加公餐激化了矛盾。《阿格西劳

传》108设想了色诺芬逗留斯巴达期间得到的尊敬,作为国王阿格西劳的贵客,他分到了双份餐食。

然而,斯巴达国王们没有特供的膳食,得将就着跟所有斯巴达人吃一样的食物。双份餐食是国王的一项重要特权,承袭自荷马时代(Rebenich 1998:141)。

[5]此外,他允准每一位国王挑选两名额外的陪同进餐者,称作皮提奥伊。他还允许国王从每窝猪崽里抓一头小猪,以便他若有事求问神谕时不会缺少祭牲。

"皮提奥伊(Πύϑιοι / Pythioi)":[Watson笺]之所以得此名,是因为他们的本职工作就是受国王所托询问德尔菲神庙的神谕(8.5),德尔菲神庙原名皮托(Pytho, Watson 1914:230)。《原史》6.57述:"Pythioi乃是被派往德尔菲请示神托的使者,他们是用公费陪着国王进餐的"(希罗多德 1978:424)。

[Lipka笺]国王偶尔托皮提奥伊询问德尔菲神庙的神谕,通常,公民委托皮提奥伊询问神谕。皮提奥伊也许会影响神谕公开宣布的时刻,他们可能也是唯一随侍国王进入神示所(oracular archives)的人。此外,偶尔他们也非正式地与皮提亚(Pythia)协商,确定从皮提亚处得到的神谕。

斯巴达人篡改神谕,皮提奥伊发挥了关键作用,比如一些人带钱去德尔菲神庙,他们可能就是皮提奥伊。皮提奥伊制度仅见于斯巴达,其起源和年代不可考(Lipka 2002:242)。

[Gray笺]皮提奥伊可能照管从德尔菲神庙求得的神谕,应该在保护法律方面发挥着一些特殊作用,但色诺芬压根没提到他们有何作用,他关心的是国王任命他们陪同进餐的特权。其他文献说起斯巴达神谕、先知时,很少提皮提奥伊(Gray 2007:185)。

[6]毗邻王宫的一面湖提供了充足的水源,满足各种用度,[水源的]好处只有那些没有这样便利的人知道得最清楚。在国王面前人人须起身站立,惟有任职的监察官们无需离座。

"湖(λίμνη)":[陈笺]Lipka、Watson 与 Rebenich 均译为"湖",惟 Moore 译为"泉水"(Moore 1975:91)。

"王宫(τῇ οἰκίᾳ)":[Lipka 笺]每个国王有一座私人宫邸,两个国王的私人宫邸向来相隔遥远。明明有两个国王,为什么色诺芬要用单数的 οἰκία([陈按]原意是"家",根据上下文,译为"王宫")? Lipka 推测,这是指公共进餐时的建筑,两位国王一起去那里参加公餐,还有监察官,起码后期是如此。Lipka 甚至确信这个建筑就叫作 δαμοσία (Lipka 2002:243-244)。

"[水源的]好处只有那些没有这样便利的人知道得最清楚":[Gray 笺]充足的水源是一个微不足道的特权,用水不便的对比巧妙地证明了其好处(Gray 2007:185)。

"在国王面前人人须起身站立":[Lipka 笺]让座或侍立一旁是尊重对方的表现。通常年岁较小的人在长辈面前要起身站立。据《原史》2.80,希腊人中惟有斯巴达人(和埃及人一起)保持此风俗。两位国王之间的举止可能也遵行论资排辈的原则。荷马史诗中描写过长辈给王家公子让座,还有文献记载,在战斗中获胜的斯巴达年青人获得年长者赐座。

色诺芬此处若是说进餐的话,就表明公元前 4 世纪末,斯巴达人是坐着进餐,不是斜靠着吃饭。Lipka 参考其他文献得出的结论是,仅仅在前 5/4 世纪相对短暂的一段时期斯巴达人坐着进餐。无论如何,古典时期的斯巴达国王有权在宴饮时享有专座,大概监察官亦如此(Lipka 2002:245)。

"惟有任职的监察官们无需离座（πλὴν οὐκ ἔφοροι ἀπὸ τῶν ἐφορικῶν δίφρων）"：[Lipka 笺]οὐκ 看起来像是多余的，一些笺注家将其删掉。据普鲁塔克《阿格西劳传》记载，当监察官来访时，国王阿格西劳站起来，这明显意味着国王在监察官前起身站立不是常规。(Lipka 2002:245)

[7]国王和监察官们每个月对彼此立誓为盟：监察官代表城邦，国王代表他们自己。国王立誓遵守城邦业已制定的礼法，只要国王们恪守誓言，城邦也遵守誓言保证王权不会动摇。

"监察官代表城邦（πρὸ τῆς πόλεως）,国王们代表他们自己。国王立誓遵守城邦业已制定的礼法，只要国王们恪守誓言，城邦也遵守誓言（ἐμπεδορκοῦντος）保证王权不会动摇"：[Lipka 笺]ἐμπεδορκεῖν[遵守誓言]一词证实是公元前4世纪的法律用语(Lipka 2002:245)。

[Moore 笺]第十五章第6—7节可能被理解成，监察官在吕库古时代就被制度化了，或者已经变得十分重要——这给人错误印象。色诺芬在8.3中已经暗示过不是这样(Moore 1975:119)。国王和监察官彼此立誓是从体制上限制王权的标志，可能从新王即位(imposition)时开始。斯巴达的立誓并非独一无二的现象，希腊城邦的统治机构常采用立誓的方式(Moore 1975:120)。

[Rebenich 笺]监察官和国王互相起誓可能是处在一个监察官地位上升、国王权力受限的时期(Rebenich 1998:142)。

[Lipka 笺]确如 Carlier 所言，这段话并不是说，若国王违背礼法，君主制本身会被废止，但是，监察官有权废黜违法的国王以其法定子嗣替代他。

每月起誓,仅仅是在国王登基初始阶段,大概在新月或满月之际。在国王面前,监察官是城邦民众的代表(不然 ὑπὲρ τῆς πόλεως 会是什么别的意思?),然而,这并非明确表示监察官制的制度化和政治取向。誓言的目的是表现王权对斯巴达民权的屈尊俯就,防止国王一方的专制暴政。誓言是一种控制手段,它表达了"治人与被治"之类的根本性斯巴达观念。对王权的限制,如誓言所暗示的,说明只有两位国王联手才能抗衡监察官。

另据亚里士多德《政治学》V 1313a 18-33,对王权的限制是斯巴达君主制长期得以维持的原因:

> 拉刻岱蒙王室的长期存在,也可说是一部分由于两王分权的旧制,一部分由于色奥庞波随后在其他许多方面所采取的谦恭政策,其中创立"监察职权"这件事尤为显著。监察制度剥夺了王室所固有的某些权力,但在长久看来,这样恰正巩固了斯巴达君主制。(亚里士多德 1965:291)

据《原史》5.39,监察官们因国王阿那克桑德里戴斯(Anaxandridas)无子嗣而强迫他娶第二任妻子,这显示监察官可以干涉国王的私生活(希罗多德 1978:361)。Likpa 推测,誓言制度一定是在阿那克桑德里戴斯国王统治之前,是比较早期的。N. Richer 猜测是公元前 7 世纪,有这个可能(Lipka 2002:246)。

[Gray 笺]色诺芬最早用文字记载斯巴达国王与监察官相互起誓。每月起誓一再确认,使其成为宗教历法中的一项仪式。柏拉图《法义》683d-684a 记载,国王和人民彼此立誓为盟的情况在阿尔戈斯、迈锡尼和斯巴达很通行。

伊索克拉底的《阿基达马斯》(Archidamus)6.20-22 谈到了赫拉克勒斯的子孙后裔(Heraclids,即斯巴达人)与多利亚人(Dorians)签订合约,斯巴达人把他们在伯罗奔半岛的土地给多利亚人,多利亚人把王权献给斯巴达人。斯巴达国王阿基达马斯告诉多利亚人(现在由斯巴达人民代表他们):"你们要信守合约和誓言。"(Gray 2007:185)

[8][以上所说的]这些是国王生前在自己国家被赋予的特权,并没有极大地超过平民的权力,因为吕库古不希望国王们滋生专制心理,或激发公民嫉妒国王的权力。

"国王生前在自己国家(οἴκοι)被赋予的特权,并没有极大地超过平民(τῶν ἰδιωτικῶν / private citizen)的权力":[陈笺]οἴκοι直译应是"家、房屋",引申为"国家"。英译者Lipka译为his own country, Watson译为his native land, Moore图省事直接译为Sparta,德译者Rebenich译为zu Hause (= in Sparta)。但应注意,此处色诺芬并未使用"城邦"一词。

οἴκοι曾被Cobet删除。Rebenich和Lipka都认为这与整部著作的结构相抵牾。《斯巴达政制》第十三章写的是斯巴达国王战场上的任务。第十五章则讨论的是国王不打仗时在城邦享有的特权,然后是死去和在世的国王的荣誉。

Lipka说,如果删除οἴκοι,就必须把第十四章放到第十五章之后,理由是第十三章与第十五章讨论的都是在世的国王享有的特权与荣誉。所以如果第十四章仍在目前的位置,15.8就是对前文十分不准确的概括(Rebenich 1998:142; Lipka 2002:247)。

[Lipka笺]色诺芬的话是一种理想化的苏格拉底风格。在15.1-6所提到的国王享有的公共特权,色诺芬好像想让我们相信是无足轻重的,实际上并非不重要。这些特权看起来像是波斯宫廷中的仪式,而波斯则可能是色诺芬的想象。斯巴达国王在城邦中的权力在于宗教领域,他有大祭司的权威。他与特定神明的特殊关系起码在较晚时期也是神圣不可侵犯的(Lipka

2002:247)。

[9]国王死后,吕库古的礼法表明,他们身后获得的荣誉是,[人民]尊拉刻岱蒙人的国王们像英雄那样,而非普通人。

"尊拉刻岱蒙人的国王们像英雄那样,而非普通人($\dot{\omega}\varsigma$ ἥρωας τοὺς Λακεδαιμονίων βασιλεῖς προτετιμήκασι)":[Gray笺]"像英雄那样"($\dot{\omega}\varsigma$ ἥρωας)提醒我们注意,实际的英雄化崇拜(heroization)和"像英雄那样"被尊敬有所区别。色诺芬在其他作品中提到过国王的特殊待遇,如死后遗体归葬故乡,但达不到英雄崇拜。如国王阿吉斯的葬礼只是比普通人的稍微庄重一点(《希腊志》3.3.1,Gray 2007:186)。

[Lipka笺]据Neumann在19世纪末的观察,此句后半段 τοὺς Λακεδαιμονίων βασιλεῖς προτετιμήκασι 有六步格诗的韵律结构—∪∪−∪∪−∪∪−∪∪−−−∪(Lipka 2002:247)。这到底是色诺芬在含沙射影(克里提阿斯),还是给本书收官的一句增加肃穆感,或者这种诗韵结构纯属巧合,仍难确定。修昔底德在《战争志》1.21.2同样采用了六步格。Λακεδαιμονίων βασιλεῖς[拉刻岱蒙国王们]的全称也指向一种刻意为之的严肃感。《原史》6.58.3描写国王们的葬礼时也使用了该全称。大量文献证实,斯巴达国王的葬礼场面蔚为壮观(Lipka 2002:248)。

"尊国王像英雄那样"到底是什么意思？斯巴达研究专家卡特利奇在其著述中反复说明,作为凡人的斯巴达国王在死后正式获得英雄的身份,即国王死后得到英雄崇拜(Cartledge 1987:335)。卡特利奇举出死后被尊为英雄的两种例子,如历史人物监察官基隆(Chilon)和俄瑞斯特斯(Orestes)的神话英雄崇拜(据说他的遗体在公元前6世纪中叶从铁该亚[Tegea]移到斯巴达神庙),移回俄瑞斯特斯遗体的做法类似于将国王遗体从国外移送回斯巴达

(Lipka 2002:248)。

Likpka 反驳了卡特利奇的观点,他认为基隆、俄瑞斯特斯以及总指挥官布拉西达斯(Brasidas[陈按]死于前 422 年,是伯罗奔半岛战争第一个十年中斯巴达最杰出的指挥官)的英雄崇拜不是因为他们的职位(监察官、国王或总指挥官),而是因为这个人生前的特别壮举而被赋予了神圣性。

此外,将斯巴达国王英雄化也不是因为传说他们是赫拉克勒斯后裔。斯巴达国王可能被废黜,被废黜者不能举行"王室"葬礼。如斯巴达国王波桑尼阿斯(Pausanias[陈按]自公元前 409 执政的斯巴达国王),他既是赫拉克勒斯的后裔也享有王室荣誉,却在受到严厉指控后逃到一处雅典娜神庙,最后被饿死。斯巴达人起先想把他的尸体扔在一个埋动物的地方,后来没这么做,将他埋葬了。最后斯巴达人根据德尔菲神谕将他的遗体移到 Chalkioikos 雅典娜神庙。

还可以举出居鲁士的例子,据说他也有神的血统,死后并没有被尊为英雄。总而言之,斯巴达国王被尊为英雄,并不是因为人们信以为真的他们具有神圣血统或王室职位(Lipka 2002:249)。死在异乡的国王遗体被送返斯巴达,这不是出于宗教原因或国王代表国家,而是由于血脉传承的关系。壮观的葬礼不仅是让人们送别旧国王的遗体,更重要的是迎接新王(Lipka 2002:250)。

Lipka 得出的结论是:从 15.9 节的字里行间可读出,在色诺芬眼里,对国王的崇拜好像对英雄的崇拜,两者却不是一回事。也就是说,根据吕库古的礼法,斯巴达国王驾崩后像英雄一样——但并非英雄——被崇拜(Lipka 2002:251)。

[Moore 笺]色诺芬最后谈到在世的国王,这里大概不会看不出阿格西劳的影响。当文末色诺芬强调国王死后接近神的荣誉时,庄重气氛暂时的削弱得到了补偿。这些荣誉具体有:城邦大范围强制性的哀悼、从全拉刻岱蒙地区选出代表出席国王葬礼、暂停

公众贸易,细节见《原史》6.58(Moore 1975:120)。

第十五章释义

[Lipka笺]本章小品词(δὲ καί, καί....δέ)大量重复有限使用,被Lipka当作是色诺芬语言和句式寡淡枯燥的证明:15.1 βούλομαι δὲ καί, 15.3ἔδωκε δὲ καί, 15.4ὅπως δὲ καί, 15.5ἔδωκε δ' αὖ καί, ἔδωκε δὲ καί, 15.6καὶ πρὸς τῇ οἰκίᾳ δέ, ὅτι δὲ καὶ τοῦτο, καὶ ἕδρας δέ, 15.7καὶ ὅρκους δέ (Lipka 2002:54)。

[Moore笺]在把良风美俗(Eunomia)一切好的方面都归属吕库古后,这本书最后一章自然结束在吕库古保证其改革能被采纳、被接受。尽管古典时期的斯巴达向来把一切都归功于吕库古,可是说吕库古创设了双王制是无稽之谈,双王制肯定是在比古典时期早得多的时期创设的。吕库古的政改是要限制双王的权力。色诺芬并没有涉及普鲁塔克提供的那些传说,《吕库古传》3、5记载了吕库古改革之前一些冲突的细节。色诺芬集中表现的是国王们确立地位的基础,暗示着达到了一种合理的妥协。

整个第十五章传达出这样一种信念:从吕库古时代到古典时期之后,斯巴达政制维持不变,然而本章的确也反映了一个事实,斯巴达从相当早的时候就建立了一种稳定的政制,并长期保持,令人惊讶的是,这种政制仅做过细微调整,几乎完全没有激烈的动荡,这在希腊各城邦政体中,惟斯巴达独有。

整本书中,第十五章所讨论的最接近现代意义上的政制,但并无巨细靡遗的细节。比如对双王和监察官职位的精确描述,色诺芬关注的是实际情形而非历史事件的更替或精确细节。

有一点可能给人错误印象,15.6-7可能被识读成,监察官在吕库古时代就被制度化了,或者已经变得十分重要。但色诺芬在

《斯巴达政制》8.3中暗示过,这显然并非实情(Moore 1975:119)。

[Gray笺]对于国王的特权,色诺芬似乎关心了一些微不足道的小事,比如获得祭牲、公餐房用餐、有陪同进餐人员等,这些特权即使再多,既不会让国王骄傲,也不会引起臣民的嫉妒。他没提到国王的监管权(如监管王位继承、道路等),国王是长老会议成员,也没提及国王的私人财富。除了15.4–5用的是复数的"国王们",本章其他地方都使用单数的"国王"(Gray 2007:184)。

参 考 文 献

一、色诺芬《斯巴达政制》的译注(疏)本

Vivienne J. Gray, "Respublica Lacedaemoniorum", *Xenophon on Government*, edited and commentated by V. J. Gray, Cambridge/New York: Cambridge University Press, 2007

Michael Lipka, *Xenophon's Spartan Constitution*, Berlin: W. de Gruyter, 2002

Stefan Rebenich, Xenophon: *Die Verfassung der Spartaner*, Darmstadt: Wissenschaftliche Buchgesellschaft, 1998

J. M. Moore, "The Politeia of the Spartans", *Aristotle and Xenophon on Democracy and Oligarchy*, Berkeley: University of California Press, 1975

E. C. Matchant, "Constitution of the Lacedaemonians", *Scripta Minora*, London: W. Heinemann; New York: G. P. Putnam's Sons, 1925

J. S. Watson, "On the Lacedaemonian Government", *Xenophon's Minor Works*, London: G. Bell and Sons, Ltd., 1914

二、色诺芬的其他作品

Anabasis, translated by Carleton L. Brownson, revised and with a new introduction by John Dillery, Loeb Classical Library, Cambridge: Harvard University Press, 1998

《经济论、雅典的收入》,张伯建、陆大年译,北京:商务印书馆,1961

《长征记》,崔金戎译,北京:商务印书馆,1985

《回忆苏格拉底》,吴永泉译,北京:商务印书馆,1986

《会饮》,沈默译笺,见刘小枫编,《色诺芬的〈会饮〉》北京:华夏出版社,2006

《居鲁士的教育》,沈默译笺,北京:华夏出版社,2007

《齐家》(即《经济论》),见《色诺芬的苏格拉底言辞——〈齐家〉义疏》,施特劳斯著,杜佳译,上海:华东师范大学出版社,2010

《希腊史》,徐松岩译注,上海:三联书店,2013

《希耶罗》,彭磊译(见《论僭政——色诺芬〈希耶罗〉义疏》(重订版),施特劳斯、科耶夫著,古热维奇、罗兹编,彭磊译,北京:华夏出版社,2016

三、研究文献(西文在前,中文在后)

Anderson, J. K., "Xenophon 'RespublicaLacedaemoniorum'", *Classical Philology*, 1. 11. 10, 59 (1964)

Anderson, J. K., *Military Theory and Practice in the Age of Xenophon*, Berkeley/Los Angeles, 1970

Anderson, J. K., *Xenophon*, London, 1974

Cartledge, Paul, "Hoplites and Heroes: Sparta's Contribution to the Technique of Ancient Warfare", *The Journal of Hellenic Studies* (*JHS*) 97 (1977), 11 – 27

Cartledge, Paul, "Spartan Wives: Liberation or Licence?", *Classical Quarterly* (*CQ*) n. s. 31 (1981), 84 – 105

Cartledge, Paul, *Agesilaos and the Crisis of Sparta*, London, 1987

Cartledge, Paul, *Spartan Reflections*, London: Gerald Duckworth & Co., Ltd., 2001

Cartledge, Paul, *The Spartans*, Woodstock NY: Overlook Press, 2003

Cawkwell, G. L. "Agesilaus and Sparta", *Classical Quarterly*, 26(1976)

de Boer, W., *Laconian Studies*, Amsterdam: N-Holland Publshing Company, 1954

David, E., "Sparta's Social Hear", *Eranos* 90 (1992), 11 - 20

Dean-Jones, L., *Women's Bodies in Classical Greek Science*, Oxford, 1994

Denniston, J. D., *The Greek Particles*, second edition, London: Gerald Duckworth, 1996

Dillery, John, *Xenophon and the History of His Times*, London: Routledge, 1995

Due, Bodil, *The Cyropaedia: Xenophon's Aims and Methods*, Aarhus and Copenhagen: Aarhus University Press, 1989

Ehrenberg, V., *Polis und Imperium. Beiträge zur Alten Geschichte*, Zürich, 1965

Erbacher, K., *Griechisches Schuwerk. Eine antiquarishce Untersuchung*, Würzburg, 1914

Forrest, W. G., *A History of Sparta* 950 - 192 BC, London: Hutchinson; New York: Norton, 1968

Geddes, A. G., "Rags and Riches: The Costume of Athenian Man in the Fifth Century", *CQ* 37 (1987), 307 - 331

Gera, D. Levine, *Xenophon's Cyropaedia: Style, Genre and Literary Technique*, Oxford: Oxford University Press, 1993

Henry, William Patrick, *Greek Historical Writing: a historiographical essay based on Xenophon's Hellenica*, Chicago: Argonaut, 1967

Hindley, C. "Eros and Military Command in Xenophon", *Classical Quarterly*, 44 (1994)

Hindley, C., "Xenophon on Male Love", *Classical Quarterly*, 49 (1999)

Hodkinson, S. /A. Powell (eds), *Sparta. New Perspectives*, London/Duckworth, Swansea: Classical Press of Wales, 1999

Hodkinson, S., "Servile and Free Dependants of the Classical Spartan 'oikos'", in Moggi/ Cordiano, *Schiavi e dipendenti nell'ambito dell'oikos e della familia*, Pisa, 1997

Hodkinson, S., *Property and Wealth in Classical Sparta*, London, 2000

K. -J. Hölkesmamp, *Schiedsrichter, Gesetzgeber und Gesetzgebung im Archaischen Griechenland*, Stuttgart, 1999

Kahrstedt, U., *Griechisches Staatsrecht I: Sparta und seine Symmachie*, Köttingen, 1922

Kennell, N. M., *The Gymnasium of Virvue. Education and Culture in Ancient Sparta*, Chapel Hill/ London, 1995

Lacey, W. K., *The Family in Classical Greece*, London: Thames and Hudson, 1968

Lazenby, J. F., *The Spartan Army*, Warminster, 1985

MacDowell, D. M., *Spartan Law*, Edinburgh, 1986

Millender, E., "Athenian Ideology and the Empowered Spartan Woman", inHodkinson, S. /A. Powell (eds), *Sparta. New Perspectives*, London/ Duckworth, Swansea: Classical Press of Wales, 1999

Millender, E., "Athenian Ideology and the Empowered Spartan Woman", in Hoddkinson/ Powell, *Sparta. New Perspectives*, London, 1999

Miller, Walter, "Introduction", *Cyropaedia*, with an English translation by Walter Miller, Cambridge, Mass. : Harvard University Press; London: William Heinemann, 1914

Morrow, K. Dohan, *Greek Footwear and the Dating of Sculpture*, Wisconsin, 1985

Nadon, Christopher, *Xenophon's Prince: Republic and Empire in the Cyropaedia*, Berkeley: University of California Press, 2001

Ogden, D., *Greek Bastardy in the Classical and Hellenistic Periods*, Oxford, 1996

Pomeroy, Sarah B., *Spartan Women*, Oxford: Oxford University Press, 2002

Proietti, Gerald, *Xenophon's Sparta: An Introduction*, Leiden: E. J. Brill, 1987

Pritchett, W. K., *The Greek State at War*, part II, Berkeley al., 1974

Reinhold, M., *History of Purple as a Status Symbol in Antiquity*, Brussels, 1970

Sekunda, N., *The Spartans*, London, 1998

Seltman, C., *Greek Coins. A History of Metallic Currency and Coinage down to the Fall of the Hellenistic Kingdom*, London, 1955

Shear, T. L., "A Spartan Shield from Pylos", *Archaiologike Ephemeris* (*AE*) 100 (1937), 140 - 143

Spence, I. G., *The Cavalry of Classical Greece. A Social and Military History with Particular Reference to Athens*, Oxford, 1993

Strauss, Leo, "Spartan Spirit and Xenophon's Taste", *Social Research*, 1939, Vol. 6, No. 4

Thommen, I., *Lakedaimonion politeia. Die Entstehung der spartanischen Verfassung*, Stuttgart, 1996

Tigerstedt, E. N., *The Legend of Sparta in Classical Antiquity*, 2 vols., Stockholm al. 1965, 1974

Toynbee, A., *Some Problems of Greek History*, Oxford, 1969

Wade-Gery, H. T., "The Spartan Rhetra in Plutarch, *Lycurgus* VI", *Essays in Greek History*, Oxford, 1958, 37 - 85

阿里斯托芬,《吕西斯特拉特》,见《古希腊悲剧喜剧全集》(第七册),张竹明译,南京:译林出版社,2007

柏拉图,《理想国》,郭斌和、张竹明译,商务印书馆,1986

柏拉图,《柏拉图四书》(《普罗塔戈拉》,《会饮》,《斐德若》,《斐多》),刘小枫译,北京:三联书店,2015

布鲁姆,"爱的阶梯",《柏拉图的〈会饮〉》,刘小枫等译,北京:华夏出版社,2003

布策提,"评色诺芬研究新进展",高诺英译,见刘小枫、陈少明主编,《经典与解释:色诺芬的品位》,第13辑,北京:华夏出版社,2006

陈戎女,《荷马的世界:现代阐释与比较》,北京:中华书局,2009

成慕维,"让人期待、却令人失望的译注:评沈默译注《居鲁士的教育》",《东方早报》2010年12月26日第欧根尼·拉尔修(Diogenes Laertius),《名哲言行录》(上、下),马永翔、赵玉兰、祝和军、张志华译,长春:吉林人民出版社,2003

高挪英,"《上行记》中的斯巴达人与雅典人",《古典研究》,2010夏季卷,香港:古典教育基金有限公司,2010

汉森(Vitcor D. Hanson),《独一无二的战争:雅典人和斯巴达人怎样打伯罗奔尼撒战争》,时殷弘译,上海:上海人民出版社,2013

荷马,《奥德赛》,王焕生译,北京:人民文学出版社,1997

赫西俄德,《工作与时日神谱》,张竹明、蒋平译,北京:商务印书馆,1991

赫西俄德,《神谱》,见吴雅凌,《神谱笺释》,北京:华夏出版社,2010

卡尔维诺,"色诺芬的《长征记》",见《为什么读经典》,黄灿然、李桂蜜译,译林出版社,2012

卡特利奇,《斯巴达人:一部英雄的史诗》,梁建东、章颜译,上海:三联书店,2010

科耶夫等著,《驯服欲望——施特劳斯笔下的色诺芬撰述》,贺志刚等译,华夏出版社,2002

利希特,《古希腊人的性与情》,弗里兹英译,刘岩等汉译,桂林:广西师范大学出版社,2008

刘小枫笺注,见《柏拉图的〈会饮〉》,刘小枫等译,北京:华夏出版社,2003

刘小枫、陈少明主编,《经典与解释:色诺芬的品味》,第13辑,北京:华夏出版社,2006

刘小枫编修,《凯若斯——古希腊语文教程》,北京:华夏出版社,2005

刘小枫,《王有所成——习读柏拉图札记》,上海:上海人民出版社,2015

马基雅维里,《君主论》,潘汉典译,商务印书馆,1985

马基雅维里,《论李维》,冯克利译,上海人民出版社,2005

欧里庇得斯,《安德洛玛刻》,见《欧里庇得斯悲剧集》(上),周作人译,北京:中国对外翻译出版公司,2003

普鲁塔克,《希腊罗马名人传》(上),陆永庭等译,北京:商务印书馆,1990

普鲁塔克,《希腊罗马名人传》(一、二、三),席代岳译,长春:吉林出版集团有限责任公司,2009《《亚杰西劳传》[阿格西劳传),1071—1109页)

普鲁塔克,《伦语》(四卷),席代岳译,长春:吉林出版集团有限责任公司,2015

施特劳斯/克罗波西主编,《政治哲学史》(上),第三章"色诺芬",李天然等译,石家庄:河北人民出版社,1993

施特劳斯,"斯巴达精神或色诺芬的品味",陈戎女译,见刘小枫、陈少明主编,《色诺芬的品味:经典与解释》(第13辑),北京:华夏出版社,2006a

施特劳斯/科耶夫等著,《论僭政——色诺芬〈希耶罗〉义疏》,何地译,北京:华夏出版社,2006b

施特劳斯,《色诺芬的苏格拉底》,高诺英译,华东师范大学出版社,2011

王以欣,《神话与历史:古希腊英雄故事的历史和文化内涵》,陕西师范大学出版社总社,2018

希罗多德,《原史》(上、下),王以铸译,北京:商务印书馆,1978

修昔底德,《伯罗奔尼撒战争史》,徐松岩、黄贤全译,桂林:广西师范大学出版社,2004

亚里士多德,《政治学》,吴寿彭译,北京:商务印书馆,1965

亚里士多德,《尼可马科伦理学》,苗力田译,北京:中国社会科学出版社,1990

亚里士多德,《动物志》,颜一译,见苗力田主编,《亚里士多德全集》(第四卷),北京:中国人民大学出版社,1996

亚理斯多德,《修辞学》,罗念生译,《罗念生全集·第一卷》,上海:上海人民出版社,2007

祝宏俊,《古代斯巴达政制研究》,北京:中央编译出版社,2013

四、工具书

N. G. L. Hammond, H. H. Scullard, *The Oxford Classical Dictionary*, Second Edition, Oxford: Clarendon Press, 1970

Henry George Liddell, Robert Scott, *Greek-English Lexicon*, Oxford: Clarendon Press, 1996

罗念生、水建馥编,《古希腊语汉语词典》,北京:商务印书馆,2004

图书在版编目(CIP)数据

色诺芬《斯巴达政制》译笺/(古希腊)色诺芬著;陈戎女译笺.
--上海:华东师范大学出版社,2019
ISBN 978-7-5675-8826-4

Ⅰ.①色… Ⅱ.①色…②陈… Ⅲ.①斯巴达—政治—制度史—研究 Ⅳ.①D091.2

中国版本图书馆 CIP 数据核字(2019)第 022328 号

华东师范大学出版社六点分社
企划人　倪为国

本书著作权、版式和装帧设计受世界版权公约和中华人民共和国著作权法保护

经典与解释・色诺芬注疏集

色诺芬《斯巴达政制》译笺

著　　者　(古希腊)色诺芬
译 笺 者　陈戎女
责任编辑　彭文曼
封面设计　卢晓红
出版发行　华东师范大学出版社
社　　址　上海市中山北路3663号　邮编　200062
网　　址　www.ecnupress.com.cn
电　　话　021-60821666　行政传真　021-62572105
客服电话　021-62865537
门市(邮购)电话　021-62869887
地　　址　上海市中山北路3663号华东师范大学校内先锋路口
网　　店　http://hdsdcbs.tmall.com

印　刷　者　上海盛隆印务有限公司
开　　本　890×1240　1/32
插　　页　2
印　　张　9.5
字　　数　180千字
版　　次　2019年3月第1版
印　　次　2019年3月第1次
书　　号　ISBN 978-7-5675-8826-4/D・235
定　　价　68.00元

出 版 人　王　焰

(如发现本版图书有印订质量问题,请寄回本社客服中心调换或电话021-62865537联系)